全国导游人员资格考试系列教材

DIFANG DAOYOU JICHU ZHISHI

地方导游基础知识

第9版

全国导游人员资格考试教材编写组◎编

北京·旅游教育出版社

图书在版编目（CIP）数据

地方导游基础知识 / 全国导游人员资格考试教材编写组编. -- 9版. -- 北京 : 旅游教育出版社, 2025. 7. (全国导游人员资格考试系列教材). -- ISBN 978-7-5637-4902-7

Ⅰ. F590.63

中国国家版本馆CIP数据核字第2025N5D021号

全国导游人员资格考试系列教材

地方导游基础知识

（第9版）

全国导游人员资格考试教材编写组　编

责任编辑	黄明秋
出版单位	旅游教育出版社
地　　址	北京市朝阳区定福庄南里1号
邮　　编	100024
发行电话	（010）65778403　65728372　65767462（传真）
本社网址	www.tepcb.com
E - mail	tepfx@163.com
排版单位	北京旅教文化传播有限公司
印刷单位	唐山玺诚印务有限公司
经销单位	新华书店
开　　本	710毫米×1000毫米　1/16
印　　张	14.25
字　　数	220千字
版　　次	2025年7月第9版
印　　次	2025年7月第1次印刷
定　　价	32.00元

（图书如有装订差错请与发行部联系）

修订说明

作为专业的全国旅游教材出版机构，我社曾于 1994 年配合国家旅游局人教司编写出版了全国第一套导游人员资格考试教材。该套教材是全国诸多同类教材中历史最久、使用面最广、内容最权威的教材，对帮助广大考生学习导游专业知识、规范全国导游人员考试起到了积极的推动作用。为适应旅游业蓬勃发展的需要，我们不断对该套教材进行修订。该套教材因其权威性、实用性和先进性一直广受好评，畅销不衰。

为给国家和社会选拔出合格和更高素质的导游人才，国家旅游局从 2016 年起实行全国统一的导游人员资格考试制度。过去的几年里，我社在以往导游人员资格考试教材的基础上根据新大纲修订编写出新的教材。该套教材为考生顺利通过导游资格考试发挥了积极作用。今年，根据社会对考试情况的反馈，文化和旅游部又及时修订了大纲以适应新形势的发展要求。我社在前几年统编教材的基础上组织了一批有多年旅游行业管理、一线旅游院校教学、导游人才培训和丰富命题经验的专家组成教材编写组。编写组人员认真研究新大纲、讨论编写内容及体例，以服务考生为基本宗旨，严格按照新大纲修订编写了全国导游人员资格考试系列教材。

此套教材优点突出、特色鲜明，具体情况如下：

第一，教材编写与新大纲紧密贴合。此套教材完全根据国家新大纲规定科目编写，每本教材的框架也是根据大纲要求考生掌握的内容来制定的。此套教材根据大纲“了解”“熟悉”“掌握”三个层级对内容的要求确定重点与非重点，内容全面涵盖要点，细处高度契合大纲条目，论述详略得当，条目清楚，知识点明晰，便于考生识记，从容应考。

第二，编写团队由旅游业内一线专家和学者组成。作者是多年从事旅游行政管理、旅游院校教学和旅游人才选拔培训的一线人员，有着丰富的实践经验和深厚的理论修养。他们的编写态度严谨认真、精益求精。编审团队也是由社内最专业的编辑和社外专家组成，进一步保证了知识的准确性、权威性。

第三，教材内容既有三十多年专业导游人员资格考试教材的深厚积淀，又体现了与时俱进的时代特色和先进性。此套教材既秉承了原教材的优点，又紧紧抓住旅游业发展对导游人员素质提出的新要求，反映了国家旅游及相关行业的演变进程及新成果。

第四，教材备考体系全方位、立体化、高效能。根据新大纲的规定科目，我们的全国导游人员资格考试系列教材包括《政策与法律法规》《导游业务》《全国导游基础知识》《地方导游基础知识》。同时，我社还开发了与之配套的《全国导游人员资格统一考试模拟试题汇编》，来帮助考生梳理每个科目的核心内容和重要知识点，并进行同步强化练习，巩固掌握知识点。为了提高导游的实操能力，本次教材修订充分体现了立体化教材的特点，根据内容增加了随堂练、微课视频、法律法规文件、实操文本、经典图片等实用性的拓展知识。这些知识都是针对导游需要掌握的重点、难点而精心制作和遴选的，有助于打通教与学过程中的关键脉络。除此之外，我社还将在纸质书出版后，及时在“我是导游”小程序上推出与此配套的在线题库、在线模拟试卷、导游词，帮助考生随时随地利用碎片时间高效学习备考。

最后，感谢所有参与此套教材论证、编写的专家、学者，以及对此套教材提出宝贵意见的用户和读者！我们将以优质的服务、专业的知识为考生尽心竭力地服务，为国家导游人才的选拔和培养贡献自己的一份力量。

旅游教育出版社

2025 年 7 月

地方导游基础知识
题库

全真模拟冲刺试卷套装

CONTENTS

目 录

经典图片

第一章 华北地区各省市自治区导游基础知识

【学习目标】

了解北京市、天津市、河北省、山西省和内蒙古自治区的历史、地理、气候、区划、人口、交通、旅游等概况，以及代表性的饮食特点、主要美食和风物特产。熟悉这五个省（自治区、直辖市）列入《世界遗产名录》的中国遗产地，列入《人类非物质文化遗产代表作名录》的中国非遗项目，国家5A级旅游景区和国家级旅游度假区；具有代表性的历史文化和民俗风情。掌握这五个省（自治区、直辖市）的旅游核心城市、国内知名地域文化、民族民间文化及特色产业。

第一节　北京市

北京是中华人民共和国首都，中央直辖市，国家中心城市，全国政治中心、文化中心、国际交往中心和科技创新中心。北京也是世界著名古都和现代化国际城市。北京简称“京”。

北京成功举办了第29届夏季奥林匹克运动会与第24届冬季奥林匹克运动会，是世界上第一个“双奥之城”。

【地理环境】

北京市地处华北大平原的北部，东部与天津市毗连，其余均与河北省相邻。总面积约1.64万平方千米。

北京的地势西北高，东南低。西部、北部和东北部三面环山，东南部是一片缓缓向渤海倾斜的平原。西部为西山，属太行山脉；西北部为军都山、北部为燕山，属燕山山脉。西山和军都山两山在南口关沟相交，形成一个向东南展开的半圆形大山弯，人们称之为“北京湾”，它所围绕的小平原即为北京小平原。诚如古人所言，幽州之地“左环沧海，右拥太行，北枕居庸，南襟河济，形胜甲于天下，诚天府之国也”。

【气候特征】

北京的气候为典型的暖温带半湿润半干旱季风气候。降水季节分配不均，夏季约占全年降水量的3/4。

【区划人口】

北京市有16个市辖区，2024年末，全市常住人口为2183.2万人（《北京市2024年国民经济和社会发展统计公报》数据）。

【历史沿革】

北京处于南北文化的接触地带。北京的远古原始文化融合了中原和北方原始文化，其发展过程包含了整个人类社会发展的各个阶段。

早在70万年前，北京周口店地区就出现了原始人群“北京人”，周口店北京人遗址是旧石器时代的重要遗址。距今1万多年前，新石器时代早期的东胡林人已经开始从事原始农业生产。北京建城已有3000多年的历史，最早见于文献的名称为“蓟”。自公元前221年秦始皇统一中国以来，北京一直是北方重镇和地方中心。自公元938年以来，北京先后成为辽陪都（有“南京”“燕京”之称）、金中都、元大都和明（有“北平”“北京”“京师”之称）、清（有“北京”“京师顺天府”之称）的国都。自金中都建成起，北京已有870多年建都史。民国时期曾有“顺天府”“北平”“北京”之称。1949年10月1日，中华人民共和国中央人民政府在北京宣告成立。

【交通状况】

北京是中国铁路网的大枢纽之一，主要有京九铁路、京沪铁路、京广铁路、京哈铁路、京包铁路等。铁路客运系统按“四主两辅”总体布局，北京站、北京西站、北京南站和北京北站为主要客站，新北京东站（通州）、丰台站为辅助客站。京张高速铁路又名京张客运专线，是中国第一条采用自主研发的北斗卫星导航系统、设计速度350千米/小时的智能化高速铁路，也是世界上第一条最高设计速度350千米/小时的高寒、大风沙高速铁路。在国际铁路运输方面，从北京发车可到达俄罗斯主要城市、蒙古国首都乌兰巴托、朝鲜首都平壤、越南首都河内、老挝首都万象等地。

2024 年末全市公路里程约 2.26 万千米，轨道交通运营线路 29 条。

北京、上海、广州是国家重点建设的中国航空三大门户复合枢纽。北京市境内共有两座大型国际机场，分别为北京首都国际机场和北京大兴国际机场，均为 4F 级国际机场。大兴国际机场位于北京大兴区和河北廊坊市交界处，2019 年正式通航，从空中俯瞰，就像一只展翅欲飞的凤凰。

【自然资源】

北京最高峰是位于门头沟区的东灵山，主峰海拔 2303 米，被誉为“京西珠穆朗玛”。

北京天然河道自西向东贯穿着拒马河（大清河支流）、永定河、北运河、潮白河、蓟运河五大水系。其中永定河斜贯北京西南部，是最大的过境河流，受上游降水季节分配不均的影响，其流量极不稳定，加之上游经黄土区，河水含沙量较多，平原地区的河道不断发生淤积，迁徙无定，历史上曾有“小黄河”“无定河”之称。潮白河上的密云水库是华北地区最大的水库，也是北京最重要的地表饮用水源地，有“燕山明珠”之称。

【文化艺术】

北京市从古都文化、红色文化、京味文化和创新文化四大方面推动首都文化建设，即传承源远流长的古都文化，弘扬丰富厚重的红色文化，发掘特色鲜明的京味文化，繁荣蓬勃兴起的创新文化。

北京中轴线全长 7.8 千米，北起钟鼓楼，向南经过万宁桥、景山、故宫、端门、天安门、外金水桥、天安门广场及建筑群、正阳门、中轴线南段道路遗存，至南端永定门，包括太庙和社稷坛、天坛和先农坛等东西对称布局的建筑群，共计 15 处遗产点。北京中轴线始建于 13 世纪，形成于 16 世纪，此后不断完善，历经逾 7 个世纪，形成了由古代皇家宫苑建筑、古代皇家祭祀建筑、古代城市管理设施、国家礼仪和公共建筑、居中道路遗存共同构成的城市建筑群。北京中轴线规模宏大、规划格局均衡对称、城市景观井然有序，是中国传统都城中轴线发展至成熟阶段的杰出范例，也是中国现存最为完整的传统都城中轴线建筑群。被称为“古都的灵魂和脊梁”。

2024 年 7 月 27 日，在印度新德里召开的联合国教科文组织第 46 届世界遗产大会通过决议，将“北京中轴线——中国理想都城秩序的杰作”列入《世界遗产名录》。

北京的“一线三带”，指北京中轴线、大运河文化带、长城文化带、西山永定河文化带，承载了古都北京历史文化内涵和精髓。

京味文学是北京极具特色的文化现象，代表作家有老舍、汪曾祺、王朔等。老舍的小说和话剧创作成就很高，代表作有《骆驼祥子》《四世同堂》《茶馆》《龙须沟》等。1951 年 12 月，北京市人民政府授予老舍“人民艺术家”称号。其作品多次被改编成电影、电视剧和话剧。汪曾祺是现当代著名小说家、散文家，京派小说的传人，被誉为“抒情的人道主义者，中国最后一个纯粹的文人，中国最后一个士大夫”。王朔是中国当代作家、编剧，由他担任编剧的电视连续剧《渴望》和《编辑部的故事》都获得了成功。

京派文化泛指具有北京历史和地域特色的文化。它包括以老舍为代表的京味文学、以四合院为代表的建筑、以京剧为代表的戏剧和胡同文化。

京剧是中国最大的戏曲剧种，有“国剧”之称。中国京剧、中国画、中国医学被世人称为“中国的三大国粹”。京剧是徽、汉两个剧种在北京融合后的产物，自清乾隆五十五年（1790 年）四大徽班进京，与来自湖北的汉调艺人合作算起，京剧已有 200 多年的历史。

近年来，北京“书香京城”“演艺之都”建设硕果累累，“阅读榜样”引领着阅读风尚；2025 年北京将举办戏曲、话剧、音乐会等各类演艺活动 4 万场，“大戏看北京”正持续擦亮北京的文化名片。

【旅游资源】

八达岭长城位于北京市延庆区军都山关沟古道北口，是万里长城的重要组成部分、居庸关的前哨，素有“玉关天堑”“北门锁钥”之称。

北京城池是明、清两朝都城防御建筑的总称，由宫城、皇城、内城、外城组成。皇城有四门，内城有九门，人们常称老北京是“四九城”。“三山五园”是对北京西北郊、以清代皇家园林为代表的历史文化遗产的统称。“三山”指的是万寿山、香山、玉泉山，“五园”指的是颐和园、静宜园、静明园、畅春园和圆明园。“三山五园”以无与伦比的辉煌成就在世界造园史上展现出灿烂的光辉。

北京红色文化底蕴深厚，红色旅游资源丰富多样，红色经典景区有天安门广场、北大红楼、中国人民革命军事博物馆等百余处。

北京博物馆众多，中国国家博物馆为世界上单体建筑最大的博物馆；故宫博物院是世界五大博物馆之一，也是中国最大的古代文化艺术博物馆。北京正积极打造“布局合理、结构优化、内容丰富、特色鲜明”的“博物馆之城”。

2007 年建成的世界上最大的穹顶建筑——中国国家大剧院，以“城市中的剧院、剧院中的城市”展示了 21 世纪超越想象的“湖中明珠”的姿态。

随着北京冬奥会的成功举办，北京冬奥公园也成了众多旅游者的打卡地。北京冬奥公园的面积是北京奥林匹克森林公园的近两倍，是首都西部最大的城市休闲公园。

国家速滑馆，又称“冰丝带”，它的外形非常优美，由 22 条晶莹美丽的丝带状曲面玻璃幕墙环绕，与明亮剔透的超白玻璃相结合，就像速度滑冰运动员在冰上留下的滑行轨迹，象征速度和激情。它拥有亚洲最大的全冰面设计，冰面面积达 1.2 万平方米。平时可接待超过 2000 人同时开展冰上运动。它与雄浑钢结构的“鸟巢”、灵动膜结构的“水立方”相得益彰，共同组成北京这座世界首个“双奥之城”的标志性建筑群。

北京有 8 项世界遗产，分别是长城、故宫、周口店“北京人”遗址、颐和园、天坛、明十三陵、大运河（北京段）、北京中轴线——中国理想都城秩序的杰作；有 9 家国家 5A 级旅游景区：故宫博物院、天坛公园、颐和园、八达岭—慕田峪长城旅游区、明十三陵景区、恭王府景区、北京奥林匹克公园、圆明园景区和北京（通州）大运河文化旅游景区；有 1 家国家级旅游度假区：密云古北水镇国际休闲旅游度假区。

【民族民俗】

北京市少数民族人口分布呈大分散、小聚居的特点。

北京最具特色的民俗风情是四合院、胡同和市肆庙会。

北京四合院源于元代院落式民居，是老北京城最主要的民居建筑。四合院是以正房、倒座房、东西厢房围绕中间庭院形成平面布局的北方传统住宅。

胡同是老北京城市的脉络、生活的场所、家的方向，更是京派文化的精髓。民间有“著名的胡同三千六，没名的胡同赛牛毛”的说法。老北京最长的胡同是东交民巷，最窄的胡同是钱市胡同，最宽的胡同是灵境胡同，拐弯最多的胡同是九湾胡同，最古老的胡同是元朝就有的砖塔胡同。

老北京庙会是指古老的民俗及民间宗教文化活动。由于起源于寺庙周围，所以叫“庙”；又由于小商小贩们看到烧香拜佛者多，就在庙外摆起了各式小摊，渐渐地又成为定期的活动，所以叫“会”。庙会是一种集吃、喝、玩、乐于一体的民间性娱乐活动。庙会多在春节期间举办，传承着中华民族最浓郁的年味和最深厚的文化记忆，“春节——中国人庆祝传统新年的社会实践”项目也于 2024 年 12 月 4 日被列入《人类非物质文化遗产代表作名录》，庙会上各种各样的民间艺术表演、丰富的京味小吃和民间工艺品尤为吸引人。民间艺术表演包括秧歌、高跷、旱船、舞狮、舞中幡等。

老北京的天桥一带是北京平民文化娱乐、饮食商业集中区，其中最值得一看的是天桥“八大怪”的表演。

【特产美食】

北京特产门类多，品种丰富。工艺品有景泰蓝、雕漆、玉器、内画壶、泥人、京剧脸谱等，食品、果品有全聚德烤鸭、稻香村糕点、茯苓夹饼、果脯、糖葫芦、六必居酱菜、大兴西瓜、密云金丝小枣等。北京是景泰蓝技术的发源地，现存最早的景泰蓝是元代的产品。

北京菜由北京地方风味菜、以牛羊肉为主的清真菜、明清皇家宫廷菜，以及做工精细、善烹海味的谭家菜等菜肴组成。北京烤鸭驰名中外，以此为原料制成的“全鸭席”更是闻名遐迩。全聚德烤鸭店、东来顺涮羊肉都是北京著名的老字号餐饮店。

北京的风味小吃历史久、品种多、味道佳，京味小吃的代表有豆汁儿、芸豆卷、艾窝窝、豌豆黄、驴打滚、爆肚、炒肝、卤煮火烧等。

【特色产业】

2024年，北京人工智能（AI）企业超2400家，其中独角兽企业36家，占全国超半数。《北京市“十四五”时期高精尖产业发展规划》指出，到2025年基本形成以智能制造、产业互联网、医药健康等为新支柱的现代产业体系。“北京智造”的4个特色优势产业为集成电路、智能网联汽车、智能制造与装备、绿色能源与节能环保。

北京作为全球拥有世界遗产最多的城市，以其独特的魅力吸引着八方来客，其旅游产业蓬勃发展。

北京是全国高等教育中心，高等学府研学旅游资源丰富。

第二节　天津市

天津市是中国北方最大的港口城市、全国历史文化名城和首批中国优秀旅游城市。天津自古因漕运而兴起，意为天子经过的渡口，别称“津沽”“津门”等，简称“津”。

【地理环境】

天津地处太平洋西岸、华北平原东北部、海河流域下游，东临渤海，北依燕山，西靠首都北京，是海河五大支流（南运河、子牙河、大清河、永定河、北运河）的汇合处和入海口，素有“九河下梢”“河海要冲”“渤海明珠”之称。天津是中蒙俄经济走廊主要节点、海上丝绸之路的战略支点、“一带一路”交会点、亚欧大陆桥最近的东部起点，凭借优越的地理位置和交通条件，成为连接国内外、联系南北方、沟通东西部的重要枢纽，是邻近内陆国家的重要出海口。天津距北京 120 千米，是拱卫京畿的要地和门户。

天津市总面积 11 966.45 平方千米。地貌特征可以概括为北高南低，西北高、东南低。地势由西北山区向东南渐低，呈簸箕形，向海河干流和渤海方向倾斜。最高点为蓟州区和河北兴隆县交界处的九山顶，海拔 1078.5 米；最低处是滨海新区的大沽口，海拔为零。

【气候特征】

天津属暖温带半湿润季风性气候，因位于渤海湾附近，受海洋气候的影响明显。主要气候特征是：四季分明，春季多风，干旱少雨；夏季炎热，雨水集中；秋季气爽，冷暖适中；冬季寒冷，干燥少雪。春末夏初和秋季是到天津旅游的最佳季节。

【区划人口】

天津是中国四大直辖市之一，现辖 16 个区，包括滨海新区、和平区、河东区、河西区、南开区、河北区、红桥区、东丽区、西青区、津南区、北辰区、武清区、宝坻区、静海区、宁河区、蓟州区。2024 年末，天津市常住人口为 1364 万人（《2024 年天津市国民经济和社会发展统计公报》数据）。

【历史沿革】

天津始于隋朝大运河的开通。南运河和北运河的交汇处、现在的金钢桥三岔河口地方是天津最早的发祥地，史称“三会海口”。唐朝中期后，天津成为南方粮、绸北运的水陆码头。金朝在直沽设“直沽寨”，元朝设“海津镇”，是军事重镇和漕粮转运中心。明建文二年（1400 年），朱棣率兵经直沽渡河南下夺取政权，1403 年改元永乐。天津作为军事重地，于永乐二年（1404 年）正式设卫，天津由此得名。翌年设天津左卫，转年又增设天津右卫。清顺治九年（1652 年）三卫合一，归并于天津卫。1860 年天津被辟为通商口岸后，西方列强纷纷在天津设立租界，天津成为中国北方开放的前沿和近代中国洋务运动的基地。天津在军事近代化及铁路、电报、电话、邮政、采矿、近代教育、司法等方面建设均开全国之先河，天津成为当时中国第二大工商业城市和北方最大的金融商贸中心。1949 年 1 月 15 日，天津解放。中华人民共和国成立后，天津社会面貌发生了翻天覆地的变化。1978 年改革开放后，天津作为首批对外开放的沿海港口城市，经济社会发展取得辉煌成就，津沽大地焕发出无限生机和活力。

【交通状况】

天津的地理位置得天独厚，是连接华北、东北地区的交通枢纽。近年来，天津已形成以港口为中心的海、陆、空一体化的交通网络。

天津港是世界十大港口之一，也是全球等级最高、中国最大的人工深水港，位于滨海新区。天津滨海国际机场是国内干线机场、国际定期航班机场、国家一类航空口岸、中国主要航空货运中心之一。天津不仅处于京沪铁路、津山铁路两大传统铁路干线的交会处，还处于京沪高速铁路、京津城际铁路、津秦客运专线、津保客运专线等高速铁路的交会处，是北京通往东北和上海方向的重要铁路枢纽。目前，已建成京津间第 4 条高铁——津兴城际铁路。天津公路网是以国道和部分市级干线为骨架、以放射状公路为主的网络系统。

【文化艺术】

自明清以来，天津就是南北文人墨客聚集之地。中华人民共和国成立后，更聚集和培育了一批又一批蜚声中国文坛的著名作家、文学翻译家和诗人。其中，代表人物冯骥才 1942 年出生于天津市，为中国当代作家、画家、社会活动家。其代表作有小说《雕花烟斗》《高女人和她的矮丈夫》《三寸金莲》《神鞭》等，散文有《挑山工》《珍珠鸟》《泥人张》等。

20 世纪初期，华世奎、孟广慧、严修、赵元礼享誉天津书坛，被称为“天津四大书法家”。华世奎手书的“天津劝业场”五字巨匾，字大 1 米，苍劲雄伟，是其代表作。杨柳青年画早已风靡全国和海外华人世界。近年出现的塘沽、汉沽、大港版画和北郊农民画引起全国和国际美术界的关注。

天津民间艺术家张明山（1826—1906）是“泥人张”第一代。他的彩塑作品创始于清道光年间，形神毕肖、栩栩如生，1915 年，张明山创作的《编织女工》彩塑作品获得巴拿马万国博览会一等奖。

天津地方曲艺颇具特色，主要有天津时调、天津快板、京韵大鼓（又名“小口大鼓”）、京东大鼓（亦称“乐亭大鼓”）、西河大鼓、天津相声等。天津是相声演员的成名地，许多著名相声演员都在天津演出多年，成名后才走向全国。侯宝林、张寿臣、郭荣启等莫不如此。相声界的马三立、常连安、常宝霆、白全福、苏文茂、高英培、范振钰、常宝华、常贵田、冯巩、牛群、刘伟等都是在天津成名的。被誉为“中国相声泰斗”的马三立擅使“贯口”和文哏段子，《说瞎话》《老头醉酒》《汽车喇叭声》《查卫生》《吃饺子》《马虎人》《逗你玩》《学外语》等都是其著名作品。

【旅游资源】

天津旅游资源丰富，可概括为城市观光游、海滨度假游、红色旅游和自然生态游。

城市观光游涵盖历史文化区、现代商业区与自然景观区。历史文化区：五大道保留了 2000 多栋洋楼及名人故居；古文化街是“津门十景”之一，始建于元代的天后宫就位于此，是中国最北的妈祖庙，也是世界三大妈祖庙之一；海河沿线有解放桥、世纪钟、津湾广场等打卡地标。现代商业区：文化中心为天津“城市会客厅”，聚集五大文化场馆与三大商业综合体。自然景观区：天津水上公园有“北方西湖”之称，三湖十一岛四季皆景；盘山风景名胜区、黄崖关长城远近闻名。

海滨度假游场所为北塘古镇、天津东疆湾沙滩景区、天津海昌极地海洋世界、天津泰达航母主题公园等地。

红色旅游目的地有平津战役纪念馆、周恩来邓颖超纪念馆、中共中央北方局旧址纪念馆、天津觉悟社纪念馆、小站练兵园、天津学生抗日救亡义务教育纪念馆等，都极具爱国主义教育意义。

自然生态游主要是游览黄崖关长城、蓟州八仙山国家级自然保护区、蓟州溶洞景区、梨木台自然风景区、九龙山国家森林公园、九山顶自然风景区等。

天津加快打造杨柳青大运河国家文化公园和大运河海河文化旅游带，推出 10 条大运河特色相关主题旅游精品线路，开展天津文庙、独流木桥等大运河沿线文物保护修缮工程，以及黄崖关长城保护工程。

天津策划打造“天津始‘钟’‘响’你”文旅 IP，推出“欢乐四季游 天津常走走”主题系列文旅活动 1800 余项，开发“当日往返游”“周末串门游”和“长假深度游”等精品旅游线路，升级实施“邂逅 · 天津”创意城市计划，推出《游园 · 惊梦》《西厢记》《弗拉明戈》等“沉浸式”实景演绎。文艺精品佳作频出，现代京剧《信仰的味道》荣获首届全国小戏小品展演优秀剧目，京剧《失·空·斩》《巾帼英杰》荣获第十届中国京剧艺术节优秀剧目，话剧《俗世奇人》在第八届全国话剧优秀剧目展演中荣获优秀剧目奖。

天津是国家历史文化名城，拥有世界文化遗产 2 项：黄崖关长城、大运河

（天津段）；国家 5A 级旅游景区 2 家：古文化街旅游区（津门故里）、盘山风景名胜区。

【民族民俗】

天津是一个多民族散居、杂居的沿海城市，人口最多的少数民族是回族。

天津卫自明代设立以来逐渐形成一个“人杂五方”的移民城市，融合了中国南北方的习俗特点，并在融合过程中逐渐形成自己的特点。天津皇会，最初叫“娘娘会”，是为庆祝天后娘娘的诞辰农历三月二十三而举办的迎神赛会。在这一天，以龙灯、高跷、旱船、秧歌、法鼓、中幡、狮子舞和武术等表演为主的活动十分丰富。皇会是天津极具地方特色的民间娱乐盛会。

【特产美食】

天津特产主要有宝坻大米、蓟州板栗、北辰葡萄、沙窝萝卜、黄庄大米、瓦岔庄村山药等。

天津的小吃与特产数目众多，尤其以“津门三绝”最为著名，包括狗不理包子、十八街麻花和耳朵眼炸糕。1997 年，猫不闻饺子被定为“津门四绝”之一。具有天津地方特色、知名度较高的美食还有曹记驴肉、冠生园八珍羊腿、陆记烫面炸糕、白记水饺、芝兰斋糕干、大福来锅巴菜、石头门坎素包等。天津特色小吃有煎饼馃子、糖磁、熟梨糕、茶汤儿、果仁张、崩豆张、面茶、杨村糕干，等等。

天津海产品丰富，盛产鱼、虾、蟹，民间素有“吃鱼吃虾，天津为家”的说法。具有代表性的天津风味菜肴有“八大碗”“四大扒”“冬令四珍”。“冬令四珍”是指铁雀、银鱼、紫蟹、韭黄。著名的津菜有鲍鱼虾、溜南北笋、虾脑扒白菜、扒全素、罾蹦鲤鱼、鸡茸燕菜、煎烹大虾、炒青虾仁、酸沙紫蟹、高丽银鱼等。

泥人张彩塑、杨柳青年画和“风筝魏”风筝被称为天津民间工艺“三绝”。

【特色产业】

天津市是我国京津冀城市群重要的城市之一，同时也是渤海地区发展的重要引擎和国际化城市之一。目前，天津已经形成了以智能科技产业为引领，着力壮大生物医药、新能源、新材料等新兴产业，巩固提升装备制造、汽车、石油化工、航空航天等优势产业的“1+3+4”现代工业产业体系。天津五大特色产业分别是医药制造业、智慧港口、人工智能、智能车联网和集成电路产业。

天津市的产业协作和协同创新不断深化，“握手通道”机制不断完善。中国资源循环集团总部在天津挂牌成立，国投生物制造创新研究院、国能天津电力公司等22家央企二、三级机构相继落户天津。滨海—中关村科技园累计注册企业数量超过5800家，北京来津企业数量占比超过20%，宝坻京津中关村科技城、武清京津产业新城等重点承接平台建设提质增效。重点产业链群加速培育，京津冀新一代信息技术应用创新集群等获评国家级先进制造业集群，770家优质企业融入6条区域共建产业链。京津冀国家技术创新中心天津中心实体化运营，天开高教科创园与北京创新资源互动日益加强。

第三节　河北省

河北省位于华北地区的腹心地带，自古就是京畿要地，因位于黄河下游以北地区，故得名“河北”。在战国时期河北大部分属于燕国和赵国，所以又被称为“燕赵之地”，且“燕赵古称多慷慨悲歌之士”，是英雄辈出的地方。河北简称“冀”，省会石家庄。

【地理环境】

河北省地处漳河以北、华北平原腹地、环渤海核心地带，环抱首都北京，东部与天津市毗连并紧傍渤海，东南部、南部衔山东、河南两省，西部倚太行山与山西省为邻，西北部、北部与内蒙古自治区交界，东北部与辽宁省接壤。总面积18.88万平方千米。

河北省地貌复杂多样，是全国唯一兼有高原、山地、丘陵、平原、湖泊和海滨的省份。地势西北高，东南低，从西北向东南呈半环状逐级下降，依次为坝上高原、燕山和太行山山地、河北平原三大地貌单元。坝上高原属内蒙古高原的南缘，涵盖清代皇家猎苑木兰围场故地，有著名的塞罕坝国家森林公园。燕山和太行山山地是河北省重要的地貌，包括中山山地区、低山山地区、丘陵地区和山间盆地4种地貌类型。蔚县小五台山的东台海拔2882米，为全省最高峰。河北平原是华北大平原的一部分，海拔多在50米以下，地势平坦，土壤肥沃，面积广阔，是河北省重要的农业生产基地。

海河水系是河北省最大的水系，有北运河、永定河、大清河、子牙河、南运河等支流，河流上游建有官厅、岗南、黄壁庄、岳城等大型水库，还有华北地区最大的内陆淡水湖——白洋淀（“华北明珠”）。滦河水系是流经河北省的第二大水系，引滦入津、引滦入唐工程已建成并投入使用，滦河上游建有庙宫、潘家口、大黑汀3座大型水库。

【气候特征】

河北为温带大陆性季风气候，大部分地区四季分明。1 月平均气温在 3℃以下，7 月平均气温为 18℃~27℃。全省年平均降水量 484.5 毫米。

【区划人口】

河北省辖石家庄、唐山、秦皇岛、邯郸、邢台、保定、张家口、承德、沧州、廊坊、衡水 11 个地级市。2024 年末，河北省常住人口为 7378 万人（《河北省 2024 年国民经济和社会发展统计公报》数据）。

【历史沿革】

河北省是中华民族的发祥地之一，早在 200 多万年前，这里就有一群古老的人类繁衍生息。河北省张家口市阳原县的泥河湾盆地已发现多处含有人类早期活动迹象的遗址，被誉为“旧石器时代考古的圣地”。进入新石器时代，河北发掘出大量的仰韶文化和龙山文化遗存。5000 多年前，中华民族的三大始祖黄帝、炎帝和蚩尤就在河北由征战到融合，开创了中华文明史。

公元前 11 世纪，周武王时期，河北成为燕、邢之地。春秋时期，河北省北部属于燕国，南部属于中山国、赵国和魏国，西北部属于代国。邯郸和邢台曾是赵国都城。秦朝实行郡县制，在河北境内设置了上谷、渔阳、右北平、广阳、邯郸、巨鹿、齐、济北、恒山等郡。西汉时，汉武帝在全国设 13 州部，每州部派刺史一人，河北属幽州、冀州和并州的小部分。三国时期，河北成了各诸侯王国逐鹿中原，争夺地盘的主要战场。唐朝初年，河北省辖域主要是河北道属地。北宋时，河北成为宋朝与北方少数民族辽、金两国交兵的战场，北部为辽属地，中南部为北宋辖域。南宋时为金所辖。元、明、清三朝定都北京，河北成为京师的畿辅之地。元时河北直属中书省。明成祖迁都北京之后，河北省大部分地区归京师管辖。清时河北属直隶省，承德成为清王朝的第二个政治中心。民国初年，河北境域主要是直隶省，1928 年，直隶省改称河北省。1949 年 8 月 1 日，河北省人民政府成立，省会设在保定；1958 年，天津市划归河北省，省会迁往天津；1966 年，省会迁回保定；1968 年，省会由保定迁到现在的石家庄。

近代以来，燕赵儿女同全国人民共同谱写了气壮山河的反帝反封建革命篇章。1900 年爆发的义和团运动即以河北威县为策源地；抗日战争期间，河北是对日作战的主战场，彪炳史册的“百团大战”便主要发生在河北。至解放战争时期，中共中央进驻河北平山县西柏坡，在此指挥了著名的“三大战役”，召开了西柏坡会议（中共七届二中全会），为全国解放事业奠定了坚实基础。

【交通状况】

河北省是首都北京连接全国各地的必经之地，是华东、华南和西南等区域连接“三北”地区的交通枢纽，现已构建起涵盖公路、铁路、港口和机场等多个领域的多节点、网格状、全覆盖的综合交通网络，是京津冀交通一体化的重要组成部分。铁路纵横交错，京广、京山、津浦等 15 条铁路干线及支线、地方铁路形成了以石家庄为枢纽的铁路网，其货物周转量居全国大陆省份第一位。公路四通八达，有 17 条国家干线公路。

河北的海运条件十分便利，自北向南，有秦皇岛港、唐山港和黄骅港等较大出海口岸。其中，秦皇岛港是国内外闻名的世界最大能源输出港。2024 年 11 月，黄骅港开通了我国北方第一条以快航模式运营至美国西海岸洛杉矶港的集装箱国际班轮航线。

河北机场集团构建“1 小时干支互飞、2 小时跨区中转”的一体化网络，以石家庄正定国际机场为核心，协同省内支线机场，依托通程航班，便利旅客中转出行，优化“进疆入滇”航线。

河北省旅游公路资源丰富多样，各具特色。井陉太行天路串联 20 多个古村落，沿途自然风光与人文景观交相辉映；阜平 72 拐天路以 72 道弯盘旋山间，地貌独特；涉县圣福天路沿山脊而建，观景台可览群山美景；承德“一号风景大道”融合多样自然与人文景观；张家口草原天路沿线草原、风车等美景不断；迁安长城天路串联多个景点；秦皇岛抚宁天路可赏景采摘。它们不仅串联起河北的壮美风光，更带动了当地旅游经济发展。

【自然资源】

河北省风能资源、太阳能资源、生物能资源等新能源资源都比较丰富。风能资源主要分布在张家口、承德坝上地区，秦皇岛、唐山、沧州沿海地区及太行山、燕山山区。张家口市坝上地区的风电基地为国家首个百万千瓦级风电示范基地。生物能资源方面，秸秆综合利用水平居全国前列，通过秸秆肥料化利用、饲料化利用、能源化利用、基料化利用和原料化利用“五化”并举，变废为宝。在地理信息资源建设方面，截至 2024 年 8 月底，河北已建成 107 座北斗三号省级卫星导航定位基站，完成全省范围高分辨率倾斜航空摄影，实现地形级实景三维数据全省覆盖，为各行业发展提供有力支撑。

【文化艺术】

燕赵文化是在战国时期燕国、赵国区域内产生的一种区域文化。其精神特质大体有革新精神、和乐精神、包容精神、求是精神、忧患精神和创新精神。

杂技文化。河北自古就是中国杂技发祥地之一，早在战国时期的中山王墓中就出现了演练杂技形象的银首人俑铜灯，在晋代墓室中已经有宴乐杂技表演的壁画。河北省吴桥县是世界上著名的“杂技之乡”，宋朝民间出现了“勾栏”“瓦舍”等杂技演出场所，清代和民国时期是吴桥杂技最为鼎盛的阶段。

戏曲文化。河北有古老的传统戏曲，金、元杂剧就是在河北省盛行之后，南下传播到江浙一带的。在河北流行的30多个剧种中，河北梆子是最具代表性的地方剧种。河北梆子于2006年5月20日被列入国家级非物质文化遗产代表性项目名录。评剧是在冀东一带形成的地方戏，是在蹦蹦戏、大口落子基础上，吸收河北梆子、京剧的许多长处逐渐完善发展起来的一个剧种。评剧以唱功见长，吐字清楚，唱词浅显易懂，善于表现当代人民生活。唐山皮影戏是河北唐山地区广为流传的民间艺术，形成于金，以唱见长。石家庄丝弦、武安平调落子等也是河北著名的地方剧种。

曲艺文化。河北民间曲艺有乐亭大鼓、西河大鼓、评书、相声、快板书等30余种，其中乐亭大鼓是中国北方非常具有代表性的一种曲艺鼓书暨鼓曲形式，广泛流传于冀东、京、津地区，远播到辽宁、吉林、黑龙江等多个地区。乐亭大鼓与评戏、唐山皮影统称为“冀东民间艺术的三朵花”。

武术文化。河北有着源远流长的尚武传统，长期以来一直以武术资源丰富、拳种繁多而名闻四方。据初步统计，河北武术中共有形意、太极、八卦、八极、梅花、少林等60多个门派，总计套路2000多套。

此外，徐水狮子舞、昌黎地秧歌、井陉拉花等民间舞蹈也盛行于河北部分地区。

河北也是中国剪纸、中国皮影戏、太极拳等入选《人类非物质文化遗产代表作名录》的项目保护地之一。

【旅游资源】

河北省是中华民族的发祥地之一，璀璨的历史文化与秀美的湖光山色交相辉映，构成了独具特色的燕赵旅游百花园。“这么近，那么美，周末到河北”作为河北文旅推广品牌不断深入人心。

河北省文化底蕴深厚，人文旅游资源荟萃且独具魅力。位于河北省保定市满城区陵山之上的满城汉墓是西汉中山靖王刘胜夫妇墓，共出土遗物 1 万余件，其中包括金缕玉衣、长信宫灯、错金铜博山炉等稀世珍宝，为了解汉代政治、经济、文化等提供了重要的实物资料。承德避暑山庄和外八庙、明代金山岭长城精华地段、清代帝王陵寝群清东陵和清西陵享誉海内外；保定古莲花池和总督署衙，正定隆兴寺，赵县赵州桥，邯郸黄粱梦吕仙祠、武灵丛台、响堂山石窟、涉县娲皇宫，等等，极具旅游价值。承德避暑山庄又名"承德离宫"或"热河行宫"，位于河北省承德市中心北部、武烈河西岸一带狭长的谷地上，是清代皇帝夏天避暑和处理政务的场所，始建于 1703 年，耗时 89 年建成。避暑山庄以朴素淡雅的山村野趣为格调，取自然山水之本色，吸收江南塞北之风光，是中国现存占地最大的古代帝王宫苑，是中国园林史上一个辉煌的里程碑，是中国古典园林艺术的杰作，也是中国古典园林之最高范例。明长城的东北关隘之一山海关，是一座防御体系比较完整的城关，有"天下第一关"的美誉。清代帝王陵寝中的清东陵位于河北省唐山市遵化市西北 30 千米处，西距北京市区 125 千米，是我国现存规模最宏大、体系最完整、布局最得体的帝王陵墓建筑群；清西陵位于河北省保定市易县西陵镇，始建于雍正八年（1730 年），为全国重点文物保护单位，共有 14 座陵墓。

种类繁多的地形地貌和温和宜人的气候造就了河北独特的自然风光。北部的坝上地区冬季漫长，低温寒冷，适合开展冰雪旅游；环境优美、景色秀丽的北戴河海滨冬无严寒，夏无酷暑，是驰名中外的旅游避暑胜地；峻峭挺拔的嶂石岩是太行山中最为雄险与灵秀的地段，有着丹崖、碧岭、奇峰、幽谷等独特的山岳景观；以雄、险、奇、秀著称的天桂山峰险、石奇、洞幽、泉多、林木繁茂、云雾缭绕。白石山因山体遍布白色大理石而得名，是中国唯一的大理岩峰林景观。

河北省旅游演艺事业蓬勃发展，在政策支持、演艺形式、游客体验、品牌打造和产业融合等方面成果显著。旅游演艺形式丰富多元，既有京剧、河北梆子等传统戏曲，也有《鼎盛王朝 · 康熙大典》《大美衡水　湖韵千年》等大型沉浸式实景演出，还有融合杂技、儿童剧等元素的特色表演。为提升游客体验，不少景区打造沉浸式演艺项目，如廊坊的"只有红楼梦 · 戏剧幻城"、沧州杂技剧《江湖》等。在品牌打造上，河北省开展"跟着演艺游河北"活动，涵盖品牌展演、戏曲艺术等五大板块，各地也打造了"关汉卿戏剧展演季""戏旅之城"等特色品牌。"剧本杀 + 文旅"不断繁荣，如石家庄段家楼景区的《民国故事》剧本杀游戏，深受旅游者欢迎。

河北省的旅游核心城市包括石家庄、秦皇岛、承德等。石家庄是京津冀地区重要的中心城市，拥有正定古城、赵州桥、柏林禅寺、荣国府等著名景点。秦皇岛是著名的旅游城市，气候温和、资源丰富，有秦皇求仙入海处、山海关、北戴河等景点。承德是中国普通话标准音采集地，也是著名的“摄影之乡”“剪纸之乡”，是中国十大特色休闲城市之一，风景秀美。

河北省现拥有世界遗产 5 项：长城（河北段）、承德避暑山庄及其周围寺庙、明清皇家陵寝（清东陵、清西陵）、大运河（河北段）、中国黄（渤）海候鸟栖息地（第二期）；国家 5A 级旅游景区 13 家：保定市安新县白洋淀景区、唐山市清东陵景区、承德市避暑山庄及周围寺庙景区、保定市野三坡景区、保定市清西陵景区、保定市白石山景区、承德市金山岭长城景区、石家庄市西柏坡景区、秦皇岛市山海关景区、衡水市衡水湖旅游景区等；国家级旅游度假区 2 家：崇礼冰雪旅游度假区、秦皇岛市北戴河度假区。

【民族民俗】

河北的少数民族中，满族、回族、蒙古族、朝鲜族为世居民族，其中满族人口最多。

河北省民俗风情多姿多彩，其中最具有代表性的是庙会。河北地区的庙会活动可谓由来已久，而且非常普遍，庙会也称“过庙”。在河北区域各地的叫法不尽相同，乡村多称为“赶庙”或“赶会”，城镇则称为“上庙”“上会”等。随着社会经济的发展，庙会和集市逐渐融合。河北有句俗话：“赶集上会做买卖。”意思是说，赶集、上会都是进行买卖交易的，于是现今的庙会便出现了集祭祀、娱乐、贸易于一体的空前繁荣的景象。庙会会期少则一天，多则一个月。现今物资交流、商品交易、群众文化娱乐活动和旅游成了各地庙会的主题。庙会上主要举行民间艺术表演节目，有扭秧歌、跑驴、挂花灯、霸王鞭、跑旱船、放焰火等，富有浓郁的民俗气息和喜庆气氛。

“过庙”随着历史的发展不断演变，逐渐形成了各自的特点。例如，“天下第一药市”——安国药王庙会，是由药王庙香火会演变而来的。每年正月十五，都有大量医药界人士和民众参与药王庙祭祀，在进行药材交易的同时，还举办各种文艺表演和民俗文化活动。又如古城正定春节庙会活动吸引着旅游者慕名而来，礼佛祈福，香火鼎盛。此外，张北骡马大会、凤凰山庙会、苍岩山庙会、蔚县庙会等也是各具特色。

【特产美食】

河北这片广袤的土地和悠久的历史还孕育了丰富的特产和美食小吃。定窑、邢窑、磁州窑和唐山陶瓷是中国历史上北方陶瓷艺术的典型代表。蔚县剪纸、廊坊景泰蓝、曲阳石雕、衡水内画鼻烟壶、易水古砚、武强年画、丰宁布糊画、白洋淀苇编、辛集皮革、安国药材等名扬中外。京东板栗、赵州雪梨、沧州金丝小枣、宣化葡萄、深州蜜桃等营养价值极高。核桃、柿子和花椒被誉为“太行三珍”。口蘑盛产于坝上高原，是一种名贵真菌。蕨菜号称“山菜之王”，国内外市场供不应求。秦皇岛的八仙宴、唐山的蜂蜜麻糖、石家庄的空心宫面，以及白洋淀的全鱼席，无不以其独特的风味令中外旅游者赞不绝口。

河北菜即冀菜，有三大流派：以保定为代表的冀中南菜，尤以直隶官府菜为特色，口味酱香浓郁，文化内涵丰富；以承德为代表的宫廷塞外菜，善于以山珍野味入馔，口味香酥鲜咸、技法独特考究；以唐山、秦皇岛为代表的冀东沿海菜，以烹制鲜活水产见长，口味清鲜，讲究明油亮芡。

河北有着悠久的酿酒历史和浓郁的酒文化，地方名酒辈出。如衡水的“特制老白干”，邯郸的“丛台大曲”，承德的“九龙醉”“乾隆醉”，保定的“刘伶醉”，石家庄的“汾州黄酒”，沧州的“御河春”，张家口的“长城干白葡萄酒”等都是闻名遐迩的好酒。

河北省著名的特色小吃有保定驴肉火烧、廊坊香河肉饼、缸炉烧饼、承德老三羊汤、张家口捞汁莜面、曲阳烧饼等。

【特色产业】

河北省依托丰富的农产品资源，重点发展蔬菜、花卉、食用菌、中药材、芦笋等市场前景好、市场潜力大的特色产品。满城是全国优质草莓生产基地，平泉的食用菌产业已成为当地农业的第一主导产业。

制造业是河北省特色产业的重要组成部分，从传统的钢铁、石化等重工业到新兴的信息技术、生物医药等高新技术产业，形成了较为完备的产业体系。河北省拥有 11 个“国字号”中小企业特色产业集群，这些集群代表了当地制造业的最高水平，拥有市场认可的“金字招牌”和超百亿元的产业规模。例如，石家庄鹿泉聚集了 900 多家电子信息企业，是我国重要的高端核心电子器件供应基地。唐山机器人产业持续发展，焊接机器人产业集群规模位居全国首位。在工业化与信息化融合领域，河北省在 2024 年首次跻身全国第一梯队。全省累计上云企业超 10 万家，工业设备上云率连续四年稳居全国榜首。河北聚焦钢铁、化工、金融、港口等重点领域，积极布局生成式人工智能应用，为传统产业转型升级注入新动能。

第四节　山西省

山西省地处黄河中游地带，是中华民族的主要发祥地之一。因地处太行山以西，故名山西。春秋战国时期属晋国地，故简称“晋”。战国初期，韩、赵、魏三分晋国，因而又称“三晋”。省会太原。

【地理环境】

山西省位于黄河流域中部、华北大平原的西侧。全省面积 15.67 万平方千米。省界疆域轮廓略呈由东北斜向西南的平行四边形，东有巍巍太行山作为天然屏障，与河北省为邻；西部、南部以黄河为堑，与陕西省、河南省相望；北跨绵绵长城，与内蒙古自治区毗连，自古有“表里山河”之誉。

山西地貌整体上是一处被黄土广泛覆盖的山地型高原，通称“山西高原”。地貌类型复杂多样，有山地、丘陵、台地、平原，山多川少。全省大部分地区海拔在 1500 米以上，最高点为五台山主峰叶斗峰，海拔 3061.1 米，为华北最高峰，也是华北地区最高点，被称为“华北屋脊”。山西省总的地势是“两山夹一川”，东部和东南部为中低山地，由北向南主要有恒山、五台山、系舟山、太行山、太岳山（又名“霍太山”“霍山”）和中条山等；西部是以吕梁山为主干的黄土高原，自北向南分布有七峰山、洪涛山和吕梁山脉所属的管涔山、芦芽山、云中山等主要山峰；中部由北而南珠串着彼此相隔的大同、忻州、太原、临汾、运城等“多”字形断陷盆地；东南部还有较为独特的长治高原断陷盆地。全省主体轮廓很像一个“凹”字。

山西拥有众多河流，承东启西的地理位置使其成为黄河与海河两大流域的分水岭。除黄河、海河外，省内其他较大的河流有汾河、沁河、桑干河、漳河、滹沱河。山西是海河主要支流永定河、大清河、子牙河、漳卫河的发源地，因此也被誉为“华北水塔”。

【气候特征】

山西地处中纬度地带的内陆，属于温带大陆性季风气候。由于太阳辐射、季风环流和地理因素影响，山西气候具有四季分明、雨热同步、光照充足、南北气候差异显著、冬夏气温悬殊、昼夜温差大的特点。山西省降水季节分布不均，夏季 6—8 月降水相对集中，省内降水分布受地形影响较大。

【区划人口】

山西省有太原、大同、长治、阳泉、晋中、晋城、忻州、朔州、临汾、运城、吕梁 11 个地级市，117 个县级行政单位。2024 年末，山西省常住人口为 3445.96 万人（《山西省 2024 年国民经济和社会发展统计公报》数据）。

【历史沿革】

山西是人类和华夏文明的发祥地和中心区域之一。运城垣曲县“世纪曙猿”化石的发现，把类人猿出现的时间向前推进了 1000 万年。山西省迄今已发现旧石器时代文化遗址多处，著名的有旧石器时代早期的西侯度文化、匼河文化遗址，中期的丁村文化、许家窑文化遗址，晚期的峙峪文化、下川文化和薛关文化遗址。其中运城芮城县西侯度文化遗址发现的火烧骨把我国范围内发现的人类用火历史向前推进了 100 万年。新石器时代的文化遗址，山西迄今已发现 2000 余处，主要分布在晋中和晋南地区。史传尧、舜、禹都曾在山西建都，今临汾市尧都区仍有尧庙和尧陵，运城市盐湖区有舜帝陵庙。

周成王即位后，把唐地封给其弟叔虞，唐叔虞死后，其子嗣改国号为晋。晋国历史上先后出现过晋文侯、晋武公、晋献公、晋文公及后来的景公和悼公等颇有作为的君主。公元前 453 年，代表新兴势力的韩、赵、魏三家分晋，50 年后韩、赵、魏三国列为诸侯，与齐、楚、秦、燕并称为“战国七雄”。公元前 221 年，秦统一六国后，在地方实行郡县制，今山西及周边河北、内蒙古一带为河东、太原、上党、雁门、代、云中 6 郡分辖。三国两晋南北朝时期的山西起着重要的作用，北魏建都平城（今大同市），统一北方。李渊起兵于太原，建立唐朝，由此，山西被认为是“龙兴”之地。宋朝时，山西是中国北方的主要发达地区。元代全国共 11 个行省，山西与山东、河北并称为元朝“腹地”，大同、平阳（今临汾）、太原三城则成为黄河流域的著名都会。明初山西向外进行过大规模移民。洪洞县大槐树是当时一个主要移民站。全国不少地方流传的“问我祖先在何处，山西洪洞大槐树”即由此而来。山西迄今有文字记载的历史达 3000 年之久，素有“中国古代文化博物馆”之美称，还被誉为“华夏文明的摇篮”。

【交通状况】

山西省地处中国中部地区，陆空交通便捷，目前已形成铁路、公路、航空立体交通运输网络，旅游者出入非常方便。山西省铁路线有从大同到风陵渡的同蒲线纵贯南北，还有石太线、京包线、京原线、太焦线、邯长线、大秦线、神黄线等铁路线从省内通过，可以通达国内大部分大中城市。随着京石高速铁路的开通，太原被纳入北京2小时经济圈。2024年10月，山西黄河、长城、太行三条一号旅游公路全线贯通，该工程历时7年建设，总里程达1.3万千米，通过路游融合、运游融合、数游融合打通了山西省全域旅游发展格局的大动脉，在全国率先构筑了“城景通、景景通、城乡通”的“快进慢游深体验”全域旅游公路网。民航方面，目前省内有太原武宿国际机场、大同云冈国际机场、运城盐湖国际机场、长治王村机场、吕梁大武机场、临汾尧都机场、忻州五台山机场、朔州滋润机场8个民航机场。

【自然资源】

山西分布有丰富的矿产资源，是资源开发利用大省，在全国矿业经济中占有重要的地位。与全国同类矿产相比，资源储量居全国第一位的矿产有煤矿、铝土矿、耐火黏土、镁矿、冶金用白云岩5种。山西是国家推动建设的五大煤炭供应保障基地之一（另有蒙西、蒙东、陕北和新疆）。我国14个大型煤炭基地中，晋北、晋中、晋东煤炭基地均位于山西，晋中煤炭基地被视为我国最大的炼焦煤生产基地。山西野生药用植物有1000多种，比较著名的有党参、黄芪、甘草、连翘等。野生动物以陆栖类为主，国家一级保护动物褐马鸡是山西省的“省鸟”。

【文化艺术】

《诗经·国风》中的《魏风》《唐风》均为山西的诗歌，反映出当时山西地区的社会生活状况和民俗风情，而且是《诗经·国风》中较有特色的两部分。在唐代诗人作家中，山西诗人占有很大的比重，收入《全唐诗》的山西籍作者就有60余人。其中较为著名的有王勃的《送杜少府之任蜀州》，王翰的《凉州词》，王之涣的《登鹳雀楼》。王维的作品无论是边塞诗、山水诗，还是古体近体、长篇短制，均有脍炙人口的佳作，尤以五言律诗和绝句著称，其山水田园诗《汉江临泛》《山居秋暝》等最能代表其艺术风格。柳宗元在文坛上发起并领导了一场古文运动，提出了一系列思想理论和文学主张。元好问的《论诗绝句三十首》集中表现了他的文艺见解。明清时期，山西作家罗贯中的《三国演义》最为著名，是我国第一部长篇章回体小说。20世纪是一个大变革的时代，山西涌现出一大批中国现代文学史上的经典作品，如赵树理的小说《小二黑结婚》《李有才板话》等。

山西籍画家作品众多，其中薛稷绘画成就相当高，擅长花鸟、人物及杂画，尤以画鹤最为精妙；张彦远写成了世界上第一部绘画通史《历代名画记》，被誉为“画史中的《史记》”；马远的《踏歌图》现藏于故宫博物院，是流传至今的山水画代表作。

山西历史上还涌现出了不少戏曲作家，为戏曲艺术的兴盛作出了杰出的贡献，如“元曲四大家”中的关汉卿（代表作《窦娥冤》）、白朴（代表作《墙头马上》）、郑光祖（代表作《倩女离魂》）都为山西籍。明清以来，山西地区的曲艺活动一直兴盛不衰，形成了很多剧种，主要有四大梆子戏，包括南路梆子（蒲剧）、中路梆子、上党梆子和北路梆子。

【旅游资源】

山西是中华文明的发祥地之一，是我国旅游资源较为富集的省份之一。“华夏古文明，山西好风光”是对山西旅游的高度概括。全国保存完好的宋、金以前的地面古建筑物 70% 以上在山西境内，享有“中国古代建筑艺术博物馆”的美誉。四大佛教圣地之一的五台山拥有丰富的唐代建筑遗产，其中最为著名的是佛光寺和南禅寺。始建于北魏的恒山悬空寺（明清修缮）悬于悬崖峭壁之上，以惊险奇特著称。太原的晋祠是形式多样的古建筑荟萃的游览胜地，其圣母殿是宋代建筑的代表。平遥古城是我国“保存最为完好的四大古城”之一，与周边的双林寺、镇国寺共同被列入《世界遗产名录》。芮城永乐宫是典型的元代道观建筑群，宫内壁画是我国绘画艺术的珍品，其三清殿中的《朝元图》壁画描绘了诸神朝拜元始天尊的故事，场面开阔、气势恢宏。云冈石窟是全国三大佛教石窟之一，气势雄伟。因拍摄《大红灯笼高高挂》而闻名的祁县乔家大院，加上祁县渠家大院、灵石王家大院、太谷三多堂等，共同组成山西晋中的大院民俗文化。

山西名山大川遍布，自然风光资源丰富优美。北岳恒山是五岳之一，是国家级风景名胜区。绵山气候宜人，自古就是避暑胜地。黄河壶口瀑布是仅次于黄果树瀑布的全国第二大瀑布。庞泉沟、芦芽山、历山、莽河等自然保护区风景秀丽，景致各异。位于忻州市宁武县的“万年冰洞”形成于第四纪冰川期，洞内四季冰封、景观奇幻，近年来颇受旅游者追捧。

山西是老革命根据地，革命活动遗址和革命文物遍布全省，著名的有八路军总部旧址、黄崖洞兵工厂、刘胡兰纪念馆等。

平遥古城的大型实景演艺节目《又见平遥》观赏性十足，知名度很高。山西文旅通过策划“跟着悟空游山西”活动，使隰县小西天、应县木塔等景区的热度持续升温，吸引了大量旅游者前往。

山西旅游核心城市有太原、大同、运城等。太原有山西博物院（侯马盟书等文物)、双塔寺(标志性双塔)、汾河公园、晋阳湖等旅游景点。大同以古建石窟为旅游特色,云冈石窟融合中西艺术,大同古城墙保存完整,华严寺大雄宝殿为现存最大的辽金佛殿。运城是黄河金三角中心,解州关帝庙为全国最大关帝庙,永济普救寺因《西厢记》闻名,鹳雀楼可俯瞰黄河,五老峰是道教发祥地之一。

山西现有世界遗产4项:平遥古城、大同云冈石窟、五台山、长城(山西段);国家5A级旅游景区12家:大同市云冈石窟景区、忻州市五台山风景名胜区、晋城市皇城相府生态文化旅游区、太原市晋祠天龙山景区、晋中市乔家大院景区等;国家级旅游度假区1家:晋城太行锡崖沟旅游度假区。

【民族民俗】

山西省是少数民族杂居、散居的省份。在少数民族人口中,回族居多,其次是满族与蒙古族。山西省回族呈大分散、小聚居的特点。

山西独特的地理、历史环境形成了山西独特的民俗风情,人们称之为“黄河文化”或“黄土文化”。山西境内,浓厚的传统文化集中反映在现存的3个民俗博物馆内:忻州地区定襄县的河边民俗博物馆、晋中地区祁县的乔家大院民俗博物馆、临汾地区襄汾县的丁村民俗博物馆。这3个民俗博物馆反映了山西三晋大地独特的民俗风情。在山西可以看到黄土高原反映民间艺术的剪纸、炕围画、面塑及山西人民居住的窑洞和“地窨院”。

山西人饮食以植物性食物为主食,主粮杂粮调剂,干饭稀饭混合,地方特色各异。晋北寒冷,人们喜食含热量较高的莜麦、玉米、土豆及荞麦、黄米、豆类。晋中是小麦和高粱、玉米、谷子、豆类相杂。晋南盛产小麦,人们以白面为主食。晋东南人的主食则由小米占据重要地位。

【特产美食】

在山西,名产以汾酒、竹叶青最为有名。汾酒是中国清香型白酒的代表,因产于山西省汾阳市杏花村,又称“杏花村酒”。山西老陈醋是中国四大名醋(另有江苏镇江香醋、福建永春老醋、四川保宁醋)之一,素有“天下第一醋”的盛誉,以色、香、醇、浓、酸五大特点著称于世。此外,五台山“台砚”、大同黄花、恒山黄芪、稷山板枣、平陆百合、垣曲猕猴桃、清徐葡萄、上党党参、“沁州黄”小米、晋祠大米、运城黄河鲤鱼、高平丝绸、平阳木版年画、大同艺术瓷、平遥推光漆具均属名产之列。

晋菜有着深厚的历史底蕴和文化积淀,可追溯到春秋战国时期。晋菜基本风味以咸香为主,甜酸为辅,选料朴实,烹饪注重火候,成菜后讲究原汁原味,地域特点明显。山西面食享誉全国，著名的有刀削面、拉面、刀拨面、剔尖、擀面、拨鱼、揪片、猫耳朵、饸饹等。山西刀削面与武汉热干面、北京炸酱面、兰州拉面、四川担担面并称为“中国五大面条”。山西著名的风味小吃有头脑、碗托、平遥牛肉、疤饼、太谷饼、莜面栲栳栳、闻喜煮饼、醪糟等。

【特色产业】

“十四五”期间，山西重点发展信息技术应用创新产业、半导体产业、大数据融合创新产业、光电产业、光伏产业、碳基新材料产业、特种金属材料产业、生物基新材料产业、先进轨道交通装备产业、煤机智能制造装备产业、智能网联新能源汽车产业、通用航空产业、现代生物医药和大健康产业、节能环保产业 14 个战略性新兴产业。

第五节　内蒙古自治区

内蒙古自治区地域辽阔，物产丰富，是中国面积第三大省区，是中国 5 个少数民族自治区之一。内蒙古自治区简称“内蒙古”，首府呼和浩特。

【地理环境】

内蒙古自治区位于中国的北部边疆，由东北向西南斜伸，呈狭长形。东起兴安岭，西至阿拉善戈壁，东部与黑龙江、吉林、辽宁三省毗连，南部、西南部与河北、山西、陕西、宁夏四省区接壤，西部与甘肃省相连，北部与蒙古国为邻，东北部与俄罗斯交界，边境线长 4200 多千米。东西直线距离 2400 多千米，南北最大跨度 1700 多千米。全区总面积 118.3 万平方千米。

内蒙古地貌以高原为主，大部分地区海拔在 1000 米以上，东部是莽莽的大兴安岭林海，南部是富饶的嫩江平原、西辽河平原和河套平原，西部是浩瀚的腾格里、巴丹吉林、乌兰布和沙漠，北部是辽阔的呼伦贝尔、锡林郭勒草原。

内蒙古自治区境内共有大小河流千余条，包括黄河、额尔古纳河、罕诺河和老哈河等；有近千个大小湖泊，主要有呼伦湖、贝尔湖、乌梁素海、居延海等。腾格里沙漠东部边缘有天鹅湖，沙漠腹地有月亮湖。腾格里沙漠是中国拥有湖泊数量最多的沙漠。

【气候特征】

内蒙古气候属温带大陆性季风气候，夏季气温在 25℃左右，冬季中西部最

低气温低于 -20℃，东部林区最低气温低于 -50℃。

【区划人口】

内蒙古自治区现设呼和浩特、包头、乌海、赤峰、通辽、鄂尔多斯、呼伦贝尔、乌兰察布、巴彦淖尔 9 个地级市，兴安、阿拉善、锡林郭勒 3 个盟，52 个旗（其中包括鄂伦春、鄂温克、莫力达瓦达斡尔 3 个少数民族自治旗）。

2024 年末，内蒙古自治区常住人口为 2388 万人（《内蒙古自治区 2024 年国民经济和社会发展统计公报》数据）。

【历史沿革】

内蒙古赤峰市敖汉旗境内有分布较为密集的红山文化遗址，被认为是红山文化时期社会上层统治者居住的核心区域。红山文化以辽河流域中支流西拉沐沦河、老哈河、大凌河为中心，分布面积达 20 万平方千米，距今五六千年，延续时间达 2000 年之久。

内蒙古是中国古代北方少数民族主要的活动舞台，先后有 10 多个游牧民族在此繁衍生息，时间较长、影响较大的有匈奴、鲜卑、突厥、乌桓、契丹等。

春秋战国之前，一些北方的游牧民族，如匈奴和东胡在今天的内蒙古地区游牧生活。战国后期，燕国、赵国、秦国的领土已经拓展到今天的内蒙古地区，中原的华夏民族开始在内蒙古南部定居。赵国国君赵武灵王推广“胡服骑射”，打败林胡、楼烦之后，在今呼和浩特托克托县建云中城。

秦朝修筑万里长城，连接从前北方诸侯国的长城，以防御匈奴。内蒙古南部，如云中郡，是边防重镇。汉朝全盛时在今天的内蒙古地区设立郡县。隋唐时突厥势力左右蒙古高原。唐“安史之乱”后，内蒙古西部为回鹘人控制，以明教为官方宗教。东部为当时兴起的契丹人的势力范围。北宋时鲜卑人的一支后裔契丹人创立了辽国，在今内蒙古赤峰巴林左旗附近建立了蒙古草原上的第一个都城——上京。1206 年，成吉思汗建立了大蒙古国。1271 年，元世祖忽必烈在中原建立了元朝。忽必烈迁都大都前的上都（开平城）就在今内蒙古的锡林郭勒盟正蓝旗境内，多伦县西北闪电河畔。清朝的满族统治者通过联姻或征服的方式将整个蒙古收入版图。清乾隆四十一年（1776 年）平定了准噶尔少数贵族的叛乱，重新统一了蒙古族地区。为了加强对蒙古族的统治，清政府参照满族的八旗制，在蒙古族地区建立了盟旗制度。

1947 年，内蒙古自治政府成立，包含了当时的察哈尔省、兴安省及宁夏省、热河省和绥远省的部分地区。中华人民共和国成立后，内蒙古自治政府改名为内蒙古自治区人民政府。1955 年，撤销热河省。赤峰、乌丹、宁城 3 县及敖汉旗、喀喇沁旗、翁牛特旗 3 旗划归内蒙古自治区昭乌达盟。1969 年、1979 年两次大幅度政区调整，确定了今天内蒙古自治区的范围。

【交通状况】

内蒙古自治区位于我国北部边疆，其交通发展非常重要。内蒙古中国北疆风景大道达达线成功入选“2024 年最美自驾精品路”，呼和浩特市清水河县冯家塔至老牛湾公路成功入选 2024 年“我家门口那条路——最具人气的路”名单。内蒙古自治区境内的主要机场有呼和浩特白塔国际机场、包头东河机场、乌兰浩特义勒力特机场、通辽机场、鄂尔多斯伊金霍洛国际机场、呼伦贝尔东山国际机场、满洲里西郊国际机场等。

【自然资源】

内蒙古地域辽阔，成矿地质条件优越，矿产资源丰富，煤炭、铅、锌、银、稀土等 20 种矿产的保有资源量居全国第一位（截至 2023 年底）。包头是著名的“世界稀土之都”，白云鄂博矿山是世界上最大的稀土矿山。其铁与稀土共生，造就了包钢独有的“稀土钢”产品。北方稀土集团也是中国稀土产业的龙头企业。

内蒙古有 6 个著名的大草原，即呼伦贝尔草原、锡林郭勒草原、科尔沁草原、乌兰察布草原、鄂尔多斯草原和乌拉盖草原。位于内蒙古自治区东北部的呼伦贝尔草原被誉为“草原明珠”，是世界著名的天然牧场、“世界四大草原”之一，有“牧草王国”之称，也是中国最大的、保存最完好的草原。科尔沁草原被誉为“草原上的花园”。

【文化艺术】

草原文化。草原文化是中华传统文化的重要组成部分，通过与中原文化长期碰撞、交流、融合，演变为以内蒙古为主要集聚地、蒙古族文化为典型代表，历史悠久、特色鲜明、内涵丰富的文化体系。

蒙古族文学历史悠久，光彩夺目。《江格尔》是蒙古族英雄史诗，深刻地反映了蒙古族人民的生活理想和美学追求，具有很高的艺术价值。《蒙古秘史》成书于 13—14 世纪，该书记述了蒙古民族 500 多年形成、发展、壮大的历史。它不仅是研究蒙古历史和蒙古语文的珍贵文献，也是一部卓越的传记文学作品。蒙古族文学史上第一篇历史小说是《乌巴什洪台吉》。《蒙古秘史》《蒙古黄金史》

《蒙古源流》被称为蒙古族的"三大历史巨著"。

蒙古族人以能歌善舞、喜摔跤、射箭、爱赛马著称，表现了其民族粗犷豪放的性格。舞蹈主要有安代舞、筷子舞、马刀舞、驯马舞、盅碗舞等。安代舞是蒙古族自娱性的传统民间舞蹈。

蒙古族民歌主要分为两大类：礼仪歌和牧歌。礼仪歌用于婚宴等喜庆场合，牧歌多在放牧和搬迁时唱。从音乐特点来讲，大致分为"长调"和"短调"两大类。中华人民共和国成立后，富有蒙古族民族特色的歌曲《草原上升起不落的太阳》《敖包相会》《草原晨曲》等传遍祖国大地。

"呼麦"是蒙古族特有的单人发出多声部唱法的高超演唱形式，是一种"喉音"艺术。呼麦是蒙古族杰出的创造，它传递着蒙古族人民对自然宇宙和世界万物深层的哲学思考和体悟，表达了蒙古族人民追求和谐生存发展的理念和健康向上的审美情趣。蒙古族长调民歌与呼麦已被联合国教科文组织列入《人类非物质文化遗产代表作名录》。

马头琴音乐、摔跤、祭敖包、那达慕等被列入国家级非物质文化遗产代表性项目名录。

【旅游资源】

内蒙古旅游资源较为丰富，不仅有独特的草原文化、浓郁的民俗风情、悠久的历史古迹和边境口岸，还有大草原、大沙漠、大森林、大湖泊、大湿地、大温泉、大冰雪等壮美的自然风光，具备发展旅游业得天独厚的优势和条件。

内蒙古四大品牌旅游区域是敕勒川现代草原文明核心区（呼和浩特、包头、鄂尔多斯、巴彦淖尔），环京津冀草原风情旅游区（乌兰察布、锡林浩特、赤峰），大兴安岭全生态旅游区（呼伦贝尔、兴安盟、通辽），阿拉善秘境探险旅游区（乌海、阿拉善）。

玩沙是内蒙古特有的旅游项目。阿拉善沙漠国家地质公园是中国唯一的沙漠地质公园。必鲁图沙峰是世界最高的沙山，位于阿拉善盟阿拉善右旗巴丹吉林沙漠景区内。位于鄂尔多斯库布齐沙漠中的响沙湾，被誉为"响沙之王"。

旅游景区的演出也深受旅游者的好评，包括内蒙古辉腾锡勒黄花沟景区的大型室内实景剧《相会敖包》、响沙湾景区大型歌舞剧《鄂尔多斯婚礼》、神泉景区大型马术实景剧《一代天骄成吉思汗》、呼和浩特敕勒川草原的《千古马颂》等。

"歌游内蒙古"是内蒙古重点打造的旅游品牌，品牌口号是"歌声相伴，愉悦旅行"。

内蒙古的旅游核心城市包括呼和浩特、包头、鄂尔多斯等。呼和浩特主要景点有大召寺、昭君墓、敕勒川草原文化旅游区（哈素海）、神泉生态旅游景区等。包头是中国北方工业重镇，是中国境内以冶金、稀土、机械工业为主的综合性工业城市，被誉称“草原钢城”，主要景点有包头南海湿地景区、敕勒川风景旅游区、五当召、敖伦苏木城遗址等。鄂尔多斯的蒙古语意为“众多的宫殿”，主要景点有成吉思汗陵园、响沙湾、鄂尔多斯草原等。

内蒙古现有世界遗产 3 项：元上都遗址、长城（内蒙古段）、巴丹吉林沙漠—沙山湖泊群；国家 5A 级旅游景区 8 家：鄂尔多斯市达拉特旗响沙湾旅游景区、鄂尔多斯市伊金霍洛旗成吉思汗陵旅游区、呼伦贝尔市满洲里市中俄边境旅游区、兴安盟阿尔山 · 柴河旅游景区、赤峰市克什克腾旗阿斯哈图石阵旅游区、阿拉善盟胡杨林旅游区、呼伦贝尔市呼伦贝尔大草原·莫尔格勒河景区、呼和浩特市老牛湾黄河大峡谷旅游区；国家级旅游度假区 1 家：兴安盟阿尔山旅游度假区。

【民族民俗】

内蒙古自治区有蒙古、汉、回、满、达斡尔、朝鲜、鄂伦春、鄂温克等世居民族，其中汉族、蒙古族人口在 100 万以上。

蒙古族的礼仪主要有献哈达、敬茶、敬酒、祭敖包等。

献哈达。献哈达是蒙古族牧民迎送客人和日常交往中使用的礼节。哈达是蒙古族人民用来表达敬意的一种礼品。内蒙古的哈达主要有白色和蓝色两种，白色哈达是献给一般客人的，蓝色哈达是献给尊贵客人的。

敬茶。客来敬茶是蒙古族的一种传统礼仪。到牧民家做客，主人首先会给宾客敬上一碗奶茶，宾客要微欠身用双手接。接着主人会端上炒米、奶油、奶豆腐和奶皮子等奶制品。

敬酒。蒙古族斟酒敬客考究，主人将酒斟在银碗或金杯中，托在哈达上，唱起祝酒歌，表达自己的真诚与感情。此时客人应立即接过酒，能饮则饮，不能饮则品尝少许，然后将酒碗（杯）归还主人，万不可推推让让、拉拉扯扯。谢绝主人的敬酒，则会被认为你瞧不起主人，不愿交朋友，不能以诚相待。宾客接酒后用无名指蘸酒向天、地、火炉方向各点一下，以示敬奉天、地、火神。不会喝酒也不要勉强，可沾唇示意，表示接受了主人纯洁的情谊。

祭敖包。敖包是在草原、山坡或沙丘高地上用石头、土块、柳条等垒筑而成的，最早是能识别方向、道路、边界的标志，后成为祭祀山神、路神之地。祭敖包多在七八月举行。祭祀时敖包上插树条，上面挂有五颜六色的布条或纸旗。

在蒙古族人民心中，敖包是神圣的净地。

【蒙古族简介】

蒙古族主要聚居在内蒙古自治区，其余多分布于新疆维吾尔自治区、辽宁省、吉林省、黑龙江省、甘肃省、青海省等省区，少数散居和小聚居于宁夏回族自治区、河北省、河南省、四川省、云南省、北京市等省区市。

蒙古族源于约 7 世纪的唐朝望建河（今额尔古纳河南岸）的一个部落，与中国北方的东胡、鲜卑、契丹、室韦有密切的关系。1206 年，铁木真在斡难河畔举行大聚会，建大蒙古国，铁木真被推为蒙古大汗，号成吉思汗。“蒙古”开始成为民族的族称。“蒙古”其意为“永恒之火”。

蒙古族长期以来主要从事畜牧业，过着“逐水草而居”的游牧生活，被人们称为“草原骄子”“马背上的民族”。近几十年来，蒙古族已由游牧向定牧转变，而且发展了农业。

游牧地区牧民多住圆形穹庐顶的蒙古包；蒙古族地区的标志建筑常饰以穹庐顶。勒勒车是蒙古族特有的牛车，适应草原上的自然环境，被人们称为“草原之舟”。

蒙古族传统服饰大体可分为首饰、长袍、腰带、靴子 4 个主要部分。首饰是蒙古族妇女用于头上的装饰品，多用玛瑙、珍珠、宝石、金银制成，逢年过节、喜庆宴会、探亲访友时使用。平时牧区女子多用红、绿等颜色的长绸子把头缠上。男子冬季多戴尖顶大耳的羊皮帽，夏日多戴前进帽或礼帽。传统服饰以长袍为主，腰带、蒙古靴也是重要组成部分。

蒙古族饮食大致分为 3 类：粮食、奶食和肉食。农区与汉族大体相似，牧区主要是奶食和肉食。蒙古族人热情好客，用手抓羊肉和清水煮全羊款待客人。吃烤全羊时，请客人吃羊头和羊尾巴是最高的待客礼节。粮食中最有民族特色的是炒米。

蒙古族节日有那达慕大会、敖包祭祀、白节（相当于汉族春节的年节）。那达慕大会是蒙古族最具民族特色的传统盛会。那达慕是蒙古语音译，意为“游戏”或“娱乐”，起源于古代的祭敖包。那达慕大会在每年夏秋牲畜肥壮季节择日举行，早期只有赛马、摔跤、射箭，俗称“男子三项那达慕”，后来有的地区还举行田径、拔河及球类比赛，并有电影放映、文艺表演等。

【特产美食】

内蒙古自治区地大物博，物产丰盈。营养丰富的山珍野果包括发菜、黑木耳、猴头蘑、黄花菜、蕨菜、口蘑、苦杏仁、黑瓜子、莜麦、蓝莓、松茸、榛子、沙棘等。内蒙古自治区还是中国中草药生产基地之一，现已发现药用植物500多种，有甘草（被誉为中国“国老”）、黄芪（补气药材之最）、肉苁蓉（“中国地精”）、赤芍、麻黄、桔梗、知母、柴胡、苍术、远志、车前子、龙胆草等几十种药材。鸟兽类有雁鸭类和雉鸡类，紫貂、马鹿和驼鹿等。内蒙古自治区是牛、羊、驼、马之乡。

巴林石为内蒙古赤峰市巴林右旗特产，属叶蜡石的一种，透明度较高，质地细腻，软硬适中。巴林石与福建寿山石，浙江青田石、昌化石并称为“中国四大名石”（“中国四大印章石”）。

蒙古族的传统饮食比较粗犷，以羊肉、奶、野菜及面食为主要原料。烹调方法相对比较简单，以烤最为著名。饮食崇尚丰满实在，注重原料的本味。传统食品分为白食（奶食）、红食（肉食）、棕食三种。白食蒙古语叫“察干伊德”，是牛、马、羊、骆驼的奶制品。红食蒙古语叫“乌兰伊德”，即牛、羊等牲畜的肉制品。棕食，是相对白食与红食的颜色分类而论，指粮食类食品。白食是蒙古族的敬客食品，按照蒙古族的习惯，白色表示纯洁、吉祥、崇高，因此白食是蒙古人待客的最高礼遇。蒙古族的红食多种多样，吃得最多的是羊肉。吃羊肉的花样有很多，有手把羊肉、烤羊肉、炖羊肉、全羊席等。例如，产于内蒙古锡林郭勒盟东部的乌珠穆沁羊肉。乌珠穆沁羊喜欢运动，肌肉组织发达，体大、尾肥、肉脂多，特别适合做手把肉。

内蒙古特色美食有烤全羊、全羊席、手抓羊肉、风干牛肉、奶酪、马奶酒、莜麦面、哈达饼等。

【特色产业】

内蒙古有六大支柱产业，即能源、冶金建材、化工、机械制造、农畜产品加工和高新技术。内蒙古天然草场辽阔而宽广，是中国重要的畜牧业生产基地，已初步形成以乳产业为龙头，肉类、羊绒产业为支柱，传统优势产业、特色产业多元发展的产业格局。内蒙古“名特优新”农畜产品总数居全国第一，绿色地标、“蒙字号”已成为国家“粮仓”“肉库”“奶罐”“绒都”新标识。

随堂练

经典图片

第二章
东北地区各省导游基础知识

【学习目标】

了解辽宁省、吉林省和黑龙江省的历史、地理、气候、区划、人口、交通、旅游等概况，以及代表性的饮食特点、主要美食和风物特产。熟悉这三个省列入《世界遗产名录》的中国遗产地，列入《人类非物质文化遗产代表作名录》的中国非遗项目，国家5A级旅游景区和国家级旅游度假区；具有代表性的历史文化和民俗风情。掌握这三个省的旅游核心城市、国内知名地域文化、民族民间文化及特色产业。

第一节　辽宁省

辽宁是中国重要的老工业基地，是全国工业门类较为齐全的省份之一，是中国最早实行对外开放政策的沿海省份之一。辽宁，简称“辽”，取“辽河流域永远安宁”之意而得其名，省会沈阳市。

【地理环境】

辽宁地处环渤海东北亚经济圈核心地带，位于我国东北地区最南部，东北与吉林省接壤，西北与内蒙古自治区为邻，是连接华北与东北地区的重要通道；西南与河北省毗连，东南以鸭绿江为界河，与朝鲜民主主义人民共和国隔江相望，南濒渤海和黄海，是东北地区唯一既沿海又沿边的省份。全省陆地总面积14.87万平方千米。

辽宁省地形概貌是“六山一水三分田”，地势北高南低，山地丘陵分列东西向中部平原下降，呈马蹄形向渤海倾斜。辽东、辽西两侧为平均海拔800米和500米的山地丘陵；中部为平均海拔200米的辽河平原；辽西渤海沿岸为狭长的海滨平原，称“辽西走廊”。

辽河、浑河、大凌河、太子河、绕阳河及中朝两国共有的界河鸭绿江等形成辽宁省的主要水系。辽河是省内第一大河流。

【气候特征】

辽宁属温带大陆性季风气候，雨热同季，日照丰富，四季分明。辽宁省的光照资源相当丰富，年日照时数 2100~2900 小时。辽宁省是东三省中降水最多的省份，降水量自西北向东南递增。

【区划人口】

辽宁省辖沈阳市（副省级城市）、大连市（副省级城市，计划单列市）、鞍山市、抚顺市、本溪市、丹东市、锦州市、营口市、阜新市、辽阳市、盘锦市、铁岭市、朝阳市、葫芦岛市 14 个地级市。2024 年末，辽宁省常住人口为 4155 万人（《辽宁省 2024 年国民经济和社会发展统计公报》数据）。

【历史沿革】

辽宁历史源远流长。考古发现，早在 50 万—40 万年以前，辽宁已是古人类活动的场所，营口金牛山遗址与北京周口店遗址比肩齐声。新石器时代，在辽宁居住的除汉族的先人外，还有东胡、肃慎等民族的先人。

当中原地区进入奴隶社会后，辽宁逐渐与之建立了隶属关系。夏、商、周时，畜牧业和手工业已有雏形，开始使用青铜器。步入封建社会，河北、山东等地居民迁至辽宁，开发辽河流域。东汉末期，辽宁为公孙氏占据，高句丽人也曾一度称雄。唐征服了高句丽人，“安史之乱”后，松花江流域渤海政权兴起，辽宁成为其势力范围。后来，契丹兴起，吞并渤海，建立辽政权。接着，女真举兵抗辽，建立金朝。在金与南宋对峙期间，新兴的蒙古部落崛起，先后灭金和南宋，建立元朝。元朝设辽阳行省，这是辽宁地方行政历史上第一次以“省”冠名。明代废辽阳行省，改置辽东都指挥使司。明朝中叶，女真人首领努尔哈赤用武力、怀柔、联姻等手段征服了东北的各族部落，建立后金政权。努尔哈赤死后，皇太极继承汗位，继续进攻明朝。1635 年，皇太极改族名为满洲，次年改国号为“清”。辽宁省因是大清的“发祥地”，划归盛京特别行政区管辖。清末改为奉天省。

民国期间，辽宁沿袭清制，为奉系军阀张作霖所辖。1928 年 12 月 29 日，张学良通电全国，宣布“东北易帜”，服从以蒋介石为首的南京国民政府。1929

年，南京国民政府改奉天省为辽宁省，辽宁自此得名。1931 年 9 月 18 日，日本关东军发动“九一八”事变，占领东三省。解放战争中，中国人民解放军发动了著名的辽沈战役，历时 52 天，取得了东北全境解放的重大胜利。从此，辽宁的历史翻开了新的辉煌篇章。

【交通状况】

辽宁是东北地区通往关内的交通要道和连接欧亚大陆桥的重要门户，现已形成陆、海、空三位一体的交通网络，是全国交通、电力等基础设施较为发达的地区。水运方面，已经形成以大连港、营口港为国家主枢纽港，以丹东港、锦州港为地方重要港口，以盘锦港、葫芦岛港、庄河港、绥中港为一般性港口的格局。铁路、公路方面，截至 2023 年末，辽宁省铁路营业里程（不含地方铁路）6302 千米，其中高速铁路 2213 千米。辽宁省着力构建“一廊两翼”的通用机场空间布局，计划实现每个市至少拥有 1 个通用机场。辽宁省围绕“历史文化、绿色生态、亲水休闲”等主题，谋划打造 11 个主题旅游公路项目，总里程 2200 千米，辐射景区 148 个。

【自然资源】

辽宁自然风光秀美，海洋、河流、湿地、山川、森林、草原、冰雪等各种生态场景一应俱全，是我国北方重要的生态屏障。辽宁处于环太平洋成矿北缘，地质成矿条件优越，矿产资源丰富，区位条件好。辽宁的菱镁矿是世界范围内较有优势的矿种，质地优良、埋藏浅、保有量大。辽宁的药用类植物有 830 多种，如人参、细辛、五味子、党参、天麻、龙胆等。

【文化艺术】

辽宁省是一个文化大省，有着悠久的文化传统与深厚的文化底蕴。辽宁的文学创作古已有之，伯夷、叔齐的《采薇歌》是辽宁最早有文字记载的文学作品。辽宁最早的文人箕子在他的寓言《纣为象箸》、诗歌《箕子操》《麦秀歌》等中表达了对纣王的忧愤和对江山社稷的伤感。唐太宗征辽东时留下了《辽城望月》《辽东山夜临秋》等诗篇。

辽宁省戏曲艺术种类齐全，特色鲜明，包括二人转、辽剧、京剧、评剧、评书等艺术形式。其中，辽宁二人转享誉全国，属走唱类曲艺，最为著名的是铁岭民间艺术团和锦州黑山县的二人转。辽剧，原称辽南影调戏、辽南戏，是在辽南地区传统皮影戏基础上发展起来的辽宁省新型地方戏曲剧种。沈阳唐派（唐韵笙）也是京剧的重要流派。评剧表演艺术家韩少云创立的韩派、花淑兰创立的花派和筱俊亭创立的筱派为沈阳评剧三大流派。著名评书表演艺术家袁阔成、刘兰芳、田连元、单田芳等不仅在辽宁家喻户晓，在全国也有较高的知名度。

【旅游资源】

“山海有情，天辽地宁”。辽宁历史悠久，人杰地灵，自然风光秀美，文化古迹别具特色，旅游资源丰富多样，涵盖自然景观、人文景观、历史遗迹、民俗文化、节庆活动等多个方面。山岳风景区有千山（相传千山山峰总数有 999 座，其数近千，有“无峰不奇，无石不峭，无庙不古，无处不幽”之美誉）、凤凰山、医巫闾山、龙首山、辉山、大孤山、冰峪沟等；湖泊风景区有萨尔浒、汤河、清河等；海岸风光有大连滨海、金州东海岸、大黑山风景区、兴城滨海、笔架山、葫芦岛、鸭绿江等；岩洞风景有本溪水洞、庄河仙人洞；泉水名胜有汤岗子温泉、五龙背温泉、兴城温泉等；特异景观有金石滩海滨喀斯特地貌景观、蛇岛、鸟岛、怪坡、响山等；人文景观有陵、庙、寺、城等 50 余处，其中“三陵”（抚顺清永陵、沈阳清福陵、沈阳清昭陵）、“一宫”（沈阳故宫）相当具有吸引力；旅游度假区有大连金石滩、葫芦岛碣石、沈阳辉山、庄河冰峪沟、瓦房店仙浴湾、盖州白沙湾等。辽宁也是“抗日战争起始地”“解放战争转折地”“新中国国歌素材地”“抗美援朝出征地”“共和国工业奠基地”和“雷锋精神发祥地”。

辽宁省依托深厚文化底蕴与政策支持，文旅事业蓬勃发展。“跟着演出去旅行”“跟着 CBA 游辽宁”等融合模式成效显著。沈阳国际冰雪旅游节、大连国际服装节等特色节庆品牌效应显著，每年吸引大量游客。丹东“五一老街行　打糕民族情”活动，将朝鲜族文化融入千人盛宴与歌舞表演；辽阳翔云阁茶楼非遗小剧场以变脸、魔术、皮影戏等传统节目，展现民间艺术魅力；沈阳方城文化旅游区的“古韵华章”汉服巡游、中国（沈阳）工业博物馆的短剧歌舞，则让历史文化与工业文明鲜活呈现。

辽宁省的旅游核心城市有沈阳、大连等。沈阳方城文化旅游区是重要景点，此外还有沈阳“九・一八”历史博物馆等。大连的老虎滩海洋公园・老虎滩极地馆声名远扬，大连金石滩国家旅游度假区、东方水城旅游休闲街区等景点也是热门旅游地。

辽宁省现拥有世界遗产 5 项：葫芦岛九门口长城、沈阳故宫、“盛京三陵”、本溪五女山山城、中国黄（渤）海候鸟栖息地（第二期）；国家 5A 级旅游景区 7 家：大连市老虎滩海洋公园・老虎滩极地馆、本溪市本溪水洞景区、沈阳市植物园、大连市金石滩景区、盘锦市红海滩风景廊道景区、鞍山市千山景区、本溪市五女山景区；国家级旅游度假区 1 家：大连长山群岛旅游度假区。

【民族民俗】

辽宁省有 5 个世居少数民族，即满族、蒙古族、回族、朝鲜族和锡伯族。全省有 8 个少数民族自治县，其中 6 个满族自治县（新宾、岫岩、清原、本溪、桓仁、宽甸），2 个蒙古族自治县（喀左、阜新）。

辽宁民俗风情别具一格。在传统习俗方面，较有代表性的有满族“三大怪”（窗户纸糊在外、大姑娘叼烟袋、养活孩子吊起来）、“尊老敬上”、请安和打千。辽宁民俗活动种类丰富，主要有金州龙舞、建昌落子、本溪社火、辽西高跷秧歌等。在节庆活动方面，满族的药香节、锡伯族的西迁节与抹愚节、蒙古族的敖包节及大连迎春会、服装节等都凸显了地方民俗风情与文化特色。除此之外，辽宁省还拥有多项国家级非物质文化遗产代表性项目，如海城高跷和喇叭戏、抚顺地秧歌、医巫闾山满族剪纸、复州皮影戏、辽西木偶戏、辽宁鼓乐、东北大鼓、朝鲜族农乐舞、千山寺庙音乐等。

【满族简介】

满族，旧称满洲族，“满洲”在满语中是“吉祥”之意。满族最早称为肃慎，五代时为女真，17 世纪皇太极改名为满洲，辛亥革命后改为满族。满族是唯一在中国历史上两度建立过王朝（金朝和清朝）的少数民族。满族主要分布在东北三省，尤以辽宁省最多。

满族的舞蹈多姿多彩，多由狩猎、战斗、萨满祭祀等活动演化而来。抱腰接面礼是满族隆重的礼节。满族住房一般东南开门，其结构形似口袋，三面设炕，西炕供奉祖先神位，南炕为家中长者所居，晚辈多居北炕，俗称“口袋房，曼子炕”。坐北朝南，背风面阳，正房多为三间到五间。院内一般有一影壁，立有供神用的“索罗杆”。满族风味食品有白肉血肠和猪肉酸菜炖粉条，年节、庆典、迎送宾客或婚嫁喜事常设满族八大碗宴席。风味小吃和点心品种繁多，最为人们所喜爱的点心是萨其马。

【特产美食】

辽宁省的特产种类丰富，数量众多。林中特产主要有人参、鹿茸、五味子、辽细辛、中国林蛙、柞蚕等；海中珍品主要有刺参、鲍鱼、扇贝和对虾；果品主要有苹果、梨（鞍山南果梨、北镇鸭梨、绥中白梨、辽阳香水梨）、山楂、葡萄、黄金桃（大连）、猕猴桃（本溪、抚顺）等；工艺美术制品有抚顺煤精雕、岫岩玉雕、辽西玛瑙雕、喀左紫砂陶器、本溪辽砚和沈阳胡魁章毛笔等。

辽菜是根据辽宁内陆地区民族和区域特点、饮食习俗，使用烧、炖、扒、火烤、熘、拔丝、酱等烹饪技法创建的一种地方菜系。因其具有满族特色、朝鲜族特色、农家特色、海鲜特色等，美名盛传。

满族特色食品包括满族民间和宫廷许多特色食品。满汉全席是清代宫廷中举办宴会时满人和汉人合作的宴席，既有宫廷菜肴之特色，又有地方风味之精华，上菜起码108道（南菜和北菜各54道）。满汉全席菜式有甜有咸，有荤有素，取材广泛，用料精细，山珍海味无所不包，实乃中华菜系文化的瑰宝。

辽中玫瑰、恒仁冰酒、红崖子花生、盘锦大米、岫岩滑子蘑、东港大黄蚬六大特产入选首批100个地理标志产品名单。

【特色产业】

辽宁产业基础雄厚，工业门类齐全、体系完备，先后创造了千余个我国工业史上的“第一”。以数控机床、工业机器人、输变电设备、冶金矿山、石化通用装备、通用航空、汽车、造船为代表的装备制造业，以石油化工、钢铁为代表的原材料工业，在全国占有重要位置。辽宁正在打造升级先进装备制造、石化和精细化工、冶金新材料、优质特色消费品工业4个万亿级产业基地。

辽宁实施海洋科技创新能力提升行动，发展壮大船舶与海洋工程装备、海洋生物医药、海洋新材料、海洋信息、航运服务等产业，做大做强海洋牧场和滨海旅游，建设海洋强国战略的东北支点。全省高度重视航空产业发展，积极推动沈阳构建航空产业“双核一基地”空间布局和“4+2”产业体系；成立了低空经济创新研究中心，筹建低空飞行服务管理平台并启动基础性低空飞行管理服务。2023年，沈阳人工智能计算中心、大连人工智能计算中心同时获批国家新一代人工智能公共算力开放创新平台，辽宁成为唯一获批两个平台的省份。在能源化工、智能制造、智慧农业、智慧医疗领域，辽宁都研发出了实用的大模型工具。

辽宁持续做强做优冰雪经济，建设沈阳王家湾冰上运动中心和抚顺龙岗山雪上运动中心，推动冰雪运动、冰雪文化、冰雪旅游、冰雪装备加快发展，打造全国大众冰雪旅游体验IP，全力建设优质冰雪品牌和冰雪旅游胜地。

第二节　吉林省

吉林省名源于满语“吉林乌拉”，意为“松花江沿岸”，简称“吉”，省会长春。

【地理环境】

吉林省地处我国东北地区腹地，位于东北亚地理几何中心，具有沿边近海优势，是全国 9 个边境省份之一，是国家“一带一路”倡议向北开放的重要窗口。南邻辽宁省，西接内蒙古自治区，北与黑龙江省相连，东与俄罗斯接壤，东南与朝鲜隔江相望。面积 18.74 万平方千米。

吉林省地貌形态差异明显，地势由东南向西北倾斜，呈现出明显的东南高、西北低的特征。以中部大黑山为界，吉林省可分为东部山地和中西部平原两大地貌区。东部山地分为长白山中山低山区和低山丘陵区，中西部平原分为中部台地平原区和西部草甸、湖泊、湿地、沙地区。平原以松辽分水岭为界，以北为松嫩平原，以南为辽河平原。我国境内长白山最高峰是天池西侧的白云峰，海拔 2691 米，为东北地区第一高峰。长白山天池是松花江、鸭绿江、图们江三大河流的发源地。吉林省河流众多，这些河流分属松花江、图们江、鸭绿江、辽河和绥芬河五大水系。其中，松花江水系面积最大。主要湖泊有长白山天池、松花湖（吉林省最大的人工湖泊）、雁鸣湖、查干湖和月亮泡。

【气候特征】

吉林省位于中纬度欧亚大陆的东侧，属于温带大陆性季风气候，四季分明，雨热同季。从东南向西北由湿润气候过渡到半湿润气候，再过渡到半干旱气候。北纬 43° 附近是世界的“冰雪黄金带”，长白山雪期长、降雪量大，具有发展冰雪旅游的气候优势。

【区划人口】

吉林省辖 8 个地级市、1 个自治州。长春市为副省级城市。2024 年末，吉林省常住人口为 2317.31 万人（《吉林省 2024 年国民经济和社会发展统计公报》数据）。

【历史沿革】

早在远古时期，就有人类在吉林这块土地上繁衍生息，逐步形成了肃慎、秽貊、东胡三大部落系统。远在舜、禹时代，吉林省境内的古代民族就开始与中原王朝建立了具有隶属性质的贡纳关系，并逐渐成为中华民族的重要组成部分。从先秦开始，吉林就被历代中央政权划入行政区域管辖之下。在汉朝时就设置了郡县，唐朝的渤海及后来的辽、金、元各朝也都设立府、州、县。明朝设立都司、卫所。清顺治十年（1653 年），清政府设置宁古塔昂邦章京，是吉林省建置之始。清康熙十二年（1673 年），于船厂（今吉林市）建吉林城，史称“吉林乌拉”，吉林由此得名。光绪三十三年（1907 年），正式建制称吉林行省。

1931 年，“九一八”事变爆发，东北沦陷。吉林人民不畏强暴，奋起抗战，英勇杀敌。从沦陷初期的王德林、唐聚五、王凤阁等抗日义勇军的崛起，到杨靖宇、魏拯民、王德泰领导的东北抗日联军的浴血奋战，吉林人民用鲜血和生命谱写了一曲曲气壮山河的爱国主义篇章。1945 年，日本投降。在此期间，长春曾作为伪满洲国政权中心。

在解放战争中，中国共产党领导的东北民主联军在吉林大地上组织了四战四平、四保临江、三下江南等战役，成为扭转东北战局的关键。1948 年，辽沈战役开始，中国人民解放军东北野战军兵围长春，在强大的政治攻势和军事压力下，国民党驻守长春部队向解放军投诚。至此，吉林全境获得解放。中华人民共和国成立以后，吉林省省会仍为吉林市。1954 年，长春划归吉林省，省会迁至长春市。吉林成为全国唯一的省名与本省中一个市重名的省份。

【交通状况】

吉林省是东北地区重要的南北通道。吉林省的铁路网大体可分为西北—东南和西南—东北两个走向，全国主要铁路干线京哈线贯穿吉林南北。吉林省铁路以长春为中心，以吉林、四平、白城、梅河口等为主要枢纽，以京哈、长图、梅集等线路为干线，形成连接吉林省各市、州及广大城乡的铁路网。长春—满洲里—德国（简称“长满欧”）国际货运班列终点是德国的施瓦茨海德，全程约 9800 千米，是国内运行的所有国际班列中途经国家最少、运行时间最短、基础运行成本最低的班列。

公路以长春为中心呈辐射状网络，通向省内外。

主要通航河流有松花江、嫩江、图们江和鸭绿江，一般 4 月中旬至 11 月下旬为通航期。大安港是吉林省最大的内河港口、国家一类内河口岸，经水路可直达俄罗斯远东一些港口并可进入日本海，是吉林省同俄罗斯远东地区开展直接贸易的重要水上通道。

航空以长春为中心，以延吉、白山为补充，可直达北京、上海、广州等国内城市及韩国首尔、日本仙台等地。

【自然资源】

长白山区素有“长白林海”之称，是中国六大林区之一。长白松为长白山特有的珍稀树种，因其树干挺拔、树皮鲜艳、树形娇美而被称作“美人松”，并被列入《国家重点保护野生植物名录》。

吉林省有发育良好多样的生物种群，东部长白山是东北虎、东北豹的栖息地，西部草原湿地是重要的候鸟栖息地。自东向西形成东有虎豹、中有梅花鹿、西有白鹤的生态连廊。珲春市被中国野生动物保护协会授予“中国东北虎之乡”称号。吉林也是“梅花鹿之乡”。

吉林省是中国最大的人参生产和出口基地，人参产量占全国的 60%，占世界的 40% 以上。

吉林省中部松辽平原沃野千里，有着发展优质农产品生产的优越条件。吉林地处享誉世界的“黄金玉米带”和“黄金水稻带”，素有“黑土地之乡”的美誉，是中国重要的商品粮生产基地，玉米出口量连续多年居全国首位。

【文化艺术】

早期的吉林文学包括渤海文学、辽代文学、金代文学和清代文学。吉林当代蒙古族文学、朝鲜族文学和满族文学创作均走在全国前列。吉林民间文学有着悠久的历史，并且流传广泛，既有浓郁的关东风情，又蕴含着各民族历史文化传统。

吉林省戏曲艺术地方色彩浓郁，文化积淀深厚。主要表演艺术有二人转、吉林秧歌、吉剧等。

长春电影制片厂是中华人民共和国成立后第一家电影制片厂，堪称“中国电影的摇篮”。

【旅游资源】

吉林省旅游资源丰富，其中生态、民俗、冰雪和边境旅游是最具吸引力的旅游资源。吉林省旅游宣传推广语为“白山松水，吉祥吉林”。

吉林省有被列入第一批国家公园名单的东北虎豹国家公园。长白山是中华十大名山之一，“雄山托天池，林海藏珍奇”，是世人瞩目的神奇之地。吉林雾凇冰清玉洁，以其“冬天里的春天”般的诗情画意，同桂林山水、云南石林、长江三峡一起被誉为中国四大自然奇观。有雾凇的日子，吉林松花江岸十里长堤“忽如一夜春风来，千树万树梨花开”。

吉林省有着独特的边境风光旅游资源，在中、俄、朝三国交界处的珲春防川可体验“一眼望三国，犬吠惊三疆”之意境。吉林省依托长白山、查干湖、吉林雾凇等冰雪旅游景点，打造特色冰雪旅游名片。

沿着鸭绿江畔蜿蜒伸展的国道G331吉林集安段，“醉美风景路”串联起山水、人文、烟火与历史。高句丽文物景区、鸭绿江国境铁路大桥等文化地标与五女峰国家森林公园、鸭江谷酒庄等生态体验区形成“红绿交织”的旅游矩阵。《梦萦高句丽》实景演艺在鸭绿江畔震撼上演，吸引大量旅游者前往观看。

吉林省的旅游核心城市有长春市、白山市等。长春市别称“北国春城”，与南京、杭州、昆明并称“中国四大园林城市”，是著名的“汽车城”“电影城”“科教文化城”“森林城”和“雕塑城”。长春还有“光学城”“绿色食品城”“国际轨道交通之都”的美誉。白山市别称“浑江”，地处长白山腹心地带，鸭绿江、松花江穿流而过，因山而名、因水而秀。境内形成了“春观山花、夏登天池、秋赏枫叶、冬游冰雪”四季旅游格局。长白灵光塔是唐代渤海国时期的遗存见证，白山是清王朝的“龙兴之地”。杨靖宇精神、抗联精神和“四保临江”精神薪火相传。

吉林省拥有世界文化遗产2项：高句丽王城、王陵及贵族墓葬，长城（吉林段）；国家5A级旅游景区9家：长白山、伪满皇宫博物院、净月潭、长影世纪城、六鼎山、世界雕塑公园、高句丽文物古迹旅游景区、查干湖景区、嫩江湾旅游区；国家级旅游度假区2家：长白山国际度假区、长白山华美胜地旅游度假区。

【民族民俗】

吉林省是朝鲜族的主要聚居地，设有延边朝鲜族自治州，“朝鲜”的原意是“光明的东方”。

朝鲜族的歌舞蜚声全国，伽倻琴弹唱、农乐舞、长鼓舞、顶水舞、扇子舞等闻名遐迩，中国朝鲜族的农乐舞已被列入《人类非物质文化遗产代表作名录》。

朝鲜族人爱穿白衣素服，因而有“白衣民族”之称。

朝鲜族有民族特色的家庭节日主要有婴儿周岁、回甲节（六十大寿）、回婚节（结婚60周年纪念日）。

吉林省主要民俗还有东北鼓乐、长白山年俗、查干湖冬捕等。东北鼓乐起源于汉代，西汉武帝时称“横吹”，初用于军旅，后来进入宫廷，用于帝王宴享和驾行，称为“鼓吹”。查干湖冬捕习俗已被列入国家级非物质文化遗产代表性项目名录，形成了独具渔猎色彩的查干湖文化。

【特产美食】

吉林的手工艺品有松花湖浪木根雕、松花湖奇石、树皮画、满族剪纸、吉林彩绘雕刻葫芦等。

吉林省东部长白山区野生药用植物资源丰富。白山市是“东北三宝”（人参、貂皮、鹿茸）的主要产地之一。吉林省盛产野生中药材，红景天、不老草、林蛙被称为“东北新三宝”。

吉菜是采用吉林的特产原料和特有的烹饪工艺，结合当地各民族饮食文化和习俗而烹制的风味菜。吉菜是以民族菜、民俗菜、宫廷菜和山珍菜 4 个系列为框架，以吉菜名宴、名菜、名点、名小吃为主体，以天然、绿色、营养、健康、安全为时尚特色的新菜系，讲究刀工、勺工。著名的宴席有长白山珍宴。

吉林著名美食有李连贵熏肉大饼、黏豆包、泡菜、冷面、打糕等。

【特色产业】

吉林省的特色产业主要有现代汽车及零部件产业、医药健康产业、冰雪旅游产业等。

吉林省的汽车工业增加值占全省工业 1/4 以上，利润占全省工业一半以上，为第一支柱产业。长白山区是“世界生物资源宝库”，与云南西双版纳、四川峨眉山，并称“中国三大中药材基因库”，医药健康产业基础雄厚。吉林位于世界冰雪黄金纬度带，长白山与阿尔卑斯山脉、落基山脉，并称“世界三大粉雪基地”，具备国际级雪场深度开发潜力。

吉林省雪道总面积居全国第一。“十四五”期间，吉林省力争打造“以冰雪旅游、冰雪运动、冰雪文化和冰雪装备为核心，以冰雪科技、冰雪人才、冰雪商贸等相关产业门类为支撑”的“4+X”现代化冰雪经济体系。

第三节　黑龙江省

黑龙江省位于我国东北部，是我国位置最北、最东的省份，因流经境内最大的河流黑龙江而得名，简称“黑”，省会哈尔滨。

【地理环境】

黑龙江省北部、东部与俄罗斯隔江相望，西部与内蒙古自治区相邻，南部与吉林省接壤。全省土地总面积 47.3 万平方千米，居全国第六位。

黑龙江省地貌特征为“五山一水一草三分田”。地势大致是西北部、北部和东南部高，东北部、西南部低。西北部为大兴安岭山地，北部为小兴安岭山地，东南部主要由张广才岭、完达山、老爷岭等山区构成；东北部的三江平原、西部的松嫩平原是中国面积最大的平原——东北平原的一部分。省内最高点是位于黑龙江省五常市东南海拔 1690 米的大秃顶子山。

黑龙江省内有黑龙江、松花江、乌苏里江、绥芬河四大水系，主要湖泊有兴凯湖、镜泊湖、五大连池等。

【气候特征】

黑龙江省属于寒温带与温带大陆性季风气候。全省从南向北，依温度指标可分为中温带和寒温带；从东向西，依干燥度指标可分为湿润区、半湿润区和半干旱区。全省气候的主要特征是春季低温干旱，夏季温热多雨，秋季易涝早霜，冬季寒冷漫长，无霜期短，气候地域性差异大。

【区划人口】

黑龙江省共辖 12 个地级市（含 1 个副省级城市——哈尔滨市）和 1 个地区行署。2024 年末，黑龙江省常住人口为 3029 万人（《2024 年黑龙江省国民经济和社会发展统计公报》数据）。

【历史沿革】

早在 17.5 万年以前，黑龙江地区就已经有人类活动的踪迹。商周时期黑龙江地区的古代先民由西向东，形成了东胡、秽貊、肃慎三大族系。战国以后，属于秽貊族系的夫余人在黑龙江地区建立了第一个国家政权。698 年，粟末靺鞨首领大祚荣建立渤海国，定都上京龙泉府（今牡丹江市宁安市）。1115 年，完颜阿骨打建国号“金”，定都会宁府（今哈尔滨市阿城区）。清设黑龙江将军和吉林将军，管辖黑龙江地区。

中华人民共和国成立之初，黑龙江地区仍设松江、黑龙江两省。1954 年，松江省与黑龙江省合并为新的黑龙江省，省会哈尔滨市。2008 年，中国和俄罗斯在黑瞎子岛上举行“中俄界碑揭牌仪式”，备受瞩目的黑瞎子岛一半领土回归中国。

【交通状况】

黑龙江省铁路以哈尔滨为中心，向四周辐射，并以齐齐哈尔、牡丹江和佳木斯为主要枢纽。主要铁路有京哈铁路、滨绥铁路、滨洲铁路等。哈大高速铁路是中国严寒地区设计建设标准最高的一条高速铁路，北起黑龙江省哈尔滨市，南抵滨海城市大连，线路纵贯东北三省，途经哈尔滨、长春、沈阳、大连 4 个副省级城市。省内已建成哈齐高速铁路、哈牡高速铁路、牡佳高速铁路。2018 年通车的哈佳快速铁路是中国高寒地区最长的快速铁路。

公路交通在黑龙江省占有很大比例，广大北部、东部地区仍以公路运输为主。“醉美龙江 G331 边防路”是国道 G331 在黑龙江省境内路段，从东宁到漠河全长约 2600 千米，一路可欣赏大森林、大湿地、大界江、大冰雪等壮丽风光。

黑龙江省拥有哈尔滨太平国际机场、齐齐哈尔三家子机场、牡丹江海浪机场、佳木斯东郊机场等共计 13 座已通航民用机场。哈尔滨太平国际机场是黑龙江省的枢纽机场，地处东北亚中心位置，是东南亚至北美航线的经停点。

【自然资源】

黑龙江省自然资源丰富，大、小兴安岭，完达山一带是我国重要的森林基地。在这茂密的大森林里，有许许多多的宝贵木材。小兴安岭盛产珍贵的红松，被称为“红松的故乡”。黑龙江省伊春市有“林都”之称。

齐齐哈尔市东南部的扎龙国家级自然保护区属湿地生态系统类型自然保护区，是我国以鹤类等大型水禽为主的珍稀水禽分布区，是世界上最大的丹顶鹤繁殖地。保护区内的扎龙湿地为亚洲第一、世界第四，也是世界上最大的芦苇湿地。

大庆油田是世界上为数不多的特大型陆相砂岩油田，是我国最大的油田。这里诞生了以“铁人”王进喜为代表的大庆“铁人精神”。

【文化艺术】

黑龙江省文化源流可归结为鲜卑文化、渤海文化、金源文化和满族文化。

中国近现代女作家萧红与吕碧城、石评梅、张爱玲并称“民国四大才女”，被誉为“20世纪30年代的文学洛神”。20世纪80年代，一批知青作家闪耀文坛，如梁晓声，其创作的北大荒知青题材的系列小说有《这是一片神奇的土地》《今夜有暴风雪》《雪城》《年轮》等。

黑龙江省美术以版画闻名。冰雕艺术自 20 世纪 60 年代初在哈尔滨发展起来，至今已产生广泛影响。赫哲族人的鱼皮画表现出了极高的艺术水准，具有非常高的审美价值与收藏价值。赫哲族、鄂伦春族艺人以原始森林的桦树皮为原材料，利用桦树皮的自然纹理，经过巧妙加工的桦树皮工艺品，给人以返璞归真、回归自然之感。

黑龙江省喜闻乐见的文艺形式主要有龙江剧、二人转、大秧歌等，乡土味浓郁。

【旅游资源】

冰雪旅游。黑龙江冬季雪量大，雪期长（120 天左右），雪质好，适于冰雪旅游。滑雪资源主要集中在哈尔滨市、伊春市、牡丹江市和大兴安岭地区四大区域。黑龙江著名冰雪旅游地有哈尔滨亚布力滑雪场、海林雪乡、哈尔滨冰雪大世界等。

避暑旅游。黑龙江省夏季凉爽，众多的江河湖泊和浩瀚的林区是避暑的好去处。著名避暑地有五大连池、镜泊湖、太阳岛、明月岛、兴凯湖等。

湿地旅游。中国共有 82 处国际重要湿地，黑龙江就有 12 处，数量居全国首位。这些湿地是丹顶鹤、东方白鹳等珍稀水禽的重要繁殖栖息地和迁徙停歇地。

边境旅游。黑龙江省与俄罗斯接壤，有 25 个开放口岸，其中 17 个已经成为旅游口岸。

森林旅游。黑龙江省境内有大、小兴安岭，张广才岭和完达山脉等林区，可开发系列森林旅游产品。

围绕“一季带动四季”的核心策略，黑龙江积极探寻新路径，在积极谋划“超长冰雪季”的同时，精心筹划“超长避暑季”，充分挖掘森林康养、湿地生态、边境风情、历史文化等资源，举办各类音乐节、艺术节等活动，形成覆盖春夏秋冬的旅游产业链条。《遇见·哈尔滨》江上沉浸式演艺，通过宏大的场面、精巧的编排、震撼的视听全面展示哈尔滨风采。

“北国好风光，美在黑龙江”，黑龙江省旅游核心城市有哈尔滨市、牡丹江市等。

哈尔滨市是中国省会城市中面积最大的，素有“冰城”“东方莫斯科”“东方小巴黎”之称。特殊的历史进程和地理位置造就哈尔滨这座具有异国情调的美丽城市，它以正气的红色文化、灵气的金源文化、神气的冰雪文化、雅气的音乐文化、洋气的欧陆文化闻名于世，是享誉中外的冰雪艺术之都。中国·哈尔滨国际冰雪节已发展成融文化、体育、旅游、经贸、科技等多领域活动于一体的冰雪盛会，连续多年被评为全国十佳冰雪旅游城市第一名。哈尔滨被联合国授予亚洲唯一的“世界音乐之城”。

牡丹江市别称“雪城”，是全国重要的沿边开放城市和黑龙江省东南部区域中心，也是“一带一路”“中蒙俄经济走廊”的重要战略支点。这里湖光山色、风景如画，“湖林雪边俗特红”七大特色旅游资源相得益彰。奇特罕见的火山口地下森林、世界最大的火山熔岩堰塞湖——镜泊湖、充满冰雪奇观的中国雪乡、世界最大东北虎饲养繁育基地等优质文旅资源驰名中外。

黑龙江有 1 项世界遗产，即长城（黑龙江段）；7 家国家 5A 级旅游景区：哈尔滨太阳岛、五大连池、镜泊湖、汤旺河区林海奇石景区、漠河北极村等；1 家国家级旅游度假区：亚布力滑雪旅游度假区。

【民族民俗】

黑龙江省是一个多民族的边疆省份。世居黑龙江的有满族、朝鲜族、蒙古族、回族、达斡尔族、锡伯族、赫哲族、鄂伦春族、鄂温克族和柯尔克孜族 10 个少数民族。赫哲族是黑龙江特有的世居少数民族。

历史上，以农耕为主的满族、朝鲜族，以捕鱼为生的赫哲族，以狩猎为生的鄂伦春族，以牧业为主的蒙古族、达斡尔族，这些民族仍保留着北方少数民族所特有的民俗风情，成为黑龙江省重要的民俗旅游资源。如每年春季举行的鄂伦春族古伦木沓节（“古伦木沓”为鄂伦春语，意为“祭祀火神”）。

五大连池药泉会（圣水节）是五大连池风景区内的达斡尔族、鄂伦春族、蒙古族、满族和汉族人民以“敬天”“娱人”为内容，以歌舞、祭祀为载体，含有历史、信仰、民俗、艺术等诸多文化内容的传统民间文化活动。200 多年前，达斡尔族猎人在五大连池药泉山下发现矿泉后，各族人民每年农历五月初五端午节前后举行纪念活动。

鄂温克族瑟宾节。“瑟宾”为鄂温克语，意为“欢乐祥和”。起源于古代鄂温克人狩猎胜利时举行的部落庆典。瑟宾节是鄂温克族的传统节日，每年 6 月 18 日举行一次，以驯鹿为吉祥物。

齐齐哈尔市富拉尔基区罕伯岱村是达斡尔族聚集村落，为黑龙江最早的达斡尔族原始部落，至今仍保留着传统婚俗。

【特产美食】

黑龙江省主要土特产有东北大米（“五常大米”是中国国家地理标志产品，已纳入中欧互认地理标志）；哈尔滨红肠、酒糖；大马哈鱼、鱼子酱；野生蘑菇（元蘑、榛蘑、猴头蘑被人们称作东北“三大蘑菇”）、黑木耳；蕨菜、薇菜；北五味子、刺五加；貂皮、鹿茸、灵芝、人参；黑加仑；松子、榛子等。

黑龙江人大部分为山东移民的后代，山东人带来了齐鲁文化，包括鲁菜，又有当地的满洲饮食文化和部分俄罗斯饮食文化。三种饮食文化交会、融合，逐步形成了独具特色的黑龙江饮食文化。黑龙江人吃蔬菜有两种主要形式：一种是凉拌菜，另一种是蘸酱菜。黑龙江菜品中炖菜较多，喜食渍酸菜，菜码大、分量足。有得莫利炖鱼、杀猪菜、小鸡炖蘑菇、酸菜白肉炖粉条、鲇鱼炖茄子、牛肉炖柿子（源于俄罗斯的苏波汤）等，种类不限、搭配方式多样。其他菜品有酱骨架、地三鲜、锅包肉、黄瓜拉皮等。主食有当地大米、黏豆包、大列巴等。特色小吃有烤冷面等。民族风味有赫哲族风味杀生鱼，鄂伦春族风味手把肉、烤肉串等。哈尔滨的冻梨、马迭尔冰棍深受年轻人喜爱。

黑龙江美食最值得一提的是饺子，皮薄馅大，鲜香多汁。除了手擀皮儿韧滑筋道，调制饺子馅是关键，用各种各样的食材包出不同风味的水饺，尤其是酸菜馅的水饺最为出众。

【特色产业】

装备工业、能源工业、石化工业和食品工业是黑龙江省传统的四大支柱行业。

黑龙江土地平坦、集中连片，作为维护国家粮食安全的“压舱石”，农业综合机械化率、粮食总产量居全国第一。“寒地黑土”“绿色有机”“非转基因”是黑龙江农业的 3 张金字招牌。黑龙江地处世界仅有的三大黑土带之一，土壤有机质含量高。全省绿色有机食品基地认证面积超 1 亿亩，稳居全国前列。

黑龙江是全国最早开发利用冰雪资源和发展冰雪产业的省份。目前已形成以索道、缆车、造雪系统、造雪机等产品为主的冰雪场地装备和以冰刀、雪板、冰上娱乐器材等产品为主的冰雪运动器材两大制造体系。黑龙江把发展冰雪经济作为新增长点，推动冰雪运动、冰雪文化、冰雪装备、冰雪旅游全产业链发展。通过体旅融合、科技创新赋能冰雪产业发展，释放冰雪经济潜能。

随堂练

经典图片

第三章
华东地区各省市导游基础知识

【学习目标】

了解上海市、江苏省、浙江省、安徽省、福建省、江西省和山东省的历史、地理、气候、区划、人口、交通、旅游等概况，以及代表性的饮食特点、主要美食和风物特产。熟悉这七个省（直辖市）列入《世界遗产名录》的中国遗产地，列入《人类非物质文化遗产代表作名录》的中国非遗项目，国家5A级旅游景区和国家级旅游度假区；具有代表性的历史文化和民俗风情。掌握这七个省（直辖市）的旅游核心城市、国内知名地域文化、民族民间文化及特色产业。

第一节　上海市

上海是中华人民共和国的直辖市之一，简称“沪”，别称“申”。上海是中国经济发展最活跃、开放程度最高、创新能力最强的区域之一。上海是中国的国际经济、金融、贸易、航运、科技创新中心，也是国际文化大都市和重要的国际旅游目的地。

【地理环境】

上海市位于太平洋西岸，亚洲大陆东沿，中国南北海岸中心点，长江和黄浦江入海汇合处。北界长江入海口，东临东海，南接杭州湾，西与江苏和浙江两省接壤。上海市面积为6340.5平方千米。

上海是长江三角洲冲积平原的一部分，境内除西南部有少数丘陵、山脉外，多为坦荡低平的平原，平均海拔4米。大金山岛为上海最高点，海拔仅103.7米。上海河网主要有流经市区的主干道黄浦江及其支流苏州河、川杨河、淀浦河等。淀山湖是上海最大的湖泊。上海有崇明、长兴、横沙3个岛屿，其中崇明岛是中国的第三大岛。

【气候特征】

上海属亚热带季风性气候，四季分明，日照充分，雨量充沛。上海气候温和湿润，春秋较短，冬夏较长。

【区划人口】

上海市辖有16个区，2024年末常住人口为2480.26万人（《2024年上海市国民经济和社会发展统计公报》数据）。

【历史沿革】

约6000年前，现在的上海西部即已成陆。相传春秋战国时期，上海曾经是楚国春申君黄歇的封邑，故上海别称为“申”。4—5世纪的晋朝，因以捕鱼为生的当地居民发明了一种竹编的捕鱼工具而得名“滬（沪）”。

唐天宝十年（751年），吴郡太守奏准设立华亭县（现今的松江区），上海地区开始有了相对独立的行政区划。南宋嘉定十年（1217年）设立嘉定县，上海地区开始有了两个独立的行政区划。华亭县后改为松江府。南宋咸淳三年（1267年）在上海浦西岸设置市镇，定名为上海镇。元至元二十九年（1292年），元朝政府把上海镇从华亭县划出，批准设立上海县，标志着上海建城之始。明末，有松江府及所属华亭、上海、青浦3县，苏州府所属嘉定、崇明2县。16世纪中叶，明代的上海已成为全国棉纺织手工业中心。清康熙二十四年（1685年），清政府在上海设立海关。第一次鸦片战争以后，上海被殖民主义者辟为通商口岸，是当时亚洲最繁华的大都市，有“十里洋场”“东方巴黎”等称号。1927年7月7日，上海特别市成立，直辖于中央政府，上海始有直辖市一级建制。1930年7月，上海特别市改称上海市。

中华人民共和国成立后，揭开了上海发展的新篇章。上海的经济和社会面貌发生了巨大变化。1978年以来，上海率先走出一条具有超大城市特点的科学发展之路。1986年，上海市被评为国家历史文化名城。1990年，党中央、国务院宣布开放上海浦东。1992年，国务院批复设立浦东新区。2005年，国务院批准浦东在全国率先开展综合配套改革试点。2013年，中国（上海）自由贸易试验区在浦东挂牌。2022年，上海在基本建成国际经济、金融、贸易、航运中心的基础上，形成具有全球影响力的科技创新中心基本框架体系，并坚定迈向具有世界影响力的社会主义现代化国际大都市。

【交通状况】

上海市是全国重要的交通枢纽。上海国际航运中心建设取得重大突破，建成了外高桥码头、洋山深水港和吴淞口国际邮轮码头；上海港2024年集装箱吞吐量达到5150.6万标箱，连续15年排名世界第一。上海港口连通度居全球首位。航空运输方面，上海有虹桥、浦东两大国际机场。铁路方面，上海拥有上海站、上海南站、上海虹桥站3个铁路主客运站，上海东站也在建设中；公路方面，已基本形成“两环、九射、一纵、一横、两联”的网格布局。长江隧桥是世界上规模最大的隧桥结合工程，全长25.5千米，工程采用“南隧北桥”的建设方案，南部的长江隧道连接上海浦东和长兴岛，北部的长江大桥连接长兴岛和崇明岛。上海相继建成南浦大桥、杨浦大桥、卢浦大桥、上海长江大桥、崇启大桥等15座大桥。上海市内交通已形成了由地面道路、高架道路、越江隧道和大桥及地铁、高架式轨道交通组成的立体型市内交通网络，城市内部轨道交通基本成网。上海市拥有包括地铁、轻轨、磁悬浮等轨道交通网络，截至2024年末，全市轨道交通运营线路21条（含市域线1条），运营里程达896千米，运营里程居全世界第一位。

【文化艺术】

海派文化。海派文化本质上是上海的城市文化，糅合了以江南传统文化为主体的吴越文化和欧美的外来文化。它们互相影响、互相交融后，形成了上海特有的文化。海派文化是尊重多元化、个性，兼顾个人利益和社会利益，以契约精神为主导的理性的、较成熟的商业文化。海派文化既有江南吴越文化的古典与雅致，又有国际大都市的现代与时尚，区别于中国其他文化，具有开放而又自成一体的独特风格。

上海的海派文化氛围为作家们提供了多元创作空间。鲁迅、茅盾、巴金等著名的作家都曾经在上海定居，并留下了著作。如茅盾先生的小说《子夜》就以20世纪30年代的上海为原型创作，巴金在上海创作了长篇小说《寒夜》和《随想录》，张爱玲和王安忆是上海独特文化孕育的著名女作家。鲁迅先生的墓地就在今天上海鲁迅公园内。

电影从上海开始传入中国。1896—1898年，一个美国商人先后在上海短期放映美、法等国的短片，并在当时的《申报》上刊登电影广告，引起轰动。1931年，华光片上有声电影公司在日本完成中国第一部片上发音影片《雨过天晴》。1949年前，中国的电影业基本集中于上海，培育了田汉、夏衍等著名的剧作家和周璇、胡蝶、阮玲玉等电影明星。上海国际电影节创办于 1993 年，是中国唯一获国际电影制片人协会认证的国际 A 类电影节，最高奖项为“金爵奖”。上海电视节创办于 1986 年，是中国第一个国际性电视节，如今已成为亚洲地区最重要的国际电视交流平台之一。主体活动包含了白玉兰奖国际电视节目评选、白玉兰优秀电视节目展播、“白玉兰绽放”颁奖典礼等。上海国际艺术节是中国唯一的国家级综合性国际艺术节，由文化和旅游部主办、上海市人民政府承办，成立于 1999 年，每年举办一次，集合舞台演出、展览博览、“艺术天空”系列演出、“扶持青年艺术家计划”暨“青年艺术创想周”等系列活动。上海也是话剧的首创地，出现了洪深、欧阳予倩等代表性人物。

上海是中国著名的近现代绘画文化基地，特别是 20 世纪 30 年代，以上海为中心的现代主义艺术呈现出国际化和大众化特征，绘画及其他视觉艺术形态丰富。著名画家刘海粟于 1912 年创立中国第一所美术学校，著名漫画家张乐平、国画大师黄宾虹都是代表人物。1996 年创办的上海美术“双年展”成为上海一张亮丽的名片。

上海演艺新空间包括世茂广场“星空间”、INS Comedy 喜剧中心、笑乐汇演艺新空间、蜚声上海等，为上海增添更丰富多彩的观演好去处。

【旅游资源】

上海是中国主要旅游城市之一，也是一座国际化旅游城市。

外滩是上海著名的旅游景点，全长 1.5 千米，南起延安东路，北至苏州河上的外白渡桥，西侧矗立着风格迥异的中西建筑群，素有“万国建筑博览”之称，是中国近现代重要史迹，上海的地标之一。与外滩建筑隔江相望的浦东新区，是上海现代化摩天大楼最为集中的地区，有上海中心大厦（高 632 米，是中国第一高楼）、上海环球金融中心、东方明珠电视塔、金茂大厦等高层建筑。

弄堂建筑是上海特有的传统民居。上海的弄堂是由一排排紧密联立的石库门单元组成的庞大房屋群体。在弄堂口上方总有一座标志坊，作为弄堂空间段落的分隔。老式的里弄大都有过街楼，即在弄堂口处两排房屋之间的“空中楼阁”。过街楼大部分是两层，少数三层，用作居室，底层腾空，供弄堂内人车通行。石库门建筑始于 19 世纪 60—70 年代，最初采用欧式联排式的木结构，后来演变成整齐排列的砖木结构的“老式石库门”。石库门里弄建筑营造技艺已被列入国家级非物质文化遗产代表性项目名录，上海的时尚地标新天地就属于典型的石库门建筑类型。

龙华寺位于上海市徐汇区，紧靠龙华古镇，是上海历史最久、规模最大的古刹，矗立于龙华寺前的龙华塔则是上海市区唯一的古塔，该塔被誉为申城“宝塔之冠”。建于1882年的玉佛寺建筑宏伟，颇有名气。豫园原为明代上海人潘允端的私人花园，与露香园、日涉园合称为“明朝上海三大名园”。

上海都市型旅游资源种类丰富，融都市观光、都市文化、都市商业为一体。商业旅游资源分为商业街、商城、休闲街和专业特色街四大类。著名商业街有南京路商业街（“中华商业第一街”）、淮海路商业街等，著名商城有豫园旅游商城、徐家汇商城等，休闲街有新天地、上海老街等。

旅游与相关产业日趋融合。创意工业园区大致可分为近代产业遗存的著名单位，现代工业主要基地和国家级开发区，现代创意产业典型，其他传统工业项目，现代农业、林业和度假区等类型。如英商怡和纱厂、卢湾区八号桥工业创意园区、上海音乐谷产业园区等。

旅游观光与休闲度假相结合。上海大型休闲娱乐场（区）有上海迪士尼乐园、上海佘山国家旅游度假区、上海马戏城、上海国际赛车场等。2016年6月16日开幕的上海迪士尼度假区位于上海国际旅游度假区核心区内，是中国内地首个、亚洲第三个、全球第六个迪士尼度假区。

现代旅游节庆日益国际化和现代化。上海作为世界著名城市，每年都会举办各种各样的活动，大致可以分为会展、节庆和赛事三类，如上海旅游节、“迎新春·撞龙华晚钟”、F1赛车和国际网球大师杯赛等。

上海是一个临海城市，水景资源丰富。黄浦江、朱家角古镇成为中外旅游者喜爱的旅游景区。崇明长江三角洲国家地质公园也是上海唯一一座国家地质公园。

上海的红色旅游资源也十分丰富，中国共产党一大·二大·四大纪念馆、孙中山故居、茂名路毛泽东旧居、宋庆龄故居、淞沪抗战纪念馆等都是著名的红色旅游胜地。

上海有世界遗产1项：中国黄（渤）海候鸟栖息地（第二期）；国家5A级旅游景区5家：浦东新区东方明珠广播电视塔、浦东新区上海野生动物园、浦东新区上海科技馆、上海市中国共产党一大·二大·四大纪念馆景区、西沙明珠湖景区；国家级旅游度假区2家：上海佘山国家旅游度假区、上海国际旅游度假区。

【民族民俗】

上海是我国少数民族散居地区，来自全国各地的少数民族用其聪明才智和辛勤劳动，和汉族人民共同创造了上海独特的历史和文化，共同发展了上海日益发达的经济。

上海仍有一些家庭的长者坚持守岁。到子夜时，有一些人还会前往城内庙中争烧“头香”，撞“头钟”。正月初五为财神（俗称“路头神”）的诞辰，各地都有接财神之举。商家接财神多供三牲：生猪头、鲤鱼、雄鸡，鲤鱼谐音“利余”，特别受欢迎。在中秋节，有“斋月宫”的民俗，是“祭月”的别称。每逢中秋，家家户户供上月饼。立冬的一大习俗就是“吃团子”，这时恰逢秋粮上市，用新粮食做成的团子特别可口。

【特产美食】

上海的特产工艺品有上海玉雕、嘉定竹刻、上海玉器等，特产美食有大白兔奶糖、高桥松饼、全蛋萨其马、枫泾豆腐干、状元糕（有金泽和枫泾的）、城隍庙的五香豆、梨膏糖等。除此之外，上海丝绸、上海顾绣、崇明老白酒、上海面塑等也是著名的特产。

上海人所说的本帮菜指的是上海本地风味的菜肴，特色可用浓油赤酱（油多味浓、糖重、色艳）概括。常用的烹调方法以红烧、煨为主，品味咸中带甜，油而不腻。代表名菜有响油鳝糊、油爆河虾、油酱毛蟹、八宝鸭、腌笃鲜、枫泾丁蹄、松江鲈鱼、黄焖栗子鸡、锅烧河鳗等。著名的特色小吃有南翔馒头店的南翔小笼包，湖滨美食楼的开阳葱油面、蟹壳黄，绿波廊酒楼的眉毛酥、枣泥酥、萝卜丝酥饼、桂花拉糕，王家沙的生煎馒头，五味斋的绉纱小馄饨等。市民早点有“四大金刚”，即大饼、油条、粢饭、豆浆。

【特色产业】

上海重点领域改革开放持续深化。中国船舶集团、中国电气装备集团等央企总部相继在此落户。长三角一体化发展、浦东引领区建设成果显著。金融市场体系进一步完善，已成为国际上金融市场门类最为齐备的城市之一，股票、债券、货币、外汇、黄金、期货、票据、保险等各类金融要素市场齐头并进，黄金现货、上交所股票市值等位居全世界前列。金融业、碳金融和数字人民币发展领先。上海的特色产业园区涵盖了集成电路、生物医药、人工智能等重点产业及新赛道。

2024 年，新能源、高端装备、生物、新一代信息技术、新材料、新能源汽车、节能环保、数字创意等工业战略性新兴产业工业总产值占上海市规模以上工业总产值比重达到 43.6%。上海正成为全国领先的人工智能创新策源地、应用示范地、产业集聚地和人才高地。上海集聚了从硬件、软件、GPU、算法、模型训练到应用全产业链布局。

第二节　江苏省

江苏省地跨长江、淮河南北，京杭大运河从中穿过，经济繁荣，教育发达，文化昌盛，是中国古代文明的发祥地之一。江苏简称“苏”，取江宁、苏州二府之首字而得名，省会南京。

【地理环境】

江苏省地处中国大陆东部沿海地区中部，长江、淮河下游，东临黄海，北接山东，西连安徽，东南与上海、浙江接壤，是长江三角洲地区的重要组成部分。江苏省总面积 10.72 万平方千米。

江苏省地貌包含平原、山地和丘陵 3 种类型。其中，平原面积占比较大，居中国各省首位，主要有苏北平原、黄淮平原、江淮平原、滨海平原、长江三角洲平原。江苏是中国地势最低的一个省区，绝大部分地区在海拔 50 米以下。连云港云台山玉女峰是全省最高峰，海拔 624.4 米。

江苏省跨江滨海，湖泊众多，水网密布，海陆相邻，是全国唯一拥有大江、大河、大湖、大海的省份，素有“水乡江苏”之称。长江（中国第一大河）横穿江苏东西，京杭大运河（世界上最古老的运河）纵贯南北，还有太湖（我国第三大淡水湖）、洪泽湖（我国第四大淡水湖）和西太湖（苏南第二大湖泊）。连云港的海滨浴场、南通盐城的湿地滩涂则是江苏的沿海旅游资源。名泉有镇江中泠泉、无锡惠山泉及苏州虎丘的憨憨泉。

【气候特征】

江苏省属东亚季风气候区，处在亚热带和暖温带的气候过渡地带。江苏省地势平坦，一般以淮河、苏北灌溉总渠一线为界，以北属暖温带湿润、半湿润季风气候，以南属亚热带湿润季风气候。江苏省气候呈现四季分明、季风显著、冬冷夏热、春温多变、秋高气爽、雨热同季、降水集中、梅雨显著等特点。

【区划人口】

江苏省共有 13 个地级市，分别是南京市（副省级城市）、无锡市、徐州市、常州市、苏州市、南通市、连云港市、淮安市、盐城市、扬州市、镇江市、泰州市和宿迁市。2024 年末，江苏省常住人口为 8526 万人（《2024 年江苏省国民经济和社会发展统计公报》数据）。

【历史沿革】

江苏省是我国人类较早活动的地区之一，1993 年发现的南京汤山直立猿人化石表明，早在 50 万年前就有古人类在此活动。在此之前，考古工作者于 1954 年在泗洪双沟镇东下草湾发现了人类化石，古人类学界称之为“下草湾人”，又叫“泗洪新人”。据初步调查，江苏及相邻地区的新石器时代文化遗址有淮安青莲岗文化遗址、高邮龙虬文化遗址、海安青墩文化遗址、苏州草鞋山文化遗址等。在草鞋山文化遗址发现的距今约 6000 年前的马家浜文化时期的水稻田，是目前中国发现最早有灌溉系统的古稻田。

江苏是《尚书·禹贡》所载九州中的徐、扬两州的一部分，后代先后设有吴、毗陵、丹阳、江都、下邳、彭城、东海诸郡。秦灭亡后，刘邦最终统一天下，建立汉朝，其侄刘濞被封为吴王后，定都广陵（今扬州）。东吴、东晋和南朝的宋、齐、梁、陈先后在今南京建都立国，江苏地区成为南方的政治、经济、文化中心。隋唐时期开凿大运河，江苏许多城镇因河而盛，扬州成为南北交通、经济、文化的枢纽，有“扬一益二”之称。唐代“安史之乱”后，全国经济重心南移，形成“军国大计，仰于江淮”的局面。两宋时期，江苏地区成为全国著名粮仓，南宋已有“苏常熟，天下足”的名谚。元代，太湖流域成为全国的植棉中心和棉织业中心。明初建都南京，南京再次成为全国政治、文化中心。苏州、南京和浙江杭州并称“全国丝织业三大中心”。清代，江苏地区粮、盐产量雄居全国之首，扬州成为淮盐运销中心，无锡成为全国四大米市之一。近代以来，苏州洋炮局、金陵制造局等洋务实业得到发展，江苏先后涌现出南通大生、无锡荣氏等民族工业集团及张謇、荣氏兄弟等工商业巨头。1912 年，中华民国临时政府在南京成立。1927 年，国民政府定都南京。1949 年 4 月 23 日，中国人民解放军占领南京，标志着中国革命取得决定性胜利。

【交通状况】

江苏省已实现“县县通高速”，形成“五纵九横五联”的高速公路网。江苏省铁路交通发达，初步搭建起了江苏长江以北地区的高铁骨架网络，设区市全部通动车，“轨道上的江苏”主骨架基本形成。江苏共有 9 个城市开通城市轨道交通运营线路 41 条，运营里程 1245 千米。南京既是江苏省也是全国的重要铁路枢纽，徐州为京沪铁路、陇海铁路两大干线的交会枢纽。“水运江苏”更具特色。江苏省目前已形成以长江、京杭大运河为骨干和江河湖泊相连的水运网，初步形成了“东部达海、中部连江、苏南成网”的高等级航道网，内河航道里程和密度均居全国之首。南京港、镇江港、南通港和由张家港港、常熟港、太仓港三港合一组建的苏州港是长江沿岸的重要港口。新亚欧大陆桥（第二亚欧大陆桥）是从江苏连云港（亚欧大陆桥的“东桥头堡”）到荷兰鹿特丹的国际化铁路交通干线。江苏省最大的航空港为南京航空港，南京现拥有南京禄口国际机场和马鞍国际机场。

【自然资源】

江苏海域位于我国海域的中北部、西太平洋沿岸地带的中心，近海有全国著名的海州湾渔场、吕四渔场、长江口渔场和大沙渔场。沿海有丹顶鹤、白鹤、天鹅等珍稀飞禽，还建有世界上第一个野生麋鹿保护区。

【文化艺术】

自古以来，江苏文化璀璨，人文底蕴深厚。楚汉文化、吴文化、金陵文化、淮扬文化相互交融。

文学方面，有“南方夫子”“文开吴会”之誉的言偃，汉赋开山鼻祖枚乘。南北朝时期，刘勰在南京完成中国第一部系统文艺理论巨著《文心雕龙》。唐江都人张若虚的《春江花月夜》韵律和谐婉转，也是出于此处。南唐后主李煜的词作极富感染力。长篇小说《水浒传》《西游记》享誉世界，和它们并称“中国四大名著”的《三国演义》《红楼梦》也与江苏有割舍不断的联系。近代以来，这里还涌现出了朱自清、叶圣陶、钱锺书等著名文学家。

江苏绘画艺术以山水画、水印木刻版画和水彩水粉画见长，被称为“江苏三水”。东晋“画绝”顾恺之和唐代“草圣”张旭在中国文化史上占有重要地位。汉墓、汉兵马俑和汉画像石刻并称“三绝”。

江苏素有“二胡之乡”的美誉，二胡演奏曲《二泉映月》是其中的代表作。产生于明朝苏州一带的“江南丝竹”是江苏极具代表性的民间音乐，“丝”指丝弦乐器，“竹”指管乐器。古琴艺术在全国具有突出地位，先后形成常熟虞山琴派、扬州广陵琴派、南京金陵琴派等重要的地方性音乐流派。苏南民歌《好一朵茉莉花》（又名《茉莉花》）、苏北民歌《拔根芦柴花》广为流传。“百戏之祖”昆曲是被联合国教科文组织列入《人类非物质文化遗产代表作名录》的项目。

苏州的香山帮传统建筑营造技艺是著名的国家级非物质文化遗产代表性项目。2009 年，南京云锦织造技艺被列入《人类非物质文化遗产代表作名录》。扬州剪纸是联合国教科文组织认定的人类非物质文化遗产，也是“中国国家级非物质文化遗产代表性项目”之一，是扬州引以为豪的文化艺术宝藏。此外，碧螺春制作技艺（绿茶）、雨花茶制作技艺（绿茶）和富春茶点制作技艺也是江苏的人类非物质文化遗产项目。

【旅游资源】

江苏省风景名胜以“青山衬秀水，名园依古城”而驰名中外，自然景观具有“山水组合，以水见长”的鲜明地方特色。江苏名山众多，其中有常州溧阳南山，南京钟山，镇江北固山、金山，金坛和句容交界处的茅山，南通狼山，苏州天平山，徐州云龙山，新沂马陵山和连云港花果山等。

江苏省的旅游核心城市有南京、苏州、扬州等。南京的中山陵是伟大的民主革命先行者孙中山先生的陵墓，被誉为“中国近代建筑史上第一陵”；夫子庙—秦淮河风光带是以夫子庙为核心、秦淮河（“中国第一历史文化名河”）为轴线延伸，融历史建筑、水乡风情、民俗文化与美食体验于一体的旅游区。苏州有“人间天堂”的美誉，沧浪亭、狮子林、拙政园和留园并称为苏州“四大园林”。拙政园是苏州现存最大的古典园林，也是苏州园林的代表作。扬州是陆上丝绸之路和海上丝绸之路的交会点城市，有“绿杨城郭”的美誉，瘦西湖是中国湖上园林的杰出代表。

江苏省有苏州古典园林、大运河（江苏段）、明清皇家陵寝（南京明孝陵）、中国黄（渤）海候鸟栖息地（第一期）4 项世界遗产；有南京市钟山风景名胜区—中山陵园风景区、苏州市周庄古镇景区、连云港市连岛景区等 26 家国家 5A 级旅游景区；有南京汤山温泉旅游度假区、天目湖旅游度假区、苏州吴江东太湖生态旅游度假区等 8 家国家级旅游度假区。

【民族民俗】

江苏省是少数民族散居省份，55 个少数民族齐全，绝大部分人口为汉族。

江苏民俗风情南北特色不同，风情与韵味各异。苏南人重工商，缫丝织布，心灵手巧；苏北人重农事，安土重迁，淳朴可爱。饮食民俗方面，苏南人口味偏甜，嗜品茶；苏北人口味偏辛辣，好饮酒。江南注重观赏性、娱乐性，江北注重观赏性、娱乐性的同时也重视实用性。

民间根据二十四节气安排农事生活。如立春日探春、采春、迎春和打春，以及迎春牛和送“春牛图”；立夏人们吃补食、称体重；秋季“雷打秋头，百事无收”“八月十五云遮月，来岁元宵雨打灯”；冬至大如年，人们吃年糕、做汤圆、穿新衣服、祭祀祖先；等等。

江苏还有农事祭祀风俗。第一天插秧叫“开秧门”，除一套程序外，还需祭土地神，若干旱不雨，则需去城隍庙祈求降雨。为了防治病虫害，正月半夜要“甩火把”。太湖一带如遇上虫害，要将扫帚插在田中，称为“扫虫”。中秋节后举行土地会、青苗会、稻花会和庆丰会。

江苏省传统节日文化富有鲜明的地域特色，苏州端午习俗、南京秦淮灯会、姜堰溱潼会船分别代表了端午节、元宵节和清明节等地域特色的文化习俗。

【特产美食】

太湖盛产的银鱼、梅鲚和白虾并称为“太湖三宝”；南京板鸭已有 500 多年的历史，肉质细嫩紧密如板；镇江香醋色浓味鲜；苏州碧螺春茶清冽芳香，为绿茶名品；阳澄湖大闸蟹肉细味甜；连云港东方对虾壳薄色青。泰兴的黄桥烧饼、常熟的叫花鸡、太仓的肉松、溧阳的天目湖鱼头、盱眙的十三香龙虾、东台的鱼汤面、昆山的奥灶面、扬州的富春包子、南京夫子庙的小吃、高邮的咸鸭蛋等都是有名的风味食品。

江苏传统工艺品形式多样，技艺精湛。我国“三大名锦”，江苏占其二，分别是南京云锦和苏州宋锦。无锡惠山泥人题材丰富，制作技艺精湛，惟妙惟肖。宜兴紫砂，南通风筝，扬州玉雕和漆器，常州梳篦，苏州刺绣、桃花坞木刻年画和虎丘捏像等，具有浓郁的江苏传统文化特色。南京雨花石、东海水晶等是藏家喜爱的收藏品。

苏菜（淮扬菜）与鲁菜、川菜、粤菜并称为“中国四大菜系”。苏菜主要由淮扬菜（淮安、扬州、镇江）、金陵菜（南京）、徐海菜（徐州、连云港）及苏锡菜（苏州、无锡、常州）四种风味组成。淮扬菜始于春秋，兴于隋唐，盛于明代，素有“东南第一佳味，天下之至美”之美誉。特色菜有金陵盐水鸭、清炖蟹粉狮子头、三套鸭、大煮干丝、松鼠鳜鱼等；特色小吃有奥灶面、蟹黄汤包、常州大麻糕、苏式月饼、鱼汤小刀面等。

【特色产业】

江苏省聚力打造制造强省，大力发展电子、电气机械及器材制造、化工等十大支柱产业，培育新一代信息技术、新材料、节能环保等五大战略性新兴产业；打造优质稻米、绿色蔬菜、特色水产等 8 个千亿元级优势特色产业；加快发展现代物流、金融服务、商务服务等 9 项现代服务业。人工智能被列为江苏省“1650”产业体系 50 条重点产业链之一，通用智能被列为江苏省“10 + X”未来产业体系重要组成部分。

第三节 浙江省

浙江省地处我国东南沿海长江三角洲南翼，自然风光与人文景观交相辉映，素有“鱼米之乡”“丝茶之府”“文物之邦”之称。境内最大的河流是钱塘江，因江流曲折，称“之江”，又称“浙江”，省以江名，简称“浙”，省会杭州。

【地理环境】

浙江省东临东海，南接福建，西与江西、安徽相连，北与上海、江苏接壤。陆域面积 10.55 万平方千米，海域面积 26 万平方千米。东西和南北的直线距离均为 450 千米左右。

浙江省地势南高北低，由西南向东北倾斜。地形大致可分为浙北平原、浙西中山丘陵、浙东丘陵、中部金衢盆地、浙南山地、东南沿海平原及滨海岛屿 6 个地形区。浙江地形有“七山一水两分田”之说。丽水市龙泉市境内海拔 1929 米的黄茅尖为浙江最高峰。

水系主要有钱塘江、瓯江、灵江、苕溪、甬江、飞云江、鳌江、曹娥江八大水系和京杭大运河浙江段。湖泊主要有杭州西湖、绍兴东湖、嘉兴南湖、宁波东钱湖四大名湖，以及新安江水电站建成后形成的全省最大人工湖泊——千岛湖等。

浙江是中国岛屿最多的省份，舟山群岛为中国第一大群岛，舟山岛为中国第四大岛。

【气候特征】

浙江地处亚热带中部，属季风性湿润气候，气温适中，四季分明，光照充足，雨量丰沛，年平均气温为 15℃~18℃。浙江是我国受台风、暴雨、干旱等气象灾害影响严重的地区之一。

【区划人口】

浙江省共辖 11 个地级行政区，包括 2 个副省级城市（杭州市、宁波市）、9 个地级市。2024 年末，浙江省常住人口为 6670 万人（《2024 年浙江省国民经济和社会发展统计公报》数据）。

【历史沿革】

1963 年在建德乌龟洞发现的 5 万年前的“建德人”化石是迄今发现的浙江

省最早的古人类化石。

浙江已发现新石器时代遗址百余处，著名的有距今1万年的上山文化；距今8000—7000年的跨湖桥文化，发现了七八千年前的“独木舟”；距今7000—5000年的河姆渡文化，发现了最早的榫卯构件，出土了大量保存完好的稻米，这证明当时浙江先民已能人工栽培水稻；距今6000多年的马家浜文化，发现了碳化无角菱；湖州市区南部钱山漾遗址出土的一批珍贵的丝麻织物证明了四五千年以前，浙江先民已开始养蚕缫丝。

距今5300—4300年的良渚遗址出土了黑陶和玉琮、玉璧等大量玉器。2007年，良渚遗址又发现了5000年前的古城，被誉为“中华第一城”。良渚古城外围水利系统是迄今所知中国最早的大型水利工程，也是世界最早的水坝。良渚古城遗址是人类早期城市文明的范例，实证了中华五千年文明史。2019年，良渚古城遗址被列入《世界遗产名录》，标志着中华五千年文明史得到国际社会的认可。

浙江春秋时分属吴、越两国，战国时属楚；三国时入东吴版图；“浙江”作为行政区名称自唐朝始；五代十国时临安人钱镠建立吴越国，定都钱塘（今杭州）；南宋建都临安（今杭州）；明初置浙江行中书省，简称“浙江省”，省名自此出现，后改为浙江承宣布政使司，省界区域基本定型；清康熙初年改为浙江省，沿袭至今。

【交通状况】

浙江铁路交通十分发达，以杭州、宁波、温州、金华等地为中心，已开通的高速铁路有甬台温铁路、温福铁路、宁杭客运专线、杭甬客运专线、沪杭城际高速、杭长客运专线、杭黄客运专线、商合杭高速铁路等。

全省公路交通便捷，2021年12月29日舟岱大桥通车，标志着浙江全域实现“县县通高速”。104国道和320国道经过浙江全境。2025年，温州苍南168黄金海岸旅游公路、百里钱塘·百年文化生态旅游公路（浙江翁金线）和台州温岭滨海精品旅游公路入选全国第一批旅游公路项目名单。

杭州湾跨海大桥是一座横跨杭州湾海域的大桥，北起浙江嘉兴海盐郑家埭，南至宁波慈溪水路湾，全长36千米，缩短了宁波至上海间的陆路距离120余千米，大大缓解了沪杭甬高速公路的压力，形成了以上海为中心的江浙沪2小时交通圈。

水运方面，沿海的宁波、上海与舟山群岛之间每天都有多班客轮往返，形成了中国最为繁忙的海上客运“金三角”。宁波舟山港由北仑、洋山、六横等19

个港区组成。2024 年，宁波舟山港完成年货物吞吐量 13.8 亿吨，连续 16 年位居世界第一。

全省有 7 个处于运营中的民用机场，其中杭州萧山机场、宁波栎社机场、温州龙湾机场为国际机场。

【自然资源】

浙江省海洋资源十分丰富，舟山渔场是中国最大的渔场，素有“东海鱼仓”和“中国渔都”之美称。“中国毛竹看浙江，浙江毛竹看安吉”，安吉县毛竹蓄积量和商品竹均名列全国第一，是著名的“中国竹乡”。

【文化艺术】

浙江这片土地孕育的吴越文化、宋韵文化、南孔文化、阳明文化等独树一帜。

浙江文化艺术丰富多彩，承载着浓厚的历史和地域特色。六朝以后，浙江文学逐渐兴起。谢灵运开创了中国古代山水诗派，对后世影响深远。唐、北宋时期，浙江代有其人，如骆宾王、贺知章、孟郊、罗隐、周邦彦等。白居易、范仲淹、王安石、苏轼等大文豪先后任职浙江，文采卓著。南宋陆游的作品不仅量大，而且质优，存诗 9300 多首，是文学史上存诗最多的诗人。南渡的李清照和世居钱塘的朱淑真乃宋代女作家的双子星座。元、明、清时期，浙江文学持续繁荣，赵孟頫、杨维桢、徐渭、袁枚和晚清龚自珍、王国维等皆是浙江文学的代表人物。1922 年在杭州成立的湖畔诗社是我国第一个新诗社。当代中国四大文学奖——老舍文学奖、茅盾文学奖、鲁迅文学奖、曹禺戏剧文学奖中，以浙江籍作家命名的就有两项。

浙江是“中国戏曲的摇篮”，高则诚、徐渭、王骥德、李渔等一批杰出的浙江籍剧作家、戏曲理论家彪炳史册。越剧在地方戏曲百花园中独树一帜，是中国第二大剧种，有“第二国剧”之称。近年来，更有青年艺术家的精彩演绎，带动起一批年轻的越剧戏迷。此外，昆剧、绍剧、婺剧也颇负盛名。绍兴莲花落、金华道情、宁波走书、温州鼓词并称为“浙江四大曲种”。

1928 年，蔡元培亲自主持建立杭州国立西湖艺术院（中国美术学院前身），杭州成为中国美术重镇。西泠印社创建于清光绪三十年（1904 年），由浙派篆刻家发起创建，吴昌硕为第一任社长。西泠印社以“保存金石，研究印学，兼及书画”为宗旨，是海内外历史最悠久、成就最高、影响最广的研究金石篆刻、书画的民间艺术团体，有“天下第一名社”之誉。2009 年，由西泠印社领衔申报的

"中国篆刻"被列入《人类非物质文化遗产代表作名录》。

浙江省拥有人类非物质文化代表作项目 11 项：龙泉青瓷传统烧制技艺、中国桑丝技艺（浙江、江苏、四川三省联合申报）、昆曲、妈祖信俗、皮影戏、农历二十四节气、传统木结构建筑营造技艺、端午节、针灸、剪纸、中国传统制茶技艺及其相关习俗。

【旅游资源】

浙江省域品牌主题词为"诗画江南，活力浙江"。目前，浙江正在打造浙东唐诗之路、大运河诗路、钱塘江诗路和瓯江山水诗路"四条诗路"，串联起浙江的全域发展、文化精华、诗画山水。

"东方文化名湖"——西湖是国家 5A 级旅游景区、首批国家重点风景名胜区和全国首批十大风景名胜之一，也是现今《世界遗产名录》中少数几个和中国唯一一个湖泊类文化遗产。西湖风景名胜区是中国历代文化精英秉承"天人合一""寄情山水"的中国山水美学理论下景观设计的典范之作，展示了东方景观设计自南宋以来讲求"诗情画意"的艺术风格。

随着 2023 年第 19 届亚运会在杭州成功举办，一组名为"江南忆"的亚运吉祥物，装点着杭城，深受人们喜爱。它们分别是代表世界遗产良渚古城遗址的"琮琮"、代表世界遗产西湖的"莲莲"和代表世界遗产京杭大运河的"宸宸"。杭州亚运会主题口号"心心相融，@未来"也深入人心。杭州奥体中心体育场（俗称"大莲花"）与杭州奥体中心网球中心（俗称"小莲花"）交相辉映。"小莲花"首创的"旋转开闭屋盖"功能，能够根据天气情况进行开合。

杭州国家版本馆，又名文润阁、中国国家版本馆杭州分馆，是中国国家版本馆总馆异地灾备库、江南特色版本库，以及华东地区版本资源集聚中心。（中国国家版本馆是保藏、展示国家版本资源的场馆，由中央总馆文瀚阁、西安分馆文济阁、杭州分馆文润阁、广州分馆文沁阁组成。）杭州国家版本馆是新时代的文化地标，是国家站在文化安全和文化复兴战略高度上谋划的用以存放保管文明"金种子"的"库房"，也称"中华文明种子基因库"。

杭州 2022 年 11 月正式对外开放的南宋德寿宫遗址博物馆是依托遗址原址，以遗址本体及出土文物保护、研究、收藏和展示为主，同时展示南宋历史文化的专题博物馆。

钱塘江大潮被誉为"最壮观的海潮"。因嘉兴海宁盐官镇为最佳观潮胜地，故也被人们称为"海宁潮"。每年的农历八月十八前后是观潮的最佳时节，形成了"一潮三看四景"的追潮旅游，即在大缺口看"碰头潮"，在盐官看"一线潮"，在老盐仓看“回头潮”，在夜间看“月中齐鸣半夜潮”并享受“听潮”之美妙。

乌镇是典型的中国江南水乡古镇，素有“鱼米之乡、丝绸之府”之称和“中国最后的枕水人家”之誉。这里是茅盾、木心等文化名人的故乡，有茅盾故居、木心美术馆等。乌镇也是“乌镇戏剧节”的举办地和世界互联网大会的永久会址。

2005 年 8 月 15 日，时任浙江省委书记的习近平同志在湖州市安吉县余村调研时，首次提出“绿水青山就是金山银山”的重要理念，作为高质量发展建设共同富裕示范区的浙江省，美丽乡村建设走在了全国前列，全域旅游生机勃勃。

大型歌舞《宋城千古情》是“世界三大名秀”之一，用先进的声、光、电科技手段和舞台机械，以别具匠心的呈现方式演绎了良渚古人的艰辛、宋皇宫的辉煌、岳家军的悲壮、梁祝和白蛇许仙的千古绝唱，把丝绸、茶叶和烟雨江南表现得淋漓尽致，带给观众视觉体验和心灵震撼。

浙江省的旅游核心城市有杭州市、宁波市等。

杭州市简称“杭”，古称“临安”“钱塘”“武林”，是“丝绸之路经济带”和“21 世纪海上丝绸之路”的延伸交点和“网上丝绸之路”战略枢纽城市。杭州山水相依、湖城合璧，江河湖海溪五水共导，风景如画，堪称“人间天堂”。杭州是中国著名的古都之一，以“东南名郡”著称于世。跨湖桥遗址的发掘显示，早在 8000 多年前，就有人类在此繁衍生息。距今 5000 多年前的良渚文化被称为“中华文明的曙光”。几千年来，以西湖文化、运河文化、钱塘江文化为代表的杭州文化，在开放中融合，在创新中发展。杭州也是 2016 年 G20 峰会和 2023 年第 19 届亚运会举办地。

宁波市简称“甬”，古称“四明”“明州”，是长三角地区重要城市，现代海洋城市，全国先进制造业基地、区域性科技创新高地，“一带一路”港航合作重要节点城市。宁波市拥有众多文化古迹，天一阁是亚洲现存最古老的藏书楼；除闻名两岸三地的溪口镇外，独特的地理位置还赋予了宁波独特的自然风光。

浙江省有 4 项世界遗产：西湖、江郎山、大运河（浙江段）、良渚古城遗址公园；22 家国家 5A 级旅游景区：西湖风景区、雁荡山风景区、普陀山风景区、千岛湖风景区、金华市双龙风景旅游区等；9 家国家级旅游度假区：东钱湖旅游度假区、湘湖旅游度假区、湖州吴兴西塞山旅游度假区等。

【民族民俗】

丽水设有全国唯一的畲族自治地区——景宁畲族自治县，是华东地区唯一的民族自治区域。畲族是浙江人口最多的少数民族，保留着其独特的民俗风情。

畲族多为明朝初年从福建迁来，景宁是畲族迁入浙江省的最早落脚点。畲民自称“山哈”，意为“山里的客人”。畲族人崇拜祖先，重视祭祖。相传盘瓠为其祖先，育有三男一女，三子分别姓盘、蓝、雷，女婿姓钟。《高皇歌》是一部反映畲族祖先英雄事迹的民族史诗，长达400多行。畲族女性的传统服装“凤凰装”精致美观、色彩斑斓、风格独特。三月三是畲族最为重要的民族传统节日，其内容包括赶场对歌、吃乌米饭、民间体育竞技等。畲族“惠明茶”历史悠久，明清时期曾被列为贡品。

浙江民俗内容丰富，底蕴深厚，既有淳朴的山地文化性格，又有浓郁的海洋文化气息，还有鲜明的商贸文化特色，已成为旅游活动的重要特色。

生产民俗有象山县的中国开渔节、湖州含山的蚕花节等；节日民俗有绍兴祝福、缙云祭祀黄帝大典、海宁硖石灯会、泰顺百家宴、苏庄舞草龙等；婚嫁民俗有宁海“十里红妆”婚俗和新安江九姓渔民的“水上婚礼”，以“抛新娘”的水上婚俗最为奇特。

【特产美食】

“丽水三宝”（龙泉青瓷、龙泉宝剑、青田石雕）、昌化鸡血石雕和“浙江三雕一塑”（东阳木雕、乐清黄杨木雕、青田石雕和瓯塑）都是浙江著名的工艺品特产。

浙江名茶众多，有西湖龙井、径山香茗、普陀佛茶、开化龙顶茶、景宁惠明茶等十大名茶。龙井茶素以“色绿、香郁、味甘、形美”四绝著称。西湖龙井产于杭州市西湖龙井村周围群山，具有1200多年历史。清乾隆游览杭州西湖时，盛赞西湖龙井茶，把狮峰山下胡公庙前的十八棵茶树封为“御茶”。龙井茶因其产地不同，分为西湖龙井、钱塘龙井、越州龙井3种，除了西湖产区168平方千米的茶叶称作“西湖龙井”外，其他两地产的俗称为“浙江龙井”。

名酒以黄酒为最，绍兴的加饭酒与女儿红最为有名。中药以“浙八味”驰名中外，包括杭白菊、浙贝、白术、白芍、元胡、玄参、麦冬、郁金八味中药材。果品、蔬菜、畜禽与水产品等特产品种多样，如昌化山核桃、枫桥香榧、黄岩蜜橘、奉化芋头、金华火腿、千岛湖淡水鱼及沿海地区的各种海鲜产品等。

浙菜主要由杭帮菜、宁波菜、绍兴菜、温州菜和金华菜等地方菜组成。杭帮菜传统名菜有西湖醋鱼、龙井虾仁、东坡肉、宋嫂鱼羹等；宁波菜取料以海鲜为主，注重“鲜咸合一”，传统名菜有冰糖甲鱼、苔菜拖黄鱼、雪菜大黄鱼、新风鳗鲞等；绍兴菜取料以鱼虾河鲜与鸡鸭家禽及豆、笋、霉干菜为主，烹饪上常用鲜料配腌腊食品同蒸或炖，且多用绍兴黄酒烹制，香味浓烈，传统名菜有霉干菜焖肉、清汤越鸡、清蒸鳜鱼等；温州菜以海鲜为主，烹饪上讲究“二轻一重”（轻油、轻芡、重刀工），传统名菜有三丝敲鱼、爆墨鱼花、炸蛏子筒等；金华菜以火腿为原料是其最大特色，名菜有火腿荷化爪、蜜汁火腿、金华筒骨煲等。

嘉兴的五芳斋粽子号称“江南粽子大王”，因口味多样、滋味鲜美、携带和食用方便而备受广大旅游者喜爱。

浙江的风味美食还有宁波汤圆、绍兴臭豆腐、金华酥饼、温州鱼丸、缙云烧饼、杭州葱包桧、龙游发糕等。

【特色产业】

浙江是我国互联网经济强省，物联网、大数据、云计算、人工智能等现代信息技术突飞猛进，数据经济、共享经济蓬勃发展，以阿里巴巴集团为代表的电子商务、网上购物、移动支付等一批新模式引领世界潮流。杭州已孕育出了科技“六小龙”（指杭州崛起的，处于新技术领域前沿，在业内具有影响力，聚焦机器人、人工智能、游戏开发、脑机接口等领域的 6 家企业），包括 DeepSeek（深度求索）、宇树科技、游戏科学、强脑科技、云深处科技、群核科技。浙江是中国高产综合性农业区，茶叶、蚕丝、海鲜和竹制品等在中国占有重要地位。义乌国际商贸城是全球最大的小商品集散地，是“无所不有”的世界超市，享有“小商品海洋，购物者天堂”的美誉。海宁皮革市场、绍兴轻纺市场等商品市场享誉世界。

第四节　安徽省

安徽建省于清康熙六年（1667 年），省名由当时安庆、徽州两府首字合成，因境内有皖山、春秋时期有古皖国而简称“皖”。1952 年，经中央人民政府批准，合肥成为安徽省省会。

【地理环境】

安徽位于中国中东部，是最具活力的长江三角洲组成部分。地处长江、淮河中下游、华东腹地，居中靠东、襟江通海，东连江苏、浙江，西接湖北、河南，南邻江西，北靠山东，总面积 14.01 万平方千米。

安徽省地形地貌呈现多样性，中国两条重要的河流——长江和淮河自西向东横贯全境，把全省分为淮北平原、江淮丘陵、皖南山区 3 个自然区域。淮北区域是一望无际的大平原，土地平坦肥沃；长江、淮河之间的江淮区域丘陵起伏，河湖纵横；长江以南的皖南地区山峦起伏，以黄山、九华山为代表的山岳风光秀甲天下。安徽主要山脉有大别山、黄山、九华山、天柱山，最高山峰为黄山莲花峰，海拔 1864 米。长江水系湖泊众多，较大的有巢湖、龙感湖、南漪湖，其中巢湖面积近 800 平方千米，为中国五大淡水湖之一。

【气候特征】

安徽地处暖温带与亚热带过渡地区，淮河是中国南北气候的分界线，淮河以北属暖温带半湿润季风气候，淮河以南属亚热带湿润季风气候。主要特征为四季分明，雨量充沛，气候宜人。

【区划人口】

安徽下辖 16 个地级市，45 个市辖区，9 个县级市，50 个县。2024 年末，安徽省常住人口为 6123 万人（《安徽省 2024 年国民经济和社会发展统计公报》数据）。

【历史沿革】

安徽省是中华文明的重要发祥地之一。在芜湖市繁昌区人字洞发现了距今约 250 万年的人类活动遗址；在和县龙潭洞发现了三四十万年前旧石器时代的和县猿人遗址，表明远古时期我们的祖先就在安徽这块土地上繁衍生息。新石器时代，安徽是著名的仰韶文化、龙山文化、青莲岗文化和印纹釉陶文化影响的区域。在潜山市发掘的薛家岗遗址距今有五六千年历史，是一处以新石器时代遗存为主的古文化遗址，对研究长江中下游地区原始文化有着重要的学术价值。我国历史上的夏禹与安徽有密切的关系。史书记载“禹会诸侯于涂山，执玉帛者万国”，涂山即今安徽怀远东南马头城的古当涂。

亳州在商代曾为成汤之都，古寿春（今寿县）在战国时曾为楚国后期的首都，从楚墓发掘的铜鼎，其重量仅次于商代后母戊鼎。秦朝实行郡县制，安徽境内淮北地区属砀郡、泗水郡，江淮之间属九江郡，皖南属鄣郡；两汉时期，安徽地属扬、豫、徐三州；三国时期，安徽分属吴、魏，安徽境内曾发生多次战争；两晋、南北朝和隋朝，安徽分属扬、徐、豫三州；宋时，徽商崛起，徽州的经济和文化开始对全国产生重要影响；元朝安徽地属河南、江浙两行省；明时，安徽由南京直接管辖；清朝建省时，安徽辖安庆、徽州、宁国、池州、太平、庐州、凤阳 7 个府及滁州、和州、广德 3 个直隶州，疆域格局基本定型，安庆府作为临时省会的地位已经确立；民国初期，安徽省分为芜湖、安庆、淮泗三道。

1941 年 1 月 6 日，皖南新四军行至泾县茂林地区，突遭国民党拦击。后大部分壮烈牺牲，军长叶挺被扣押，副军长项英遇难。这就是震惊中外的皖南事变。解放战争时期，安徽是淮海战役的主战场。中华人民共和国成立之初，安徽分为皖北、皖南两行署，皖北行署驻合肥市，皖南行署驻芜湖市。1952 年合并皖南、皖北行署，恢复安徽省，省会设于合肥市。1978 年，安徽凤阳小岗村首先实行“大包干”，拉开中国农村改革大幕，将改革进行到底的“小岗精神”影响着一代又一代中国人。

【交通状况】

安徽的地理位置在中国交通干线网中具有承东启西的作用，经过持续多年的大规模集中投入，已形成快速畅通的公路、铁路、航空、水运交通网络。

安徽“五纵十横”高速公路主干道与普通国省干线公路、农村公路构成了安徽与长三角及中西部地区便捷、畅通的交通体系。以合肥为中心、以高速铁路为骨架、以普速铁路为基础的现代铁路网布局初步形成。安徽现有合肥、黄山、阜阳、池州等 6 个民航机场，形成以合肥新桥机场为中心的“一枢五支”民航机场发展格局。2021 年，耿楼复线船闸、水阳江航道建成投运，引江济淮航运工程、淮河、涡河、沱浍河等干支流航道整治工程加快推进。2023 年 9 月，江淮运河全线贯通，标志着中国第二条南北水运大通道的诞生，这条新水道将淮河与长江两大黄金水道紧密相连。近年来，安徽省还积极推进新安江旅游航道的发展。

【文化艺术】

安徽文化主要由淮河文化、新安文化、皖江文化、庐州文化等组成。淮河流域是中华文明的发祥地之一。早在旧石器时代，淮河流域就有人类活动，已经发现的远古时代文化遗址就达 100 多处。隋朝设立新安郡，明代为徽州府，明清之际经济文化发达，因而产生徽学，新安文化由此而来。皖江文化是以潜山为中心的古皖文化，是江淮文化的发祥地。包含以张英、张廷玉、陈独秀为代表的政治文化，以京剧、黄梅戏、徽剧为代表的戏剧文化，以李公麟、邓石如为代表的书画文化，以敬敷书院、安徽大学发达的基础教育为代表的教育文化，以禅宗二祖、三祖为代表的宗教文化，以及科技文化、旅游文化、桐城派文化，等等。以庐州为代表的庐州文化在人类历史上产生了极其深远的影响，孕育出庐剧等优秀戏曲。

安徽也曾培育出道教文化、徽文化、新安理学、桐城派等，涌现出老子、庄子、管子等一批著名历史人物。产生于淮河流域的老庄道家学派与儒家学说一起构成我国传统文化两大支柱；徽文化是明清时期最有影响力的文化流派。新安理学（奠基人程颢、程颐及集大成者朱熹）对徽州文化影响深远。桐城派亦称“桐城古文派”，是我国清代文坛上最大的散文流派，其代表人物方苞、刘大櫆、姚鼐等皆为安徽桐城人。安徽是名人辈出的省份，其中有近现代的文化名人陈独秀、胡适、陶行知、朱光潜、吴作人等，晚清的李鸿章、丁汝昌、刘铭传、詹天佑等。

安徽被称为“中国戏曲之乡”。徽剧是京剧的主要源流之一；黄梅戏是中国五大戏曲门类之一；池州的傩戏号称“戏剧活化石”；淮河两岸流行的花鼓灯被誉为“东方芭蕾”。

安徽的商帮文化一向发达。徽商又称“新安商人”“徽州商人”或“徽帮”。明清时期，徽商足迹几乎遍及全国，有“无徽不成镇”之说。徽商重视文化教育，经商崇尚信义，以义为利，“贾而好儒”“贾儒结合”，有“儒商”之称。

【旅游资源】

安徽兼有江、河、湖、泉，包括长江，黄河故道，巢湖、龙子湖、太平湖（“东方日内瓦湖”），圣泉、白乳泉，等等。“五岳归来不看山，黄山归来不看岳”的黄山和中国四大佛教名山之一的九华山是安徽境内的名山。皖南古村落西递、宏村粉墙黛瓦马头墙的徽派建筑极具特色。

安徽省的旅游核心城市有合肥市、黄山市等。合肥市素有“三国故地”“包拯家乡”之称，属于长三角城市群。黄山市是国家级徽州文化生态保护区核心区，为皖南国际文化旅游示范区核心区之一。

安徽有黄山，皖南古村落——西递、宏村，大运河（安徽段）3 项世界遗产；有黄山市黄山区黄山风景区，池州市青阳县九华山风景区，安庆市潜山市天柱山风景区，黄山市黟县皖南古村落——西递、宏村，滁州市琅琊山景区等 13 家国家 5A 级旅游景区；有合肥市巢湖市半汤温泉旅游度假区、黄山黟县国际乡村旅游度假区 2 家国家级旅游度假区。

【民族民俗】

安徽省属少数民族散居省份，回族、满族、畲族为安徽的世居少数民族。

安徽满族主要分布在肥东一带，以“完颜”为姓，自明朝初期就生活在这里。安徽畲族主要分布在宁国市。畲族口头文学丰富，有长篇叙事歌、小说歌、杂歌等。畲族“有物必有歌”，内容包罗万象，以杂歌最多。

安徽保留至今并值得一提的民俗有：黄山茶道，包括烹汤、涤器、投茶、注汤、敬茶、闻香、论茶等 15 道程序；九华庙会，每年农历七月三十举行，包括佛像开光仪式、水陆法会、讲经法会等佛事活动；淮北相山庙会，每年农历三月十八举行，除拜佛祈福外，周边民众还进行商品交流。近年来，赶相山庙会已逐渐发展成为当地人们的一项休闲、踏青旅游活动。

【特产美食】

安徽省特产类型多样，数量丰富，其中不乏闻名于世的精品。许多传统工艺品做工考究，不仅实用，更体现了浓郁的地方文化特色。宣笔、宣纸、徽墨、歙砚被称为安徽的“文房四宝”。芜湖的铁画黑白分明，虚实相间，苍劲凝重，豪放潇洒，既有国画之意境，又有雕塑的立体感，深受各界人士的青睐。

安徽农产品资源丰富，粮、棉、油产量均居全国前列，是全国重要的无公害农产品和绿色食品生产基地。“枇杷之乡”歙县、“酥梨之乡”砀山、“山核桃之乡”宁国、“红茶之乡”祁门特色显著。

安徽是全国重要的产茶省份之一。安徽茶叶不仅产量大、品种繁多，而且以历史悠久和品质优良而著称。在中国历次十大名茶评比中，安徽黄山毛峰、祁门红茶、太平猴魁、六安瓜片等多次入围。其中，太平猴魁属于烘青绿茶类的尖茶，有“猴魁两头尖，不散不翘不卷边”之称。安徽酒主要有口子窖、古井贡酒、迎驾贡酒、文王贡酒等。

安徽美食名目繁多，主要有徽州菜、沿江菜、沿淮菜等。徽菜为中国八大菜系之一，起源于歙县，素来以重油、重色、重火工及色香味形俱全而盛行于世。徽菜在烹调方法上擅长烧、炖、蒸。问政山笋、臭鳜鱼、清蒸石鸡、毛豆腐、一品锅等都是徽菜中的佼佼者。安徽省知名的特色食品有符离集烧鸡、无为熏鸭、采石矶茶干、八公山豆腐、铜陵冰姜、芜湖虾子面、淮南牛肉汤等。

【特色产业】

安徽正在加快构建以六大传统优势产业（煤电、钢铁、有色、建材、化工、纺织）、十大新兴产业（新一代信息技术、人工智能、新材料、节能环保、新能源汽车和智能网联汽车、高端装备制造、智能家电、生命健康、绿色食品、数字创意）、七大创新领域未来产业（量子科技、空天信息、通用智能、低碳能源、生命科学、先进材料、未来网络）、八大优质高效服务业（软件信息、科技服务、现代物流、现代金融、电子商务、文化旅游、会展赛事、民生服务）为支撑的现代化产业体系。特色农业产业形态由“小特产”升级为“大产业”，涌现出徽茶、毫药、霍山石斛、长丰草莓、砀山酥梨等一大批在全国叫得响的特色农业品牌。

第五节 福建省

福建位于中国东南沿海，是中国大陆重要的出海口，也是中国与世界交往的重要窗口。福建简称“闽”，因境内有福州、建州两府，各取其首字而得名，省会福州。

【地理环境】

福建省地处中国东南部、东海之滨，东北与浙江省毗连，西、西北与江西省接壤，西南与广东省相连，东隔台湾海峡与台湾省相望。全省陆域面积12.4万平方千米，海域面积13.6万平方千米。

福建省的地理特点是“依山傍海”，享有“东南山国”之称，也被称为“八山一水一分田”。地势总体上西北高、东南低，横断面略呈马鞍形。在西部和中部有闽西大山带和闽中大山带。福建有四大平原，最大的是漳州平原，以下依次为福州平原、兴化平原、泉州平原。

福建水系密布，河流众多，主要河流有闽江、九龙江、晋江、交溪、汀江5条。闽江为全省最长河流。

福建的海岸线长度居全国第二位，陆地海岸线长达3752千米，海岸线曲折率居全国第一。福建岛屿众多，海坛岛（平潭岛）为全省第一大岛，其次为金门岛、琅岐岛、南日岛、三都岛等。福建位于东海与南海的交通要冲，由海路可以到达南亚、西亚、东非，是海上丝绸之路和郑和下西洋的起点，也是海上商贸集散地。

【气候特征】

福建靠近北回归线，背山面海，受季风环流和地形的影响，形成暖热湿润的亚热带海洋性季风气候。福建旅游最佳期集中在春、秋两季。

【区划人口】

福建省辖9个地级市（其中厦门市为副省级城市、计划单列市）、1个综合实验区（平潭综合实验区）、31个市辖区、11个县级市、42个县（含金门县）。2024年末，福建省常住人口为4193万人（《2024年福建省国民经济和社会发展统计公报》数据）。

【历史沿革】

早在 18 万年前，就有古人类在三明万寿岩一带活动。到西周时期，福建才进入青铜时代。战国末年，闽越国建立。秦始皇统一六国后，废闽越国，设置闽中郡，福建从此成为一个正式的行政区域。魏晋南北朝时期，北方汉人大量入闽，带来了先进的技术与文化，福建经济得到较快发展，但发展水平仍然较低。唐朝时福建属江南道，开元二十一年（733 年），为加强边防武装力量，设立军事长官经略使，从福州、建州各取一字，名为福建经略军使，与福州都督府并存，这是福建名称出现之始。宋代在全国分 15 路，福建路是其中之一。宋朝推进海外贸易，泉州港成为对外贸易的最大港口和海上丝绸之路的起点。元代设福建行中书省，福建设省由此开始。明朝设福建承宣布政使司，戚继光曾入闽抗倭。清廷统一台湾后增设台湾府，属福建统辖。中华人民共和国成立后，福建省人民政府驻福州市，直辖福州、厦门 2 市，分设 8 个专区、67 个县。

【交通状况】

福建铁路运营里程超过 4700 千米，路网密度是全国平均水平的 2 倍有余，所有设区市实现高速铁路环线贯通，是我国首个市市通高铁的省份。福建已建成平潭、厦门、东山等多条环岛旅游线路，并打造了多个主题鲜明的公路服务区。福建拥有厦门港、福州港、湄洲湾港 3 个亿吨大港；内河航运以闽江为主。福建拥有福州长乐国际机场、厦门高崎国际机场、南平武夷山机场、泉州晋江机场、龙岩冠豸山机场、三明沙县机场 6 个民航机场，通达世界主要城市。

【自然资源】

福建建有 3 座核电站，其中宁德核电站是中国第一座在海岛上建设的核电站。福建的水产品人均占有量居全国第一，水能资源蕴藏量居华东地区首位。福建森林覆盖率达 65.12%，连续 44 年保持全国第一。

【文化艺术】

福建的朱子文化、闽南文化、客家文化、妈祖文化、船政文化等地域文化独具魅力。

朱子文化。朱熹（1130—1200），祖籍徽州府婺源县（今江西省婺源县），出生于南剑州尤溪（今福建省尤溪县），南宋理学家、哲学家、思想家、政治家、教育家、诗人。他是闽学派的代表人物，世人尊称为“朱子”。朱熹是宋代理学的集大成者，他所创立的闽学体系包含丰富的哲学思想、人文精神、道德理念，被称为“朱子文化”，对后世影响深远。与朱子文化有关的景点有武夷山市朱熹园、福建尤溪朱子文化园景区、武夷山市五夫镇朱子故里、南平市建阳区黄坑镇朱熹墓等。

闽南文化。闽南文化是源远流长、博大精深的中华文化的一个支系。闽南文化包括建筑文化、民俗文化、宗教文化、民间艺术、宗族文化及方言等。在建筑文化方面，闽南建筑中“古厝”建筑独具特色，坐落于福建省泉州市南安市官桥漳里村的蔡氏古民居建筑群是其代表。在语言文化方面，闽南方言是全国八大方言之一。闽南语起源于泉州，但闽南语的流播已不限于闽南地区，它早已传至世界各地。

客家文化。为避战乱，中原人向南迁至福建，历经千年五次大的迁徙，形成独具特色的客家文化。三明宁化石壁作为客家早期的聚散中心，成为世界客家的祖地。石壁客家祭祖习俗被列入国家级非物质文化遗产代表性项目名录。客家人最具代表性的传统民居是土楼，被列入《世界遗产名录》，客家土楼营造技艺也被列入国家级非物质文化遗产代表性项目名录。客家方言很好地保存了古代中原语言，被学术界认定为“古汉语的活化石”。闽西汉剧、闽西客家木偶戏为国家级非物质文化遗产代表性项目。

妈祖文化。妈祖原名林默，宋朝人，她一生奔波海上，救急扶危，护国庇民，航海人敬之若神。妈祖文化肇于宋、成于元、兴于明、盛于清、繁荣于近现代，体现了中国海洋文化的一种特质。福建民间在航海前要先祭妈祖，并在船舶上立妈祖神位供奉，祈求保佑顺风和安全。农历三月二十三和九月初九分别是妈祖的诞辰和忌日。“妈祖信俗”也被联合国教科文组织列入《人类非物质文化遗产代表作名录》。2020 年，莆田市湄洲岛妈祖文化旅游区被评为国家 5A 级旅游景区。

船政文化。指清廷在福州马尾举办福建船政时期所形成的，包括近代教育、科技、翻译等的文化活动及其所造就出的杰出人物的思想成果。1866 年，闽浙总督左宗棠在福州马尾创办了福建船政，开展了建船厂、造兵舰、制飞机、办学堂、引人才、派学童出洋留学等一系列“富国强兵”活动，培养和造就了一批优秀的中国近代工业技术人才和海军将士。船政始于左宗棠，成于沈葆桢。福州马尾是船政文化的发祥地。与船政文化有关的主要景点有罗星塔公园、马限山公园、马江海战纪念馆、中国船政文化博物馆、昭忠祠等。

福建最主要的五大剧种是闽剧、莆仙戏、梨园戏、高甲戏、芗剧。闽剧又称“福州戏”，是福建地方戏曲之一，是现存唯一用福州方言演唱、念白的戏曲剧种。南音也称“弦管”“泉州南音”，是福建省闽南地区的传统音乐，2009 年被联合国教科文组织列入《人类非物质文化遗产代表作名录》。

福建漳浦剪纸艺术源远流长，唐宋以来非常活跃。漳浦剪纸以构图丰满匀称、对称平衡、线条连贯简练、连接自然、细腻雅致著称。漳浦剪纸作为“中国剪纸”的子项，被列入《人类非物质文化遗产代表作名录》。此处还有柘荣剪纸、泉州刻纸、浦城剪纸。

福建人杰地灵，人才辈出。属于北宋的有书法家蔡襄、著名词人柳永、天文学家苏颂，属于南宋的有理学大师朱熹、法医学鼻祖宋慈，属于明朝的有民族英雄郑成功，属于清朝的有林则徐（近代中国“睁眼看世界第一人”）、沈葆桢（“船政之父”）、严复（“西学第一人”）等，属于现代的有陈嘉庚（“华侨旗帜”）、陈景润（“哥德巴赫猜想第一人”）、冰心（“世纪老人”）等。

【旅游资源】

福建省的旅游资源丰富而且独特。福建省的形象宣传口号是“清新福建”；福建旅游鲜明的特色是“山海一体，闽台同根，民俗奇异，宗教多元”。

旅游景区的演出也受到好评，包括武夷山以茶文化为主题的《印象大红袍》、福州大型沉浸式实景演出《寻梦闽都》、厦门老院子室内实景演艺秀《闽南传奇》、土楼客家民俗文化村景区振成楼广场沉浸式表演《天涯共此楼》、南平武夷山市以朱子文化为精神内核的数字化旅游演艺项目《月映武夷》等。

福建旅游核心城市包括福州、厦门、泉州等。福州因“州北有福山”而得名，主要景点有三坊七巷、鼓山、上下杭等。厦门是中国经济特区，主要景点有鼓浪屿、厦门大学、环岛路等。泉州简称“鲤”，别名“刺桐城”“温陵”，主要景点有开元寺、清净寺、天后宫、崇武古城、洛阳桥等。

福建拥有世界遗产项目 5 项，分别为武夷山、福建土楼、中国丹霞（福建泰宁）、鼓浪屿：历史国际社区、泉州：宋元中国的世界海洋商贸中心；拥有国家 5A 级旅游景区 12 家：鼓浪屿、武夷山、泰宁、土楼（永定·南靖）、冠豸山等；拥有国家级旅游度假区——福州市鼓岭旅游度假区。

【民族民俗】

福建省的民族包括汉族、回族、畲族、高山族等，是祖国大陆高山族人口较多的省份。

福建畲族人口居全国首位。祭祖是畲族最隆重、最虔诚的信仰习俗活动，盘歌会是畲族民间最流行的文娱活动。凤凰装是畲族女性的传统服饰，以其独特的凤凰形态设计而闻名，设计元素包括头饰、上衣、裙子、腰带和银饰等。罗源畲族服饰入选第二批国家级非物质文化遗产代表性项目名录。畲族婚俗最大的特点是“俗不离歌”。

福建省特有的民俗和节庆包括“食福”“走水尪”“扛酒节”“拗九节”“百壶宴”、北团“游大粽”、福建妈祖节、抢酒节、护鱼习俗等。闽台东石灯俗、泉州闹元宵习俗、闽西客家元宵节庆等多地的元宵节习俗和活动被列入国家级非物质文化遗产代表性项目名录。福建安海端午“嗦啰嗹”习俗和石狮端午闽台对渡习俗入选国家级非物质文化遗产代表性项目名录。

福建海边有三大渔女：惠安女、蟳埔女和湄洲女。其中惠安女服饰和蟳埔女习俗被列入国家级非物质文化遗产代表性项目名录。

送王船是闽南人表达对海洋的敬畏和感恩而举行的一种祭祀活动，拥有约600年的历史，广泛流行于中国闽南地区和马来西亚马六甲沿海地区。2020年中国与马来西亚联合申报的“送王船——有关人与海洋可持续联系的仪式及相关实践”项目被列入联合国教科文组织《人类非物质文化遗产代表作名录》。

【特产美食】

福建是多茶类产区，有着上千年的茶文化历史。福建茶叶最著名的是乌龙茶，其主要代表是安溪铁观音、武夷岩茶。武夷岩茶是中国传统名茶，是具有岩韵（岩骨花香）特质的乌龙茶。产于闽北的武夷山一带，最著名的武夷岩茶是大红袍茶。福建是乌龙茶、红茶、白茶、茉莉花茶的发源地。红茶的代表有武夷山正山小种、福安坦洋工夫等；白茶的代表有白毫银针、白牡丹等；花茶的代表有福州茉莉花茶等。铁观音制作技艺（福建省安溪县）、福鼎白茶制作技艺（福建省福鼎市）作为“中国传统制茶技艺及其相关习俗”的子项被列入《人类非物质文化遗产代表作名录》。

福建水果有柑橘、龙眼、荔枝等。龙眼是福建省特产水果，果肉乳白色、半透明，汁多质细，味甜品优，营养丰富。福建鲜花有漳州水仙花，其开花期长，芬芳清郁，绰约高雅。福建传统手工艺品有福州脱胎漆器、寿山石雕、软木画，漳州的木偶头雕刻、木版年画，莆田的留青竹刻、木雕等。

闽菜为我国八大菜系之一，由闽东、闽南、闽西、闽北、闽中地方风味菜组成。闽东菜代表菜包括佛跳墙、鸡汤汆海蚌、鸡蓉金丝笋、淡糟香螺片、醉糟鸡、荔枝肉等；闽南菜代表菜包括桂花蚶肉、红烧通心鳗、沙茶焖鸭块、“东壁龙珠”、橙汁加力鱼等。福建小吃历史悠久，品种繁多，用料考究，制作精细，善用调味料，风格各异。小吃主要有锅边糊、面线糊、肉燕、鱼丸、马蹄糕、土笋冻、蚝仔煎等。

【特色产业】

福建有六大主导产业，即电子信息和数字、先进装备制造、石油化工、现代纺织服装、现代物流、旅游。2023 年全省锂电池出口规模首破千亿元，跃居全国第一。福建在厦门构建了 AI+ 全面机场管理数字孪生运行体系，建立了中华白海豚智慧保护系统。

福建有十大特色产业，包括茶叶、蔬菜、水果、禽畜、食用菌、水产、林竹、花卉苗木、乡村旅游、乡村物流。到目前为止，农业农村部已批复福建省建设武夷岩茶、福建食用菌、闽西禽蛋三大优势特色产业集群。福建毛茶产量居全国第二，茶产业全产业链产值居全国第一；栽培食用菌 50 多种，是全国栽培食用菌种类最多的省份。

晋江拥有“中国鞋都”等 15 个区域品牌，是全国重要的体育用品制造基地。晋江鞋都是全国最大的鞋业信息基地，形成了鞋产品生产、加工、贸易的完整产业链。

第六节　江西省

江西省位于长江中游南岸赣江两岸，山清水秀，人文荟萃，红色文化闻名中外。因 733 年唐玄宗设江南西道而得省名，又因省内最大河流为赣江而简称“赣”。省会为南昌市。

【地理环境】

江西省地处中国东南部，东邻浙江省、福建省，南连广东省，西接湖南省，北毗湖北省、安徽省，属于华东地区。全省面积 16.69 万平方千米。

江西省的地形以山地、丘陵为主。省境东、西、南三面环山地，中部丘陵和河谷平原交错分布，北部则为鄱阳湖平原。主要山脉多分布于省境边陲，东北部有怀玉山，东部有武夷山，南部有大庾岭和九连山，西部有罗霄山脉，西北部有幕阜山和九岭山。

江西有赣江、抚河、信江、饶河、修河五大河系，鄱阳湖是中国第一大淡水湖。

【气候特征】

江西位于长江以南，纬度较低，属亚热带季风湿润气候，四季分明且天气复杂多变。冬季冷空气活动频繁；春季多对流性天气。4—6 月降水集中，是江西的雨季，这一时期易发生洪涝灾害；雨季结束后全省主要受副热带高压控制，天气以晴热高温为主，常有干旱发生。7—8 月有时受台风影响，会出现较明显降水。秋季晴天多、湿度较小、气温适中，是江西省一年中最宜人和适合旅游的季节。

【区划人口】

江西辖 11 个地级行政区，包括南昌、九江、上饶、抚州、宜春、吉安、赣州、景德镇、萍乡、新余、鹰潭。2024 年末，江西省常住人口为 4502.01 万人（《江西省 2024 年国民经济和社会发展统计公报》数据）。

【历史沿革】

早在距今约 5 万年前，江西境内已经有人类活动。新石器时代，江西人口逐渐增加，原始人类活动日趋频繁。商朝时期，江西地区已进入青铜器时代。春秋战国时期，江西地区原有的古越族文化与吴越文化、楚文化互相交流、互相影响，形成了江西独特的文化艺术风格。

秦统一全国后，设 36 郡，江西属九江郡。而江西作为明确的行政区域建制，则始于汉高祖初年。时设豫章郡（赣江原称豫章江），郡治南昌县，下辖 18 县。隋时江西地区设有 7 郡 24 县，至唐时增加到 8 州 37 县。唐太宗时属于江南道，唐玄宗时属于江南西道。宋代江西地区置 9 州 4 军 68 县，大部分属于江南西路。元代开始确立行中书省制度，江西行省下辖 13 路、2 直隶州以及 48 个县、16 个县级州。明代虽然基本上保留了元朝的省区建制，但改行中书省为承宣布政使司，改路为府，改州为县。清代改江西承宣布政使司为江西省，行政区域基本承袭明建制。巡抚成为全省最高行政长官。

第二次国内革命战争时期，中国共产党领导人民群众先后在江西建立了大片革命根据地。其中著名的有井冈山革命根据地、湘赣革命根据地、赣东北革命根据地及湘鄂赣革命根据地。1949 年，江西解放。

【交通状况】

江西省地处中国东南偏中部长江中下游南岸，古称“吴头楚尾，粤户闽庭”，乃“形胜之区”，为长江三角洲、珠江三角洲和闽南三角地区的腹地。江西还建成了一批特色旅游公路，号称“江西旅游第一路”的庐山公路串联起一个 5A 级旅游景区、数个 4A 级旅游景区，形成了一个以庐山为中心的经济圈、旅游圈、文化圈。庐山西海高速公路被誉为“最美水上高速公路”。京九线、浙赣线纵横贯穿全境。江西省民用航空运输以南昌为核心，南昌昌北国际机场、赣州黄金机场是中国及国际客运及货运的航空枢纽。水路运输发达，九江港是江西省第一大港口，水运干线形成以赣江和信江为“两纵”、长江和昌江为“两横”的格局。

【自然资源】

江西地下矿藏丰富，是我国矿产资源配套程度较高的省份之一。铜、钨、铀、钽、稀土、金、银被誉为江西的“七朵金花”。江西是亚洲超大型铜工业基地之一，有“世界钨都”“中国铜都”的美誉。江西赣州有“稀土王国”之称。

分布于宜春市的落叶木莲为江西省特有树种；东乡区的野生稻为近代水稻始祖，是我国分布最北的野生稻；萍乡市的长红檵木母树的树龄有300多年，为世界仅存的长红檵木母树。江西是典型的“中亚热带植物王国”。

江西有国家一级保护动物中华鲟、白鳖豚等。鄱阳湖是闻名世界的水鸟越冬地。

【文化艺术】

江西是文化大省，历史悠久，名人辈出，有东汉时期的高士贤人徐孺子，东晋田园诗人陶渊明，宋朝的婉约词人晏殊、文坛领袖欧阳修、散文家曾巩、改革家王安石、书法家黄庭坚、心学创始人陆九渊、抗元名臣文天祥，明朝的戏剧大师汤显祖、科学巨匠宋应星等。

江西文化内涵丰富，形成“十大文化”，即书院文化、陶瓷文化、茶业文化、药业文化、稻作文化、造纸文化、矿冶文化、风水文化、宗教文化、商帮文化。

书院文化。书院是中国古代教育机构，最早出现在唐玄宗时期，正式的教育制度则是由朱熹创立，发展于宋代。朱熹制定的《白鹿洞书院揭示》是我国古代书院制度中较有影响力的学规，成为后世书院遵行的准绳和法规。江西是古代书院的起源地，唐代德安义门东佳书院和高安桂岩书院是中国设立较早的书院。江西省的古代书院数量为全国之最。宋代理学家朱熹重兴的白鹿洞书院名列“中国四大书院”，享有“海内第一书院”的美誉；华林书院延四方讲席；鹅湖书院首创学术自由争辩之风；白鹭洲书院以人才辈出、延续办学800年而著称。

陶瓷文化。自古以来，江西景德镇以瓷为业，被世人称为“瓷都”。陶瓷文化包括制瓷历史、制瓷技术、创作理念、陶瓷产品、人文景观、习俗风情等。景德镇陶瓷始于汉，宋真宗时将年号“景德”赐给该镇，于是景德镇瓷器驰名天下。历经元、明、清三代，成为全国的制瓷中心。景德镇的瓷器以“白如玉、明如镜、薄如纸、声如磬”闻名中外，中国的英文名“CHINA”就源于国外对中国瓷器的认识。著名陶瓷旅游景点有古窑民俗博览区、锦绣昌南中国瓷园、御窑厂考古遗址公园、皇窑景区、中国陶瓷博物馆、景德镇陶瓷博物馆等。以景德镇为中心的陶瓷产业集群逐步形成，国内最大的陶瓷交易综合体——景德镇国际陶瓷博览交易中心（陶博城）已投入使用。

江西的红色文化也十分突出。1922 年，安源路矿工人大罢工是中国共产党第一次独立领导并取得完全胜利的工人斗争。1927 年，南昌起义打响了武装反抗国民党反动派的第一枪，标志着中国共产党创建军队的开始。1927 年 10 月，毛泽东率领秋收起义的工农革命军到达井冈山，创建中国第一个农村革命根据地——井冈山革命根据地。1931 年 11 月 7 日，中华苏维埃共和国在瑞金宣告中国第一个红色中央政府成立，故瑞金有“红都”之称。著名红色景区包括井冈山市红色旅游景区、瑞金共和国摇篮旅游区、中央红军长征出发地纪念园等。江西省还开发了中国第一部以红色经典为题材的大型实景演出节目《井冈山》。

赣南客家风情。客家是汉民族共同体的一个分支，祖籍中原，自东晋以来，由于战乱、灾荒等种种原因，客家先民不得不举族而迁，定居在赣、闽、粤三省毗连的山区，并在这里发展成为既保留古代中原文化传统，又适应南方山区生活的客家人。赣南擂茶是独具特色的客家茶俗，2014 年，赣南客家擂茶制作技艺被列入国家级非物质文化遗产代表性项目名录。客家围屋又被称为“东方城堡”，是一种融祠、家、堡于一体，具有鲜明防卫特征的封闭式客家民居，至今已有数百年历史。客家方言是赣南客家文化的突出特点。

江西有“戏曲之邦”的美誉。民歌戏剧艺术包括兴国山歌、赣剧和采茶戏。兴国山歌是流行于以江西省兴国县为中心，延及赣、粤、闽、桂数省的客家民歌，继承了传统的赋、比、兴创作手法，在建立和巩固红色政权方面发挥了重要作用。赣剧起源于赣东北，流行于江西省境内，其声腔基础为明代四大声腔之一的弋阳腔，融合了清代中期传入江西境内的昆腔与乱弹而形成。采茶戏是流行于江南地区和岭南一些省区的一种传统戏曲类别，由民间采茶歌和采茶灯演唱发展而来，由于它一般只有二旦一丑或生、旦、丑三人的表演，故又名“三角班”。采茶戏、兴国山歌被列入第一批国家级非物质文化遗产代表性项目名录。

【旅游资源】

“江西风景独好”，包括奇绝山水、红色摇篮、佛道文化、陶瓷艺术及赣鄱风情。奇绝山水以庐山、三清山、鄱阳湖为代表；红色摇篮以井冈山、瑞金、安源为代表；佛道文化以龙虎山、阁皂山、杨岐山为代表；陶瓷艺术以景德镇为代表；赣鄱风情以赣南客家民俗、鄱阳湖渔俗为代表。

江西已形成形象鲜明、各具特色的旅游景区体系。包括："四大名山"——匡庐奇秀甲天下的庐山、养生福地井冈山、峰林奇观三清山、道教祖庭龙虎山；"四大摇篮"——中国革命摇篮井冈山、人民军队摇篮南昌、共和国摇篮瑞金、中国工人运动摇篮安源；"四个千年"——千年瓷都景德镇、千年名楼滕王阁、千年书院白鹿洞、千年古寺东林寺；"六个一"——一湖（鄱阳湖）、一村（婺源）、一海（庐山西海）、一峰（龟峰）、一道（"小平小道"）、一城（共青城）。

旅游景区的演出也深受旅游者的好评。大型实景山水演出剧目《寻梦龙虎山》着重展现"千古名岳，道都仙山"的仙境风光。大型实景演出《井冈山》由序幕《血》及《旗》《灯》《情》《火》《路》5 个章节组成，串联起井冈山的革命历史。《星火》舞台剧以井冈山为背景，再现了这片红土地的革命历史。

江西旅游核心城市包括南昌、九江、景德镇、吉安等。南昌是著名的"英雄城"，八一起义在这里打响武装反抗国民党反动派第一枪，被誉为"军旗升起的地方"，主要景点有滕王阁、八一起义纪念馆、汉代海昏侯国考古遗址公园等。九江是一座有着 2200 多年历史的江南名城，历史上曾是中国三大茶市和四大米市之一，主要景点有庐山、浔阳楼、东林寺、白鹿洞书院等。景德镇设镇于东晋，唐代俗称"昌南镇"，北宋景德元年（1004 年）定名"景德镇"。景德镇是世界瓷都，也是中国直升机工业的摇篮，主要景点有古窑民俗博览区、瑶里风景区、浮梁古县衙等。吉安位于江西省中部，是江右民系聚居的重要城市。庐陵文化是吉安江右人创造出来的区域性文化，是江右文化的重要支柱。吉安主要景点有白鹭洲书院、吉州窑、文天祥纪念馆等。

江西现有世界遗产 4 处：庐山、三清山、龙虎山、龟峰；有国家 5A 级旅游景区 15 家，包括庐山、井冈山、三清山、龙虎山、篁岭等；有国家级旅游度假区 5 家：宜春市明月山温汤旅游度假区、上饶市三清山金沙旅游度假区、南昌梅岭生态旅游度假区等。

【民族民俗】

江西省汉族人口最多，世居少数民族有回族、畲族、壮族、满族、苗族、瑶族等。

傩舞是广泛流传于各地的一种具有驱鬼逐疫和祭祀功能的民间舞蹈，历史悠久，成形于周代。傩舞是赣傩的主要表演形式，素有中国舞蹈"活化石"之称。由于傩舞流传地区不同，其表演风格也各异，有"文傩"和"武傩"流派。

此外，还有景德镇的瓷俗、婺源的茶俗、樟树的药俗、鄱阳湖畔的渔俗等。

【特产美食】

江西是农业大省，其中柑橘、油茶和猕猴桃被誉为“江西三宝”。樟树四特酒是江西唯一的国家名酒，被周恩来总理赞誉为“清、香、醇、纯”，四特酒由此而得名。明代时遂川狗牯脑茶成为贡品，曾获巴拿马国际食品博览会金奖。水果以赣南脐橙、南丰蜜橘、遂川金橘、南康早熟柚等为名贵地方品种，南丰蜜橘历史上是皇室贡品。此外，还有庐山云雾茶、南安板鸭、泰和乌鸡、江铃汽车、金圣卷烟等知名品牌。

赣菜历史悠久，是在继承历代“文人菜”基础上发展而成的乡土味极浓的“家乡菜”。现今的赣菜主要由豫章菜、浔阳菜、赣南菜、饶帮菜和萍乡菜组成。赣菜代表名菜有鄱阳湖胖鱼头、四星望月（毛泽东命名）、藜蒿炒腊肉（入选“奥运菜单”）、庐山石鸡、萍乡烟熏肉、莲花血鸭、井冈烟笋、文山肉丁（以文天祥名字命名）等。江西风味小吃有南昌麻辣烫、南昌瓦罐汤、铅山灯盏果、修水哨子、石城肉丸等。江西是我国的烘焙大省。江西抚州资溪县是著名的“中国面包之乡”，知名糕点品牌鲍师傅、泸溪河等都与江西相关。鹰潭市有“中式糕点之乡”“中国桃酥之乡”的美誉。江西糕点特产有丰城冻米糖、贵溪灯芯糕、弋阳年糕、九江茶饼等。

【特色产业】

江西工业特色产业包括电子信息产业、有色金属产业、装备制造产业、锂电和光伏新能源产业。其中LED芯片产能位居全球前列，手机闪光灯和移动照明出货量在全国名列前茅。江西农业在全国占有重要地位，有机食品、绿色食品、无公害食品均位居全国前列。小龙虾产业集群是江西省发展的特色产业集群。江西省中药材资源丰富，医药产业发达，樟树医药产业集群入选“中国县域产业集群竞争力百强”，江中集团是著名的医药制造企业。

第七节　山东省

山东在金代以前为地理概念，泛指崤山、华山或太行山以东的黄河流域广大地区。金大定八年（1168年）置山东东、西路统军司，山东遂成为正式行政区划名称。山东简称“鲁”，省会济南。

【地理环境】

山东省位于中国东部沿海、黄河下游、京杭大运河中北段，境域包括半岛和内陆两部分。山东半岛凸出于渤海、黄海之中，同辽东半岛遥相对峙。内陆部分自北向南与河北、河南、安徽、江苏四省接壤，全省陆域面积 15.58 万平方千米。山东境内地貌复杂，大体可分为平原、台地、丘陵、山地等基本地貌类型。泰山雄踞山东中部，主峰玉皇顶为全省最高点。山东省河流分属黄、淮、海三大流域及半岛独流入海水系。湖泊主要分布在鲁中南山丘区与鲁西平原接壤带，较大的湖泊有南四湖和东平湖，南四湖是境内最大淡水湖泊。山东半岛三面环海，大陆海岸线北起冀、鲁交界处的漳卫新河河口，南至鲁、苏交界处的绣针河河口，占全国大陆海岸线的 1/6。

【气候特征】

山东的气候属暖温带季风气候类型。降水集中，雨热同季，春秋短暂，冬夏较长。全省光照资源充足，热量条件可满足农作物一年两作的需要。

【区划人口】

山东省辖 16 个地级市，其中济南、青岛为副省级城市，青岛也是计划单列市。2024 年末，山东省常住人口为 10 080.17 万人（《2024 年山东省国民经济和社会发展统计公报》数据）。

【历史沿革】

山东是中华民族古老文明的发祥地之一。目前发现的最早的山东人——“沂源人”可以把山东的历史上推到四五十万年以前。新石器时代早、中期的北辛文化距今有 8000 年左右。举世闻名的原始社会末期的大汶口文化、龙山文化都是首先在山东被发现的。大汶口文化是分布于黄河下游一带的新石器时代文化，因山东省泰安市大汶口遗址而得名，距今 6500—4500 年，延续时间约 2000 年。大汶口文化早期以红陶为主，晚期发展为轮制陶器，出现了硬质白陶。彩陶较少，但富有特色，石器磨制精美。中期以后出现了制作精良的玉器。

自夏朝开始，山东进入奴隶制社会。商朝建立后，山东仍是其统治的中心地区。西周实行“封邦建国”之策，封吕尚于齐，封周公旦于鲁，另外尚有曹、滕、卫诸国，它们后来多被齐、鲁两国吞并。战国时期，齐国成为七雄之一，今日山东的大部分地区都属于齐、鲁两国。西汉划分天下为 13 个州部，在山东地区设置了北部的青州和南部的徐州、兖州，一直延续到西晋时期。明朝开始设立山东布政使司（当时包括辽东、北京、天津及河北），辖6府104县，大致奠定了今山东省行政区域范围。清初设置山东省。

1919年五四运动期间，山东人民掀起了声势浩大的反帝爱国运动。五四运动以后，山东成立了早期的共产主义小组。1921年，王尽美、邓恩铭参加了中国共产党第一次全国代表大会，山东成为全国建党最早的省份之一。抗日战争爆发后，山东人民先后发动了冀鲁边、鲁西北、天福山、黑铁山等抗日武装起义，创建了胶东、渤海、滨海、鲁中、鲁南5个解放区。1949年8月，山东全境解放。

【交通状况】

山东省目前有济南遥墙国际机场、青岛胶东国际机场、烟台蓬莱国际机场、威海大水泊国际机场、日照山字河国际机场等；有青岛、烟台、日照、威海、潍坊、东营、滨州7个沿海港口和菏泽、济宁、济南等8个内河港口。

【自然资源】

山东金矿主要分布在省域东北部的胶西北地区；铁矿分布较广，煤矿主要分布在济宁、菏泽、泰安、枣庄、济南等市；非金属矿产以鲁中、鲁南和胶东半岛居多。山东省生物资源种类多、数量大，被称为“北方落叶果树的王国”，是全国粮食作物和经济作物重点产区。山东寿光是国务院命名的“中国蔬菜之乡”。山东省是全国四大海盐产地之一，丰富的地下卤水资源为山东盐业、盐化工业的发展提供了得天独厚的条件。

【文化艺术】

山东是中国古代文化的发源地之一，也是古代文化的中心。在学术思想方面，有孔子、孟子、颜子、曾子、墨子、荀子等。在政治军事方面，有管仲、孙武、吴起、孙膑、诸葛亮等。诸葛亮的《出师表》挚诚感动天下，成为后世公文写作的典范。在历史学方面，有左丘明、华峤、崔鸿、马骕等。在文学方面，有孔融、李清照、辛弃疾、蒲松龄、孔尚任等。蒲松龄因作《聊斋志异》，在中国古代文言短篇小说领域享有极高成就。在艺术方面，有王羲之、颜真卿、李成、张择端、高凤翰等。王羲之的《兰亭序》被誉为“天下第一行书”。在科学技术方面，有鲁班、甘德、氾胜之、贾思勰、王祯等。在医学方面，有扁鹊、淳于意、王叔和等。

齐鲁文化。齐鲁文化是先秦时期齐国、鲁国形成和发展的一种地域文化。齐文化尚功利，鲁文化重伦理；齐文化讲求革新，鲁文化尊重传统，两种文化在发展中逐渐有机地融合在一起。齐鲁文化包括儒家文化、道家文化、兵家文化、法家文化、墨家文化，以及阴阳、纵横、方术、刑、名、农、医等，其中最核心的是儒家文化。

山东是中国较早有戏剧活动的地区之一。隋代齐倡名动全国，唐代参军戏在山东流行。金末元初产生了用北曲演唱的戏曲形式，即元杂剧，山东是主要流行地区之一，元人钟嗣成的《录鬼簿》和明初贾仲明的《录鬼簿续编》中记载的山东籍戏曲作家共28人，能歌善唱者4人。到明清时戏曲进入蓬勃发展时期。李开先的《宝剑记》和孔尚任的《桃花扇》成就突出。山东现代戏曲剧有30多种，吕剧是山东主要地方剧种，柳子戏、山东梆子、五音戏等是山东较有影响力的地方戏曲。山东是全国民间说唱艺术发达的省份之一，有“书山曲海”之誉，说唱艺术包括山东评书、山东快书、数来宝、山东大鼓等。民间音乐、舞蹈粗犷豪放，民歌有上万首，包括《沂蒙山小调》《对话》等。

【旅游资源】

山东旅游资源丰富，自然风光秀丽，文物古迹众多，素来有“一山一水一圣人”之称。山东是中华文明的重要发祥地之一，泰山从这里崛起，孔子在这里诞生，黄河由这里入海。“山水圣人”“黄金海岸”两大旅游带优势突出。孔子故里曲阜、五岳之首泰山代表了东方文化的高峰。“文化圣地，度假天堂”“好客山东”成为山东省旅游整体形象品牌。

孔庙以“建筑时间最久远、保存最完整”被誉为“天下第一庙”。孔府作为中国封建社会中延续时间最长、最具东方建筑风格的官衙与内宅二合一贵族庄园，号称“天下第一家”。孔林是世界上规模最大、延时最久、墓葬最多、保存最完整的家族古墓群。“五岳独尊”的泰山以其雄伟壮丽的风光和蕴含丰富的文化被誉为“中华之魂”，被列为世界自然和文化双遗产。2014年6月，大运河被列为世界文化遗产。齐长城始建于春秋时期，完成于战国时期，西起黄河河畔，东至黄海海滨。作为中国长城的一部分，被列为世界文化遗产。

山东省的旅游核心城市有济南、青岛、威海、淄博、潍坊等。济南素有“泉城”之称，“家家泉水，户户垂杨”“四面荷花三面柳，一城山色半城湖”的美景名扬四海。著名的青岛啤酒产地青岛是2008年北京奥运会伙伴城市，与“人间仙境”烟台，甲午海战之地、“最适合人类居住的范例城市”威海，以及海滨城市日照连成一片，构成中国东部的黄金海滨城市群。齐国故都淄博是齐文化的发源地，东周殉马馆、齐国历史博物馆等文物古迹丰富，并开发了原山国家森林公园、陶瓷博物馆等景点。国际风筝之都潍坊每年都会举办大型国际风筝会，杨家埠木版年画、风筝乡土气息浓厚，民俗风情特色浓郁。历史文化名城青州龙兴寺出土的1000多年前的窖藏佛教造像为“20世纪中国考古十大发现”之一。中华民族的“摇篮”黄河，流经山东，汇入渤海，黄河入海口自然风光原始独特。此外，山东还有水泊梁山遗址、枣庄万亩石榴园、菏泽五万亩牡丹花、微山湖十万亩荷花，令人叹为观止。旅游演艺企业大力开发沉浸式、行进式旅游演艺项目，如青岛大型沉浸式航海史诗音乐剧《寻梦沧海》和临沂琅琊古城推出的情景六感室内演艺《国秀·琅琊》等。

山东省有世界遗产5项：泰山，长城（山东段），曲阜孔庙、孔林和孔府，大运河（山东段），中国黄（渤）海候鸟栖息地（第二期）；有国家5A级旅游景区16家：烟台市蓬莱阁旅游区（三仙山—八仙过海）、济宁市曲阜明故城（三孔）旅游区、泰安市泰山景区、青岛市崂山景区、淄博市周村古商城景区等；有国家级旅游度假区7家：凤凰岛旅游度假区、海阳旅游度假区、烟台市蓬莱旅游度假区、日照山海天旅游度假区和烟台金沙滩旅游度假区等。

【民族民俗】

山东省属于少数民族杂居、散居省份，56个民族齐全。

山东素称“齐鲁之邦，礼仪之乡”，鲁中平原以农耕文化为特色，潍坊风筝、杨家埠年画散发着浓郁的泥土气息；胶东沿海渔家风情浓郁，粗犷奔放；鲁西地区历史悠久，是孔孟之乡。在特有的地域文化熏陶下，山东的民俗风情风格多样，生生不息。高密扑灰年画全国独此一家，最初的作品大多是神像和墨屏花卉，到清末，发展成两个主要的流派——“老抹画”和“红货”。山东济南被称为“面塑之都”，在济南工艺美术中，面塑成为最具地域特色的一个种类。山东潍坊是中国著名的风筝产地，明代就已在民间出现扎风筝的艺人。后来，随着放风筝习俗的流行，风筝艺术亦达到鼎盛阶段。潍坊风筝主要有3种基本造型：串、硬翅和筒形，其中以龙头蜈蚣最突出。现代风筝在继承传统精华的基础上，不断丰富花样，赢得了“风筝艺术，潍坊第一”的美誉。现在潍坊已成为国际风筝节的固定举办地。

【特产美食】

山东传统工艺品形式多样，包括杨家埠木版年画、高密扑灰年画、高密剪纸（《人类非物质文化遗产代表作名录》项目“中国剪纸”子项）、灵岩寺泥塑、聂家庄泥塑、潍坊风筝、博山琉璃等。名酒有青岛啤酒、张裕葡萄酒、孔府家酒等。名茶有浮来青、碧波清锋、茗家春、崂山绿茶等。被称为“山东十大特产”

的是东阿阿胶、德州扒鸡、苍山大蒜、烟台苹果、乐陵金丝小枣、章丘大葱、平阴玫瑰、鱼台大米、荣成大花生和马家沟芹菜。

鲁菜是中国饮食文化的重要组成部分，是中国四大菜系之一，济南菜、孔府菜、胶东菜三大系列各具特色、各有所长，充分体现了孔子“食不厌精，脍不厌细”的思想。鲁菜特色菜有葱爆海参、油爆双脆、锅烧肘子、糖醋黄河鲤鱼、九转大肠、锅塌豆腐等；特色小吃有济南扁食、济南糖酥煎饼、福山拉面、蓬莱小面、周村酥烧饼等。还有许多地方风味小吃，如德州扒鸡、泰山“三美”（白菜、豆腐和水）、淄博酥锅、潍坊朝天锅等。

【特色产业】

山东的新一代信息技术、高端装备、新能源新材料、现代海洋、医养健康、高端化工、现代高效农业、文旅产业、现代轻工纺织、现代金融服务“十强产业”高端化、集群化发展态势凸显。山东的产业基础坚实，拥有全部 41 个工业大类，化工、医药、冶金、轻工、机械等行业产值均居全国前三位，46 种工业产品产量居全国首位。智慧生活、智慧政务等领域人工智能应用场景多元、市场需求巨大。2024 年山东获批建设国家数据要素综合试验区，为发展人工智能提供支撑。

随堂练

经典图片

第四章 华中地区各省导游基础知识

【学习目标】

了解河南省、湖北省和湖南省的历史、地理、气候、区划、人口、交通、旅游等概况，以及代表性的饮食特点、主要美食和风物特产。熟悉这三个省列入《世界遗产名录》的中国遗产地，列入《人类非物质文化遗产代表作名录》的中国非遗项目，国家5A旅游景区和国家级旅游度假区；具有代表性的历史文化和民俗风情。掌握这三个省的旅游核心城市、国内知名地域文化、民族民间文化及特色产业。

第一节 河南省

河南省因大部分地区位于黄河以南而得名。河南省是中华民族与华夏文明的发源地之一，为中国建都朝代最多、建都历史最长、古都数量最多的省份。现今河南大部分地区属古九州中的豫州，位居天地之中，故称“中原”“中州”，素有“九州腹地、十省通衢”之说。河南省简称“豫”，省会郑州。

【地理环境】

河南省位于中国中东部，黄河中下游，华北平原的南部，秦岭山系余脉的东端。东接安徽、山东，西连陕西，北接河北、山西，南临湖北，呈望北向南、承东启西之势，全省总面积16.7万平方千米。

河南省地势总体西高东低，北、西、南三面太行山、伏牛山、桐柏山、大别山沿省界呈半环形分布，中、东部为黄淮海冲积平原，西南部为南阳盆地。灵宝市境内的老鸦岔为全省最高峰，海拔2413.8米；固始县淮河出省处为全省最低处，海拔仅23.2米。河南是我国唯一地跨长江、淮河、黄河、海河四大流域的省份。

【气候特征】

河南省大部分地处暖温带，南部跨亚热带，属北亚热带向暖温带过渡的大陆性季风气候，同时还具有自东向西由平原向丘陵山地气候过渡的特征，具有四季分明、雨热同期、复杂多样和气候灾害频繁的特点。卢氏双龙湾镇、栾川天河大峡谷、济源王屋山、嵩县白云山、鲁山尧山夏季凉爽，适宜开展避暑旅游。

【区划人口】

河南省辖郑州、开封、洛阳、平顶山、安阳、鹤壁、新乡、焦作、濮阳、许昌、漯河、三门峡、南阳、商丘、信阳、周口、驻马店 17 个地级市，1 个省直辖县级行政单位——济源市。2024 年末，河南省常住人口为 9785 万人（《2024 年河南省国民经济和社会发展统计公报》数据）。

【历史沿革】

河南是世界华人宗祖之根、华夏历史文明之源。1978 年 9 月发掘的南召猿人遗址说明 50 万年前就有人类在河南繁衍生息。新石器时代的裴李岗文化、贾湖文化、仰韶文化说明这里就已经有了发达的农业、畜牧业和制陶等手工业。4000 多年前的龙山文化中晚期、二里头文化说明中原进入了石器、铜器并用时代。

中国历史上第一个奴隶制国家夏朝建都阳城（今河南登封）。商朝发源于河南商丘，其国都均在河南境内，其中殷是中国历史上第一个有文献可考并为考古学和甲骨文所证实的都城。东汉建都洛阳，河南成为东汉全国的政治、经济、文化中心。东汉之后形成三国鼎立局面，魏国先后设立国都许昌、洛阳，但因战乱连年，农业、手工业生产遭到严重破坏。北魏统一北方后，孝文帝将首都迁至洛阳，这一时期的后赵、冉魏、前燕、东魏、北齐均建都于今河南安阳。隋炀帝迁都洛阳，以洛阳为中心开凿了隋唐大运河，一直通航到北宋时期，促进了南北经济、文化交流。唐朝设立河南道，以洛阳为东都（陪都）。武则天称帝后，改洛阳为“神都”。五代的后梁、后晋、后汉与后周均建都开封，后唐定都洛阳。北宋建都开封，以开封为东京、以洛阳为西京、以商丘为南京，河南又一次成为全国的政治、经济和文化中心。北宋时，开封人口达 100 多万，为当时全国第一大城市。元朝实行行省制，河南属于河南江北行省，开封是治所，此为河南称省的开始。明清时期河南基本沿袭了元朝的行政区划。

中华人民共和国成立后，河南省会初定开封，1954 年，河南省会从开封市迁至郑州市。

【交通状况】

河南交通区位优势明显，是全国承东启西、连南贯北的重要交通枢纽，立足中部地区“三基地一枢纽”战略定位，全力构建现代化综合交通运输体系。全国“十纵十横”综合运输大通道中有 5 条通道途经河南。“米”字形高速铁路网大格局基本形成，普铁、高铁形成“双十字”交会，高速公路建设和普通干线公路、农村公路、内河航道升级改造持续加快，路网通达能力和技术等级明显提升。河南省围绕文旅文创融合、乡村振兴等战略实施，聚焦黄河、太行山、伏牛山、大别山“一河三山”四大板块，构建“快进慢游深体验”旅游公路网，计划打造“黄河古都”“太行天路”“生态伏牛”“红色大别”四大一号旅游公路。到 2030 年基本形成“交通引领、旅游主导、产业融合、文化赋能”交旅融合高质量发展河南样板。

郑州是全国重要的铁路和航空枢纽，郑州北站是亚洲作业量最大的列车编组站，郑州东站是全国大型高铁站之一。新郑国际机场是中部地区首个拥有双航站楼双跑道的机场，是中国八大区域性枢纽机场之一、中国四大货运机场之一。

【自然资源】

河南是全国重要的矿产资源大省和矿业大省，优势矿产主要为钼、金、铝、银“四大金属矿产”和天然碱、盐矿等“七大非金属矿产”。

【文化艺术】

河南是中原文化的根源所在地。中原文化是中华文化的重要源头和核心组成部分。河南人杰地灵、名人辈出，如古代哲学家、思想家老子、庄子、墨子、韩非子、程颐、程颢，政治家、军事家姜子牙、商鞅、苏秦、李斯、刘秀、张良、司马懿、岳飞，文学家、艺术家杜甫、韩愈、白居易、李贺、李商隐、司马光、褚遂良、吴道子，科学家张衡、僧一行，医学家张仲景，佛学家玄奘，等等。此外，还有现当代史上的抗日英雄吉鸿昌、杨靖宇，革命先辈邓颖超、彭雪枫、吴焕先、许世友，“县委书记的榜样”焦裕禄。

河南是龙的故乡，神龙文化的发源地。被称为“人文始祖”的太昊伏羲在今周口淮阳一带“以龙师而龙名”，首创龙图腾；被称为又一“人文始祖”的黄帝，在统一黄河流域各部落之后，为凝聚各部族的思想和精神，在今新郑一带也用龙作为新部落的图腾。

河南是中华姓氏的重要发源地。“万姓同根，万宗同源”，当今的 300 个大姓中，根在河南的有 171 个，依人口数量多少而排列的 100 个大姓中有 78 个姓氏的源头或部分源头在河南，有“陈林半天下，黄郑排满街”之称的海外华人四大姓氏均起源于河南。

河南是汉字文化的始源地。在安阳殷墟发现的甲骨文是迄今为止中国发现的年代最早的成熟文字系统；上蔡人李斯帮助秦始皇“书同文”、制定规范书写“小篆”；漯河人许慎编写的《说文解字》是较早的字典之一，归纳了汉字生成规律、统一字义解析；规范性字体“宋体”产生在河南开封，活字印刷术也发明于河南。

河南是中国文学的发祥地。中国第一部诗歌总集《诗经》中，河南篇目作品有 100 多篇，占总篇目的 1/3。历史上有“汉魏文章半洛阳”之说，左思的《三都赋》创造了“洛阳纸贵”的佳话。著名文学家有蔡文姬、潘安、谢灵运、江淹、韩愈、刘禹锡、元稹、李贺、李商隐等。

河南是中医药文化起源地。中医药学是传统文化中的精华，黄帝被后人公认为中医药的创始人，南阳（今邓州）人张仲景被尊称为“医圣”，其《伤寒杂病论》被誉为中医瑰宝。

河南武术文化名扬四海。“中国功夫惊天下，天下功夫出少林”，少林武功源于河南嵩山少林寺，是中国体系最庞大的武术门派，集北派武术之大成，会外家武术之精华，成为中华武术的象征。

河南有“戏曲之乡”的美誉，豫剧、曲剧、越调、宛梆、目连戏等 18 个剧种入选国家级非物质文化遗产代表性项目名录。豫剧《花木兰》《穆桂英挂帅》《朝阳沟》、曲剧《卷席筒》、越调《诸葛亮吊孝》等众多精品佳作风靡全国。著名豫剧表演艺术家有常香玉、马金凤、阎立品等。

河南省拥有被列入《人类非物质文化遗产代表作名录》的项目太极拳、二十四节气、皮影戏、信阳毛尖茶制作技艺 4 项，国家级非物质文化遗产代表性项目 125 项。

近年来，河南卫视推出的《唐宫夜宴》《洛神水赋》《丽人行》《龙门金刚》等文化节目颇受观众喜爱。

【旅游资源】

河南的旅游宣传口号是“心灵故乡，老家河南”。

河南人文旅游资源独具优势。中华民族的人文始祖黄帝诞生在今河南新郑，中华文明的起源、文字的发明、城市的形成和统一国家的建立都与河南有着密不可分的关系。中国八大古都河南就有4个，即十三朝古都洛阳、八朝古都开封、殷商古都安阳、商都郑州。河南文物古迹众多，裴李岗文化遗址、仰韶文化遗址及龙山文化遗址可以证明中原地区很早就已经进入了人类社会的早期文明。河南有“人祖”伏羲太昊陵、黄帝故里和轩辕丘；有最古老的天文台周公测景台；有历史上最早的关隘函谷关；有最早的佛教寺院白马寺；有“天下第一名刹”嵩山少林寺和闻名中外的大相国寺等。河南省是文物资源大省，不可移动文物数量居全国第二。

河南是自然景观荟萃之地。山川融南秀北雄于一体，嵩山、白云山、鸡公山、王屋山、尧山、太行大峡谷、宝天曼、老界岭、云梦山、南湾湖、丹江口等均属山水奇观。黄河自西向东流经河南700余千米，郑州至开封段由于泥沙淤积，河床平均高出两岸地面3~5米，形成“地上悬河”的独特自然景观。

河南也是红色革命圣地，有着光荣的革命传统和丰富的红色资源。1921—1949年，在中国共产党领导下，河南人民为争取民族独立和人民解放，进行了艰苦卓绝的英勇斗争。在这片热土上，孕育出了焦裕禄精神、红旗渠精神和大别山精神。

河南旅游演艺事业近年来发展态势良好，成果丰硕。开封清明上河园的《大宋·东京梦华》作为大型水上实景演出，生动再现了北宋盛世。“只有河南·戏剧幻城”以黄河文明为根基，打造全景式沉浸戏剧主题公园。建业电影小镇的“穿越德化街”以老郑州德化街历史为蓝本，营造沉浸式氛围，展现豫商精神，广受好评。《禅宗少林·音乐大典》成为中原文旅亮点。此外，洛阳的《风舞神都》、安阳殷墟景区的《洹溯·大邑商》等也为游客带来全新视听盛宴。

河南旅游核心城市郑州、洛阳、开封各具风华，串联起中原千年文脉。郑州坐拥“禅宗祖庭”少林寺——这里既是佛教圣地，亦是中国功夫发源地；与之毗连的嵩山为中岳名山，兼具世界地质公园与国家级风景名胜区双重认证。洛阳作为十三朝古都，龙门石窟以2345座窟龛、10万余尊造像荣膺“中国石刻艺术最高峰”；白马寺是佛教传入中国后首座官办寺院，承载“佛法东渐”的开端。古都开封的清明上河园依《清明上河图》复建，为国家5A级旅游景区，生动再现宋代汴河市井繁华；开封府还原北宋行政司法场景，其“包青天”文化IP享誉全国。

河南省现拥有世界文化遗产 6 项：长城（河南段）、龙门石窟、安阳殷墟、登封“天地之中”历史建筑群、丝绸之路（河南段）、大运河（河南段）；有国家 5A 级旅游景区 17 家：洛阳市龙门石窟景区、焦作市云台山—神农山·青天河景区、登封市嵩山少林景区、安阳市殷墟景区、新乡市宝泉旅游区等；有国家级旅游度假区 3 家：尧山温泉旅游度假区、三门峡市天鹅湖旅游度假区、郑州银基国际旅游度假区。

【民族民俗】

河南省 56 个民族齐全，少数民族人口占比较高的有回族、蒙古族、满族。

千百年来，中原人在这块古老的土地上，以自己淳朴的方式生活着，创造了丰富、浓郁的民俗风情，其中以正月初一到二月初二的赶庙会、农历二月初二青龙节、农历七月十五“鬼节”、农历腊月二十三祭灶节最具代表性。

正月赶庙会是河南民俗文化的经典代表。浚县正月古庙会是中原民俗文化的活化石，会期从正月初一到二月初二，长达一个月，规模宏大。庙会上民俗表演独具特色，有高跷、舞狮、盘鼓、秧歌、旱船等，丰富多彩的民间社火表演让旅游者大饱眼福。

农历二月初二被视为龙欲升天的日子，故称“龙抬头节”或“青龙节”。人们包饺子、摊煎饼、炒黄豆、煎腊肉、蒸枣馍。

在农历腊月二十三祭灶节这天，中原城乡噼噼啪啪燃放起新年的第一轮鞭炮。城镇居民忙于购买灶糖、火烧等祭灶食品；广大农村，祭灶的准备活动和隆重的祭灶仪式拉开帷幕。典型的祭灶食品要首推灶糖，火烧也是很有特色的节令食品。在河南，人们把祭灶节看作仅次于中秋的团圆节。

【特产美食】

河南省特产众多，类型丰富。旅游工艺品有汝瓷、钧瓷、洛阳唐三彩、南阳玉雕、西平棠溪宝剑、开封汴绣、朱仙镇木版年画、浚县泥咕咕、淮阳泥泥狗、洛阳铲、麦秆画等。名酒有杜康酒、宝丰酒、仰韶酒、张弓酒、宋河粮液等。土特名产有四大怀药（怀地黄、怀牛膝、怀菊花、怀山药）、新郑大枣、灵宝苹果、信阳毛尖、原阳大米、民权葡萄酒、信阳板栗、西峡中华猕猴桃等。

豫菜又名豫宴，即河南菜。因地处九州之中，一直秉承着中国烹饪的基本传统——中与和。从有“烹饪鼻祖”和“中华厨祖”之称的商相伊尹在 3600 年前创“五味调和”之说至今，豫菜借中州之地利，得四季之天时，调和鼎鼐，包容五味，和众家之长，兼具南北特色。黄河鲤鱼焙面、牡丹燕菜、白扒广肚、开花馍等是豫菜的代表。特色饮食有郑州烩面、洛阳水席、开封灌汤包子、胡辣汤等。洛阳水席是河南洛阳一带特色传统名宴，属于豫菜系，始于唐代，已有1000多年的历史，是中国迄今保留下来的历史久远的名宴之一。河南特色小吃有开封花生糕、杞县酱菜、武陟油茶、开封套四宝、烙馍卷菜、吊炉烧饼、鹤壁石子馍、濮阳壮馍等。

【特色产业】

河南作为农业大省，是油料、蔬菜、食用菌、中药材等经济作物的重要产区，粮食总产量稳居全国第二。传统领域中，河南的优质小麦、花生等产量居全国第一，11个特色农产品优势区获国家级认定。食品深加工产业建成了全国重要的优质小麦生产加工基地和优质畜产品生产加工基地，形成了全国最大的肉类、面粉及面制品、速冻食品、调味品、休闲特色食品产业集群。

河南拥有一批具有影响力的品牌和企业。例如，双汇、三全、思念、白象等国内一线品牌，还涌现出了一批新锐品牌，如蜜雪冰城茶饮、卫龙辣条食品、胖东来超市等。

河南在工程机械、农业机械、矿山机械等方面有着坚实的基础和优势。河南有"全球最大的苹果手机生产基地""中国最大的畜牧养殖设备生产基地""不锈钢生产基地"等称谓。在新一代信息技术产业方面，河南聚焦"补芯、引屏、固网、强端、育器"，推动大数据、人工智能、区块链等技术和实体经济深度融合。新能源产业发展迅速，宇通客车在氢燃料电池客车方面取得行业首家产品公告，河南电池研究院与同济大学合作建成氢燃料电池堆示范AI领域成为发展亮点。依托丰富数据资源与广阔应用场景，建成国家超级计算郑州中心等算力中心。AI技术在工业质检、农业生产、医疗诊断等多领域落地应用，基本构建起以郑州为核心、多地协同的产业格局。

第二节　湖北省

湖北省位于中国的中部偏南，长江中游，洞庭湖以北，故名湖北，简称"鄂"，省会武汉。

【地理环境】

湖北省东邻安徽，南界江西、湖南，西连重庆，西北与陕西接壤，北与河南毗连。全省总面积18.59万平方千米。

湖北省处于中国地势第二级阶梯向第三级阶梯过渡地带，地势大致为东、西、北三面环山，中间低平，整体略呈向南敞开的不完整盆地。陆地最高点位于西部号称“华中第一峰”的神农架最高峰神农顶，海拔 3106.2 米。湖北省地貌类型多样，山地、丘陵、平原、盆地兼而有之。省内主要平原为江汉平原和鄂东沿江平原。

湖北省境内江河纵横，湖泊遍布，渠道交错，库塘众多，拥有内陆水域的江、河、湖、塘等各种类型。境内的长江支流众多，其中汉江为长江中游最大支流。湖北被誉为中国的“千湖之省”，省内最大的淡水湖为洪湖。著名的“南水北调”工程中线起点位于汉江中上游丹江口水库，受水区域为河南、河北、北京和天津，直接受益人口逐年递增。

【气候特征】

湖北地处南北气候过渡带，属亚热带季风气候，四季分明，冬冷夏热，春暖秋爽，雨热同季，时空不均。梅雨期（6 月中旬至 7 月中旬）雨量最多、强度最大。

【区划人口】

湖北省辖武汉市（副省级城市）、黄石市、襄阳市、荆州市、宜昌市、十堰市、孝感市、荆门市、鄂州市、黄冈市、咸宁市、随州市和恩施土家族苗族自治州 13 个地级行政区。县级行政区中，仙桃市、潜江市、天门市和神农架林区由省直管。2024 年末，湖北省常住人口为 5834 万人（《湖北省 2024 年国民经济和社会发展统计公报》数据）。

【历史沿革】

湖北历史悠久，在湖北郧阳等地考古发现的远古时代郧阳人、长阳人化石表明，早在七八十万年前，我们的祖先就在这块土地上繁衍生息，创造了灿烂的文化。

夏王朝时期，夏文化的影响已经到达江汉地区。商朝建立后，湖北即纳入商的版图。西周时期，湖北境内已出现诸多小国。春秋战国时期，南方诸国逐渐统一于楚。春秋时期楚庄王称霸中原，成为“春秋五霸”之一；楚惠王时，楚国成为“战国七雄”之一。秦始皇统一中国后，废除分封制，实行郡县制，湖北大部属南郡。西汉时，湖北以汉水为界，西为南郡，东为江夏，大部分隶属于荆州。三国时期，直到西晋统一全国后，湖北境内大部分地区仍为荆州所辖。隋开皇九年（589 年），江夏郡曾一度改称鄂州，今湖北简称“鄂”即源于此。唐初，全国分为十道，后增至十五道。湖北西部为山南东道，东部为淮南道，东南部为江南西道，西南部为黔中道，改江夏郡置鄂州。北宋初年，置荆湖北路，简称“湖北路”，湖北之名即由此始。元朝，长江以南属湖广行省（治江夏，今武汉市武昌区）；长江以北属河南行省。明朝，今湖北地区除西南设置州卫外，均属湖广行省。清康熙三年（1664 年），湖广分治，大体以洞庭湖为界，南为湖南布政使司；北为湖北布政使司，定为湖北省，省会武昌，是为湖北省建省之始，省名从此确立并沿用至今。1949 年 5 月，湖北省人民政府成立。

【交通状况】

湖北省引领中部、辐射全国、通达世界的现代化综合交通运输体系日渐成型，正在从“九省通衢”向“九州通衢”跨越。

湖北省是我国铁路的发源地之一。“四纵（京九铁路、京广铁路、京广高铁、焦柳铁路）三横（沪汉蓉铁路、汉丹—武九铁路、长荆铁路）”为骨架的铁路网络基本形成。超“米”字形高速铁路网加快形成，中欧班列（武汉）开行突破 1000 列。湖北省内三大都市圈将形成“1 小时高铁出行圈”，到京津冀、长三角、粤港澳等地区也将实现高铁 3~4 小时通达。

湖北是一个多山的省份，公路运输优势大。武汉城市圈环线和武汉市四环线成功“画圆”，青山、石首等 9 座世界级长江桥梁相继建成，实现了县县通高速、乡乡通国（省）道。湖北省旅游公路建设成绩斐然。G348 宜昌三峡旅游公路，全长 39.6 千米，串联三峡大坝、三峡人家等多个景区，成为游览“长江三峡”的特色廊道。丹江口市环库旅游公路将 45 个 A 级及以上景区串联，配套建设观景台等设施，与特色产业、民俗文化深度融合。秭归县芝茅路生态旅游廊道连接三峡大坝、屈原故里等众多景区，促进县域旅游发展与乡村振兴 。潜江“小龙虾”主题交旅融合服务区，借助人工水系串联功能区，融入荆楚文化等元素，成为旅客打卡地。湖北省计划用 3 年时间打造美丽高速公路、美丽国 / 省道、美丽农村公路各 3000 千米，并将围绕“公路 + 旅游”，继续完善“快进慢游”旅游交通网络。

湖北是拥有长江干线最长的省份，境内水网密布，河湖众多，水上运输条件优越。2014 年，中华人民共和国开挖的第一条人工运河“江汉运河”通航，一条围绕江汉平原、内连武汉城市圈的 810 千米高等级黄金航道圈全面建成。

湖北省民航事业鲲鹏展翅，有武汉天河国际机场、宜昌三峡国际机场、襄阳刘集机场等。武汉天河国际机场是中国八大区域型枢纽机场之一，全省初步形成“双枢纽、多支线”的航空运输网。

【自然资源】

湖北是“活化石”水杉的原产地，闻名世界的“水杉王”就生长在恩施州的利川市。利川市、罗田县、保康县被中国野生植物保护协会分别命名为“中国水杉之乡”“中国野生兰花之乡”“中国紫薇之乡”。黄梅县、石首市、襄阳市和南漳县被中国野生动物保护协会分别命名为“中国白头鹤之乡”“中国麋鹿之乡”“中国红嘴相思鸟之乡”和“中国鸳鸯之乡”。

【文化艺术】

楚文化是中国春秋时期南方诸侯国楚国的物质文化和精神文化的总称，是汉文明的重要组成部分。现今湖北省大部、河南西南部为早期楚文化的中心地区。湖北早期文化的代表是江汉地区的屈家岭文化遗址，这里出土了大量新石器时代的石器和陶器，其中蛋壳彩陶、壶形器和带谷壳的红烧土具有很高的研究价值，是楚文化发展的源头。青铜文化、漆器文化都曾是楚文化的主体，楚人生活在一个漆的王国中，其生时使用的日常生活实用器具和娱乐用品是漆品，死后丧葬用品也多用漆品。

春秋战国时期，楚国进一步强盛，精神文化方面的成就突出，屈原是楚国文学的代表人物。唐代，经济发展带来文化的兴盛，出现了一批著名诗人、学者，如孟浩然、皮日休、岑参、陆羽等，李白、杜甫、白居易等著名诗人游历荆楚留下了大量瑰丽诗歌，达 2000 多首。宋元时期，医学、文化、学术领域取得诸多成就，书法家米芾就是其中的杰出代表。

湖北省地方戏剧源远流长，地方剧种汉剧、楚剧、黄梅戏流传广泛。汉剧形成于清代康乾年间，至嘉道年间进一步成熟，至今有 300 多年的历史。楚剧在清代道光年间形成了一个独立的汉族地方声腔剧种。黄梅戏起源于湖北黄梅，原名黄梅调、采茶戏等，以《天仙配》《女驸马》等最具代表性。湖北戏剧还有荆州花鼓戏、湖北渔鼓、江汉平原皮影戏、湖北道情、湖北评书等。武汉是中国京剧第一世家“京剧谭门谭鑫培”的故乡。

湖北民间文学内容丰富，在全国有深远影响的董永传说便流传在湖北孝感地区。

秭归端午习俗，黄石西塞神舟会，荆州花鼓戏，鄂州、孝感、仙桃雕花剪纸，恩施玉露制作技艺（绿茶）、赵李桥砖茶制作技艺（黑茶）、长盛川青砖茶制作技艺（黑茶）被列入《人类非物质文化遗产代表作名录》。

【旅游资源】

湖北省旅游资源富集，以数量多、分布广、品位高、差异性强为主要特征，其中，西部地区自然景观荟萃、民俗风情浓郁，中部地区人文景观独特，东部地区自然和人文景观兼容。“知音湖北，遇见无处不在”是湖北省的文旅宣传口号。

长江三峡、武汉东湖、武当山、大洪山、通山九宫山、赤壁陆水湖等为国家级风景名胜区；钟祥大口、当阳玉泉寺、宜昌大老岭、兴山龙门河、长阳清江、五峰柴埠溪、襄阳鹿门寺、谷城薤山、咸宁潜山、荆州八岭山、武汉九峰山、大别山天堂寨、神农架、松滋洈水等为国家级森林公园；神农架、五峰后河、长江新螺段及天鹅洲故道白暨豚自然保护区为国家级自然保护区；神农架、武当山、明显陵和咸丰唐崖土司遗址分别被联合国教科文组织列入“人与自然保护圈计划”。长江三峡、黄鹤楼、葛洲坝被评为“中国旅游胜地四十佳”。

湖北省文化底蕴深厚，文物古迹众多，中华始祖炎帝就诞生在湖北。湖北楚文化根基深厚，仅江陵县就有楚城遗址 5 处，楚文化遗址 73 处。世界四大文化名人之一屈原故里秭归县、中国古代“四大发明”家之一毕昇故里黄冈英山县、明代医学家李时珍故里蕲春县、汉文化代表的王昭君故里兴山县宝坪村以独特的内涵闻名于世。著名的曾侯乙编钟出土于随州擂鼓墩；堪称古代世界青铜冶炼技术顶峰的铜绿山古矿冶遗址和越王勾践剑、商代盘龙城就隶属于荆楚大地；工艺精湛的战国漆绘、木雕制品和古代丝绸大都出土于荆州江陵；钟祥明显陵是中南唯一的也是单体面积最大的明代帝王陵。以荆州古城、蒲圻赤壁、襄阳古隆中、当阳长坂坡等为代表的三国历史古迹是旅游文化的又一特色。宗教文化在湖北发育充分，明朱棣“北建故宫，南修武当”，形成了武当山九宫九观，堪称我国道教文化的宝库。

湖北省的旅游核心城市有武汉、荆州、襄阳等。武汉别称“江城”，由武昌、汉口、汉阳三镇组成，龟蛇二山扼守长江天险，是长江中游重要的交通枢纽。这里有“江南三大名楼”之一的黄鹤楼，自古便以“天下江山第一楼”之姿，揽尽江城风光；武汉东湖景区作为国家 5A 级旅游景区，湖光山色间，沉淀着千年人文底蕴。荆州古称“江陵”，从春秋战国到五代十国，先后有 34 位君主在此建都，是长江流域重要的商贸城市，有荆州古城墙等古迹。襄阳地处湖北西北、汉水之滨，凭借“南襄隘道”“南船北马”“七省通衢”的交通要冲地位，孕育出代表三国文化的古隆中景区，诸葛亮在此策定三分天下，成为历史传奇的不朽注脚。

湖北省现拥有世界遗产 4 处：武当山古建筑群、明清皇家陵寝（湖北钟祥明显陵）、土司遗址（湖北唐崖土司城址）、神农架；国家 5A 级旅游景区 16 家：宜昌市三峡大坝—屈原故里旅游区、恩施州恩施大峡谷景区、武汉市黄鹤楼公园、神农架生态旅游区、黄冈市麻城龟峰山景区等；国家级旅游度假区 3 家：武当太极湖旅游度假区、神农架木鱼旅游度假区、武汉黄陂区木兰湖旅游度假区。

【民族民俗】

湖北是一个多民族省份，世居少数民族主要有土家族、苗族、回族、侗族、满族、蒙古族、维吾尔族和彝族。湖北现有 1 个自治州（恩施土家族苗族自治州）、2 个自治县（长阳土家族自治县、五峰土家族自治县）。

湖北的民俗风情主要包括土家族风情和汉族习俗。民族风情绚丽多彩，如土家族的赶年，苗族的苗年，土家族、苗族共同的牛王节，土家族的女儿会等。另外，土家族的婚丧嫁娶方面也有自己的风俗，如老人去世后“跳丧”，即“撒尔嗬”，以及婚俗中的哭嫁和陪十姊妹。

汉族习俗中最具特色的是端午节吃粽子和赛龙舟，尤以屈原家乡秭归县端午习俗和黄石市西塞神舟为代表。秭归县端午习俗形式独特，有贴端午对联、挂艾叶菖蒲、包粽子、煮盐蛋、泡雄黄酒等。五月初五“小端午”以祭奠屈原为主；五月十五“大端午”以龙舟竞渡为主，黎明时分“龙舟披红”仪式开始。五月二十五“末端午”以收藏龙舟（送神船）、娱乐和团聚为主。

【特产美食】

湖北省特产门类多，产品丰富。传统工艺品有汉绣、挑花、土家锦、绿松石雕、菊花石雕、贝雕、石膏雕塑、章水泉竹器等；名茶有采花毛尖、邓村绿茶、恩施富硒茶等；名酒有黄鹤楼、白云边、劲酒等；食品、果品有沙湖盐蛋、保康木耳、房县木耳、莲藕、鹅蛋柑、桃叶橙、土家腊肉等。

湖北菜，又称“楚菜”“鄂菜”，为中国十大菜系之一，以水产为本，鱼馔为主，汁浓芡亮，香鲜微辣，注重本色，菜式丰富。清蒸武昌鱼、排骨藕汤、紫菜薹炒腊肉、沔阳三蒸、黄陂糖蒸肉等名菜为鄂菜的代表。热干面、三鲜豆皮等为湖北著名特色小吃。

【特色产业】

湖北聚焦光电子信息产业、新能源与智能网联汽车产业、生命健康产业、高端装备产业、北斗产业五大优势产业，加快产业“项目、平台、人才”一体化布局，积极抢占产业新赛道、科技制高点。湖北在高端制造领域实力强劲，航空航天、海洋工程装备、高档数控机床等产业表现卓越。航空工业特种飞行器研究所作为 AG600 大型水陆两栖飞机（代号“鲲龙”）的总设计师单位，展现出湖北在航空领域的顶尖研发能力；襄阳量产的玄武岩纤维强度超越钢筋，实现高端新材料领域的重大突破。在绿色智能船舶领域，湖北以汉江国家实验室等为支撑构建科技创新体系，创下多个全国“首创”和“第一”。在人工智能领域，武汉作为湖北的核心区域，构建起覆盖基础层、技术层、应用层的完整产业链，创新实力位居全国第一方阵。在武汉诞生了诸多重量级科技成果，包括全球首个千亿参数多模态大模型“紫东太初”、国内领先的自动驾驶高算力芯片“华山二号 A1000”等。以人工智能为原点，武汉衍生出多条“AI+”新赛道，涵盖“AI+光电子”“AI+ 生命健康”等领域。

第三节　湖南省

湖南省因大部分区域处于洞庭湖以南而得名“湖南”。湖南自古盛植木芙蓉，五代时就有“秋风万里芙蓉国”之说，有“芙蓉国”之称。因省内最大河流湘江流贯全境而简称“湘”，省会长沙市。湖南也是著名的“有色金属之乡”和“非金属矿之乡”。

【地理环境】

湖南省位于我国中部、长江中游，东以幕阜、武功诸山与江西交界，南枕南岭与广东、广西为邻，西以云贵高原东缘与贵州、重庆毗连，北以滨湖平原与湖北接壤。总面积 21.18 万平方千米。湖南地貌类型多样，以山地、丘陵为主。湖南省河网密布，水系发达。全省水系以洞庭湖为中心，湘江、资水、沅水和澧水为骨架，其中湘江是长江七大支流之一。“三湘四水”是湖南的又一称谓，“三湘”因湘江流经永州时与“潇水”、流经衡阳时与“蒸水”和入洞庭湖时与“沅水”相汇而得名，分称为“潇湘”“蒸湘”和“沅湘”；“四水”则指湘江、资江、沅江和澧水。

【气候特征】

湖南属大陆性亚热带季风湿润气候，四季分明，光热充足，降水丰沛，雨热同期，气候条件比较优越。年平均气温为 16℃~18℃，冬季寒冷，春季温暖，夏季炎热，秋季凉爽，四季变化较为明显。

【区划人口】

湖南省辖 13 个地级市、1 个自治州（湘西土家族苗族自治州）。2024 年末，湖南省常住人口为 6539 万人（《湖南省 2024 年国民经济和社会发展统计公报》数据）。

【历史沿革】

据考古发掘出土的文物证明，湖南境内在 40 万年前的旧石器时期就有人类活动，早在 12 000 多年前就开始种植稻谷，5000 年以前的新石器时代湖南先民就已经过上了定居生活。

湖南省现行行政区域在周朝为荆州南境，春秋战国时期纳入楚国版图。秦统一中国后，实行郡县制，湖南地区设置有黔中郡、长沙郡。西汉时，湖南境内设武陵郡、桂阳郡、零陵郡和长沙国。从马王堆汉墓出土的文物可以看出，西汉时期湖南经济文化达到了较高的水平。东汉改长沙国为长沙郡。三国时期，湖南地区为蜀汉和东吴的角逐之地。两晋南北朝时期设有以“湘”命名的“湘州”。隋朝时期湖南境内设有长沙郡、武陵郡、沅陵郡、澧阳郡、巴陵郡、衡山郡、桂阳郡、零陵郡 8 郡。唐代宗广德二年（764 年），为了加强对湖南的统治，设置湖南观察使，这是历史上最早出现的“湖南”名称。五代十国时期，马殷据有湖南，立楚国，国都为长沙府。元朝实行行省制度，湖南属湖广行省，分 14 路 3 州；元朝政府还在今湘西少数民族聚居地实行土司制度，置有 10 多个长官司或蛮夷长官司。明朝湖南属湖广布政使司，明初大量邻省人口移入湖南，史称“江西填湖广”。清康熙三年（1664 年），设置湖广右布政使司于长沙，始称“湖南省”。经康熙、雍正时期的“改土归流”，以流官制度代替土司制度，从此湖南境域正式确定，省名沿用至今。

新民主主义革命时期，湖南是全国农民运动的中心、中国革命的重要策源地、抗日战争重要的正面战场，发生了秋收起义、湘南起义、桑植起义、平江起义、通道转兵、芷江受降等著名历史事件。

【交通状况】

湖南省交通便利，水陆空综合交通体系立体衔接、纵横交错、通江达海。省内有京广高铁、沪昆高铁、京广线、沪昆线、衡柳线、焦柳线、湘桂线、益湛线、渝怀铁路、衡茶吉铁路共十大干线。湖南积极探索“美丽公路 + 旅游”“美丽公路＋文化”“美丽公路＋体育”等“美丽公路＋”融合发展模式，加快推进环南岳旅游景观公路等重大公路项目建设，构建“通景、链景、融景”的旅游公路网。湖南基本形成了以洞庭湖为中心，长江、湘江、沅水干流为依托，岳阳港、长沙港等重要港口为节点的水路交通运输体系。长沙黄花机场是湖南省最大的机场，是中国十二大干线机场之一、中国（湖南）自由贸易试验区门户机场。

【文化艺术】

湖南自古有“古道圣土”“屈贾之乡”和“潇湘洙泗”的美誉，以“心忧天下、敢为人先、经世致用、兼收并蓄”为精神特质的湖湘文化薪火相传，培育形成了“忠诚、担当、求是、图强”的湖南精神。

湖南人文荟萃，英才辈出，曾有过“惟楚有材，于斯为盛”的鼎盛气象。从流寓湖湘的先秦爱国诗人屈原到西汉著名政论家贾谊、东汉造纸术改进者蔡伦，从唐代著名书法家欧阳询、怀素到北宋理学鼻祖周敦颐及在湖南讲学传道的南宋著名理学家朱熹和张栻，从明代“茶陵诗派”领袖李东阳到有“东方黑格尔”之称的思想家王夫之，湖湘人才群体联袂而起，创造了灿烂的古代湘楚文化。

屈原开创了楚辞文学。贾谊被贬谪长沙时留下的《吊屈原赋》《鹏鸟赋》开汉赋之先声。魏晋时期，出现了刘巴、蒋琬等本土作家。唐代出现湖湘本土作家欧阳询、李群玉、胡曾等。李白、孟浩然、王昌龄、杜甫、刘禹锡、韩愈、柳宗元、元结、李商隐等流寓湖南时，留下不朽之作。北宋周敦颐是宋明理学的开山鼻祖，散文《爱莲说》脍炙人口。明代李东阳为当时文坛领袖，形成了以他为首的“茶陵诗派”。鸦片战争前后，形成了以曾国藩、左宗棠、胡林翼为代表的湖湘经世派文学群体。散文方面有以曾国藩为领袖的桐城古文湘乡派，诗歌方面有以近代宋诗派为代表的何绍基和汉魏六朝派的代表人物王闿运等名家。魏源是开近代诗风的进步诗人，推进诗歌语言的通俗化进程。随着湘军的崛起，出现了罗泽南、彭玉麟、李元度、郭嵩焘等军旅诗人。以宁调元、唐才常、陈天华、黄兴、宋教仁等为代表的湘籍南社作家所创作的革命诗歌成就较大。陈天华被誉为“革命党之大文豪”，创作了《猛回头》《警世钟》。

湖南现代文学在诗歌、散文、戏剧和小说等方面取得了很大成就。沈从文、周扬、丁玲、周立波、古华、莫应丰等一大批知名作家的出现，标志着“文化艺术湘军”在湖南历史上的突出地位。陈衡哲是中国现代进入女作家之林的第一人，也是湖南现代小说、诗歌创作的女性拓荒者。田汉作词的《义勇军进行曲》被确定为中华人民共和国国歌。丁玲创作出了具有史诗意义的“土改”小说《太阳照在桑干河上》。周立波是湖南现代文学“茶子花派”的创始人，创作了长篇小说《暴风骤雨》《铁水奔流》《山乡巨变》等。沈从文创作了以《边城》为代表的“湘西”系列作品。杨沫的《青春之歌》《芳菲之歌》《英华之歌》合称“青春三部曲”。莫应丰的《将军吟》和古华的《芙蓉镇》获得首届茅盾文学奖。文学作品的大面积获奖成就了“文学湘军”的美誉。

湖南书法艺术成就最高的是唐代的欧阳询和怀素，欧阳询是古代四大楷书家之一，怀素书法以“狂草”著称。湘潭人齐白石为现代杰出书画家、篆刻家，开中国画之新风，曾获得“人民艺术家”称号。

湖南地方戏曲剧种影响较大的有湘剧、花鼓戏、武陵戏、祁剧、巴陵戏、傩堂戏等，其中湘剧是湖南最主要的地方声腔剧种，花鼓戏是湖南最有影响力的地方小戏。戏剧文学方面有欧阳予倩的《黑奴恨》、田汉的《关汉卿》及《谢瑶环》。

【旅游资源】

“三湘四水，相约湖南”。湖南是旅游资源与旅游产业大省，境内山水风光秀美奇特，历史文化底蕴深厚，民俗风情多姿多彩。

一是具有名山与胜水之美。古有“潇湘八景”（潇湘夜雨、平沙落雁、烟寺晚钟、山市晴岚、江天暮雪、远浦归帆、洞庭秋月、渔村夕照）闻名遐迩，现有张家界以其独特的地质地貌，集奇、幽、野、险、秀于一身，堪称“国之瑰宝”。南岳衡山“五岳独秀”，为南方著名佛教禅林和避暑胜地；“八百里洞庭”水天一色，烟波浩渺；“江南三大名楼”之一的岳阳楼充满诗情画意。

二是具有人文与历史厚重之美。炎帝陵、舜帝陵、龙山里耶秦简牍、马王堆汉墓、千年学府岳麓书院和凤凰古城等闪烁着湘楚文化的灿烂光辉。湖南人杰地灵，屈原、蔡伦、朱熹等留下了丰富的历史记载，毛泽东、刘少奇、彭德怀等老一辈无产阶级革命家为创建中国共产党、缔造中华人民共和国作出了卓越贡献。湖南有“伟人故里”“将帅之乡”“革命圣地”“红色摇篮”之称。湖南民族风情浓郁，吉首德夯苗寨、怀化通道侗寨、永顺王村土家古镇，给人们带来不一样的民俗生活和文化体验。

三是具有快乐与时尚融合之美。湖南“影视文化”“休闲文化”“动漫文化”“湘菜文化”全国驰名。《魅力湘西》《天门狐仙》《张家界千古情》《遇见大庸》《最忆韶山冲》《花开靖港》等旅游演艺节目备受旅游者青睐。

湖南省旅游核心城市长沙与张家界，分别以“都市文化 IP”与“自然遗产典范”，成为湖南旅游的黄金双引擎。长沙作为中国首批历史文化名城、世界“媒体艺术之都”，拥有橘子洲、岳麓山等国家 5A 级旅游景区，马王堆汉墓文物坐镇湖南博物院，“茶颜悦色＋文和友”的网红基因让千年古城焕发潮玩活力。张家界则以世界自然遗产、世界地质公园双料认证著称，张家界国家森林公园是中国首个国家森林公园“奇峰三千”的石英砂岩峰林位列全球自然奇观；天门山国家森林公园集“张家界之魂”美誉与玻璃栈道、99 道弯通天大道等极限景观于一体，获联合国“全球首批世界优秀旅游目的地”认证。

湖南省现拥有世界遗产 3 处：武陵源风景名胜区、崀山丹霞地貌、永顺老司城遗址；共有 9 个项目入选《人类非物质文化遗产代表作名录》，分别是湖南千两茶制作技艺、茯砖茶制作技艺、君山银针茶制作技艺、昆曲（湖南省昆剧团）、皮影戏（湖南省木偶皮影艺术保护传承中心、衡山县文化馆）、汨罗江畔端午习俗、二十四节气（安仁赶分社、苗族赶秋）。湖南的国家 5A 级旅游景区有 12 家：张家界武陵源—天门山旅游区、岳阳市岳阳楼—君山岛景区、湘西州凤凰古城旅游区等；国家级旅游度假区有 4 家：灰汤温泉旅游度假区、常德柳叶湖旅游度假区、岳阳洞庭湖旅游度假区、长沙铜官窑文化旅游度假区。

【民族民俗】

湖南有土家族、苗族、侗族、瑶族、白族、回族、壮族、维吾尔族 8 个世居少数民族。

湘西苗族的巫傩文化、德夯苗寨风情和以茅古斯和摆手舞为特色的土家情调等民俗别具一格。湘西巫傩文化以传统文化的形态存留于民间，如新年门贴钟馗和尉迟恭、秦叔宝画像，书写“郁垒”“神荼”字样。在德夯居住着一群苗族百姓，民风古老淳朴，节庆活动尤以苗年最为隆重。赶秋节和跳香会也是湖南苗族重要的节庆活动。

【土家族简介】

土家族是一个历史悠久的民族，土家族人自称“毕兹卡”，意为本地人。土家族主要分布在湘、鄂、渝、黔四省交界的丛山之中。

土家族从事农业生产，善于渔猎，崇山峻岭的自然环境构成了其山林经济的特征，其经济发展虽受汉族影响较大，但也有自己的特点。

土家族日常主食除米饭外，以苞谷饭最为常见，有时也吃豆饭，即将绿豆、豌豆等与大米合煮成饭食用；粑粑和团馓也是土家族季节性的主食。土家族菜肴以酸辣为主要特点，酸辣椒炒肉被视为美味。土家族爱吃腊肉，爱喝甜酒。

土家族人爱住吊脚楼。吊脚楼依山而建，其基本特点是正屋建在实地上，厢房除一边靠在实地和正房相连外，其余三边皆悬空，靠柱子支撑。正屋和厢房（吊脚部分）的上面住人，厢房的下部有柱无壁，用来喂养牲畜、堆放杂物。

土家族女装为短衣大袖，右衽大襟，绲镶花边，下着镶边筒裤或八幅罗裙，头缠墨青丝帕或布帕，喜欢佩戴各种金、银、玉质饰物；男装为对襟短衫，下着长裤，爱用青布包头。

土家族的文化艺术丰富多彩，摆手舞是土家族比较流行的一种古老的舞蹈，已被列入国家级非物质文化遗产代表性项目名录。土家锦（土家语称"西兰卡普"，即土花铺盖）是土家族妇女独特的织锦工艺品，仅织锦图案就多达数百种。它和摆手舞并称土家族人民的"艺术之花"。

土家族的传统节日主要有赶年、六月六等。赶年就是土家族比汉族提前一天或几天过春节。月大在腊月二十九，月小在腊月二十八，也有在腊月二十七、二十六的，所以称为"赶年"或"调年会"。

【特产美食】

湖南特产丰富，有醴陵釉下五彩瓷和红瓷、长沙铜官陶瓷、衡阳界牌瓷器等著名陶瓷产品；有长沙湘绣、益阳小郁竹器、土家织锦、苗族刺绣、苗族花带等著名织绣编织产品；有长沙高桥银峰、南岳云雾茶、岳阳北港毛尖、古丈毛尖等著名茶产品；有常德武陵酒、长沙白沙液酒、湘西酒鬼酒、邵阳湘窖酒、浏阳河酒等著名白酒；有浏阳豆豉、双峰永丰辣酱、宁远山苍子油、湘潭龙牌酱油等著名调味品类产品。

湘绣以其形象生动逼真、色彩丰富鲜艳、针法多变、劈线细致等特点著称，先后参加过国际博览会并多次获得优胜奖。

湘菜为中国八大菜系之一，由湘江流域、洞庭湖区和湘西山区 3 个地方菜组成，具有浓郁的山水之乡特色。湖南饮食形成油重、色浓、酸辣、香鲜的特色，基本风味是嗜辣、嗜酸、重腊味。剁椒鱼头、辣椒炒肉、湘西外婆菜、吉首酸肉、小炒黄牛肉是湘菜的代表。湖南著名小吃有长沙火宫殿臭豆腐、酱板鸭、口味虾、糖油粑粑、湘潭槟榔等。

【特色产业】

在农业方面，湖南大力发展粮食、畜禽、蔬菜、油料、茶叶、水产、水果、中药材、南竹、种业等产业。溆浦鹅肝排在全球前列，澧县是国内最大的"阳光玫瑰"葡萄种植基地。在制造业方面，湖南的商业化育种规模居于全国前列。此外，文化产业在湖南走出了一条特色发展道路，"广电湘军""出版湘军""动漫湘军"全国知名。

湖南将加快建设现代化产业体系，推动发展 AI 等产业，创建一批未来产业先导区。万兴科技推出的“天幕”大模型（音视频多媒体大模型）在影视传媒、文旅发展等领域率先探索落地。

随堂练

经典图片

第五章 华南地区各省自治区导游基础知识

【学习目标】

了解广东省、广西壮族自治区和海南省的历史、地理、气候、区划、人口、交通、旅游等概况，以及代表性的饮食特点、主要美食和风物特产。熟悉这三个省（自治区）列入《世界遗产名录》的中国遗产地，列入《人类非物质文化遗产代表作名录》的中国非遗项目，国家5A级旅游景区和国家级旅游度假区；具有代表性的历史文化和民俗风情。掌握这三个省（自治区）的旅游核心城市、国内知名地域文化、民族民间文化及特色产业。

第一节 广东省

广东省，以岭南东道、广南东路得名，简称“粤”，省会广州。广东珠三角9市联手港澳打造的粤港澳大湾区，成为与纽约湾区、旧金山湾区、东京湾区并肩的世界四大湾区之一。

【地理环境】

广东省地处中国大陆最南部，东邻福建，北接江西、湖南，西连广西，南临南海。珠江口东西两侧分别与香港特别行政区、澳门特别行政区接壤，西南部雷州半岛隔琼州海峡与海南省相望，陆地面积17.98万平方千米。广东省海洋资源十分丰富，海域面积41.93万平方千米。大陆海岸线长约4100千米，居全国首位。

广东省地貌类型复杂多样，地势总体北高南低，北部多为山地和高丘陵，最高峰石坑崆海拔1902米，位于阳山县、乳源瑶族自治县与湖南省的交界处；南部则为平原和台地。最大平原为南部珠江三角洲平原，潮汕平原次之。

【气候特征】

广东省属东亚季风区，由北向南分别为中亚热带、南亚热带和热带气候，是全国光、热和水资源最丰富的地区之一，且雨热同季。降水主要集中在4—9月。洪涝和干旱灾害经常发生，台风的影响也较为频繁。

【区划人口】

广东省下辖21个地级市，划分为珠三角、粤东、粤西和粤北4个区域，其中广州和深圳为副省级城市。深圳为计划单列市，深圳、珠海和汕头也是经济特区。2024年末，广东省常住人口为12 780万人（《2024年广东省国民经济和社会发展统计公报》数据）。广东省是中国第一人口大省。

【历史沿革】

广东省地域在《吕氏春秋》中称“百越”，《史记》中称“南越”，《汉书》中称“南粤”，“越”与“粤”通，故简称“粤”，泛指岭南一带地方。在历史长河中，广州、广东的名称次第出现，逐渐演化成广东省及其辖境。

距今约12.9万年以前，岭南出现了早期古人——马坝人。商与西周时代，广东先民便与中原商、周王朝有了经济文化往来。春秋战国时期，岭南与闽、吴、越、楚国关系密切，交往频繁。

公元前214年，秦统一岭南，设置南海郡、象郡、桂林郡。今广东大部分地区属南海郡，海南及今广东西南部属象郡，今广东西部一部地区分属桂林郡。岭南地区始有行政建制，是广东归入全国统一政区之始。公元前204年，赵佗在岭南建立南越国，建都番禺。公元前111年，西汉武帝平定南越国叛乱，在岭南先后设交趾刺史部、交州，辖岭南各郡县。三国时，岭南为吴辖地。226年，从交州划置广州，地域占今广东、广西大半，州治番禺。广州之名由此始。唐代设岭南道，唐末分设岭南东、西道。东道辖今广东大部，道治广州。岭南地区东西分治自此始。917年，刘龑在岭南称帝，建南汉国。970年，南汉国为北宋所灭。997年，广南路分置广南东、西路，简称“广东”“广西”。广东由此得名。元代，今广东省境分属江西行中书省广东道和湖广行中书省海北海南道。明初，设广东行中书省，将海北海南道改隶广东。广东省辖境基本定型。不久，改称广东承宣布政使司。清初，布政使司改称省，辖境与明代相同。“广东省”名称正式使用。1914年废府、州、厅，广东境内设6道辖94县。

中华人民共和国成立初期，广东、广西之间辖属多次调整，1952年广西怀集县划归广东，1965 年广东北海市和合浦地区划归广西，此后两省区境域稳定下来。1988 年，海南行政区从广东分出，单独设省，今日广东的辖境范围形成。2019 年 2 月 18 日，中共中央、国务院印发《粤港澳大湾区发展规划纲要》。按照规划纲要，粤港澳大湾区不仅要建成充满活力的世界级城市群、国际科技创新中心、“一带一路”建设的重要支撑、内地与港澳深度合作示范区，还要打造成宜居宜业宜游的优质生活圈，成为高质量发展的典范。以香港、澳门、广州、深圳四大中心城市作为区域发展的核心引擎。

【交通状况】

广东省拥有发达的海、陆、空立体交通网。高速公路四通八达，构成“九纵五横二环”的大格局。铁路运输方面，已形成以广州为中心“三纵二横”的主干线，有京广线、京九线、广深线、黎湛线、赣韶线等。高速铁路有武广线、广深港线、厦深线和贵广线、南广线等。广东省发达的快速交通网络，成功打造了“珠三角 1 小时经济圈”。广东拥有众多优良港口资源，广州港、深圳港、汕头港和湛江港已成为中国对外交通和贸易的重要通道。广东正全力打造“5+4”骨干机场，即珠三角地区打造广州白云机场、深圳宝安国际机场、珠三角新干线机场、珠海金湾机场、惠州平潭机场五大机场，粤东西北打造揭阳潮汕机场、湛江机场、梅县机场、韶关机场四大机场。

【文化艺术】

从古至今，广东文化都贯穿着一种开放的人文意识，特别是革新意识、商业意识、务实意识和平民意识，反映出广东人的开放观念、兼容观念和改革观念。

岭南文化，是指中国岭南地区文化，岭南包括现在的广东省、广西壮族自治区及海南省全境。从地域上，岭南文化分为广东文化、广西文化（八桂文化）和海南文化三大块。广东文化又分为广府文化、客家文化、潮汕文化、海陆丰文化、雷州文化、高凉文化、西江文化、南江文化、漠阳文化和广信文化。

岭南建筑主要分为广府建筑、潮汕建筑和客家建筑。广府建筑代表是镬耳屋，多用青砖、石柱、石板砌成，外墙壁均有花鸟图案。潮汕民居以传统的三合院、四合院为基本布局，最基本形式称“下山虎”和“四点金”。客家建筑的代表是客家围屋。清末至民国时期，岭南地区出现了骑楼建筑，曾经是我国海南、广东、广西、福建等沿海侨乡特有的南洋风情建筑。

岭南画派具有革新精神，在中国画的基础上融合东洋、西洋画法，自创一格，着重写生。岭南画派与粤剧、广东音乐被称为“岭南三秀”，其创始人为高剑父、高奇峰、陈树人。

广东的戏曲剧种有粤剧、潮剧、广东汉剧、采茶戏、雷剧、琼剧（又称“琼州戏”“海南戏”）等。以粤剧、潮剧、广东汉剧3种流行最广、影响最大、观众最多。粤剧流行于粤语方言地区，唱腔优美，具有丰富的表现力和感染力，影响遍及粤语华人地区，有“南国红豆”的盛誉。潮剧又称“潮州戏”“潮音戏”“白字戏”，唱戏、对白都使用潮州方言。汉剧旧称“外江戏”或“兴梅汉戏”。广东音乐又称粤乐，实指广府音乐，是我国传统器乐丝竹乐的一种。其代表性曲目有《步步高》《雨打芭蕉》《平湖秋月》等。

广东省的传统医药文化以化橘红中药文化、西关正骨手法和天灸疗法为主。化橘红中药文化以化橘红药用价值为载体，秉承“药食同源、济世救民”的核心价值观；西关正骨手法形成于明清，盛行于清末民初，是岭南地区中医骨伤科的典型代表；天灸疗法，又称药物灸、发泡灸，是采用对皮肤有刺激性的药物敷贴于穴位或患处，通过局部皮肤自然充血、潮红或起泡来治疗疾病的方法。

华侨文化、侨乡文化是岭南文化的重要组成部分。2007年，“开平碉楼与村落”被列入《世界遗产名录》，成为首个华侨文化世界遗产项目和广东省第一个世界文化遗产项目。2013年，以广东侨批为主构成的“侨批档案——海外华侨银信”入选《世界记忆名录》，成为广东首项世界记忆遗产。广东省的留学文化、商业文化、慈善文化等也都与华侨华人有密切关系。

广东的粤剧、古琴艺术（岭南派）、广东剪纸、陆丰皮影戏、潮州工夫茶5个项目被列入《人类非物质文化遗产代表作名录》。

【旅游资源】

广东的名山有南海西樵山、惠州罗浮山、肇庆鼎湖山、韶关丹霞山。著名湖泊有肇庆星湖、惠州西湖、湛江湖光岩、河源万绿湖。广东岩溶地貌发育，连州地下河、英德宝晶宫、阳春玉溪三洞等为最具代表性的溶洞群景观。英德英西峰林走廊、肇庆七星岩、乐昌古佛岩等融“奇、险、幽”于一体。省内温泉资源丰富，类型多样，分布广泛，堪称“温泉大省”。著名温泉有从化温泉、珠海御温泉、珠海海泉湾等。

广东省海岸线漫长、海岛众多，滨海旅游资源丰富。拥有海陵岛、特呈岛、雷州乌石、南澳青澳湾、阳西月亮湾等国家级海洋公园。珠江三角洲水网密集，形成独具地方特色的以桑基鱼塘、果基鱼塘与蔗基鱼塘为代表的水网水乡景观。

广东省宗教历史遗存丰富。广州光孝寺历史悠久，所谓“未有羊城先有光孝”。韶关南华寺因六祖慧能而蜚声中外，成为佛教重要流派禅宗的祖庭，与潮州开元寺、肇庆庆云寺、广州光孝寺并称“岭南四大名寺”。始建于唐代的怀圣寺是中国四大古代清真寺之一，为我国现存最古老的清真寺建筑。石室圣心大教堂为国内现存最宏伟的双尖塔哥特式建筑之一，也是全球四座全石结构哥特式教堂建筑之一，有“远东巴黎圣母院”之誉。岭南园林兼具北方园林与江南园林特色，著名园林有佛山梁园、顺德清晖园、番禺余荫山房和东莞可园。

广东是近代中国革命的策源地，相关历史建筑遗存十分丰富。著名景点有黄花岗七十二烈士陵园、黄埔军校旧址、孙中山纪念堂、十九路军淞沪抗日阵亡将士陵园、东征烈士墓，以及农民运动讲习所、广州起义烈士陵园（红花岗）等。

“活力广东，时尚湾区”是广东省积极打造的文旅品牌。广东省的旅游核心城市包括广州、深圳、珠海、佛山等。广州作为千年商都和历史文化名城，有南越王博物院、沙面岛等历史人文景点，广州塔更是地标建筑。深圳有世界之窗、锦绣中华民俗村等主题公园，有平安金融中心、莲花山公园等城市景观，还有众多科技展馆和文创园区。珠海以长隆海洋王国闻名，海岛风光迷人，情侣路、港珠澳大桥游也是特色项目。佛山历史底蕴深厚，祖庙展示武术、粤剧文化，岭南天地保留明清古建筑，西樵山景色秀丽，作为粤菜重要发源地的顺德更是吸引众多旅游者前往。

广东有韶关丹霞山、开平碉楼与村落 2 处世界遗产；有广州市长隆旅游度假区、广州市白云山风景区、深圳市华侨城旅游度假区等 16 家国家 5A 级旅游景区；有东部华侨城旅游度假区、河源巴伐利亚庄园、珠海长隆国际海洋度假区 3 家国家级旅游度假区。

【民族民俗】

广东省世居少数民族有壮族、瑶族、畲族、回族、满族。广东省设立连南瑶族自治县、连山壮族瑶族自治县、乳源瑶族自治县 3 个自治县和连州市瑶安瑶族乡、连州市三水瑶族乡、龙门县蓝田瑶族乡、怀集县下帅壮族瑶族乡、始兴县深渡水瑶族乡、阳山县秤架瑶族乡、东源县漳溪畲族乡 7 个民族乡。

广东省的广府民系、客家民系和福佬民系分别传承了百越、古代中原和闽越文化，并在特有的地域环境中得到较好保留。其民俗风情各具特色，是岭南文化的重要组成部分。广东省主要民俗与节庆活动有：迎春花市、元旦花车巡游、元宵灯会、中秋灯会、七夕节；赛龙舟、舞狮舞龙、凤山妈祖庙会、飘色、水色、春色、秋色、木偶戏、皮影戏；乳源瑶族服饰、大亚湾渔家婚俗、凤阳宗祠祭典、斗门赵氏家族祭礼；等等。舞狮是中国优秀的传统民间艺术，形成了南北两种表演风格。南狮又称“醒狮”，造型较为威猛，舞动时注重马步，主要靠舞者的动作表现出威猛的狮子形态。传统上，南狮狮头有刘备、关羽、张飞之分。南狮有出洞、上山、巡山会狮、采青、入洞等表演方式，其中采青最为常见。

【特产美食】

广东工艺品品种多，具有岭南地方特色。广绣亦称“粤绣”，包括广府的广绣和潮汕的潮绣。瓷艺有广彩、石湾陶瓷和枫溪陶瓷；广雕有玉雕、木雕、石雕、砖雕和灰塑、增城榄雕等；特色工艺品则有佛山剪纸、佛山狮头艺术、新会葵艺、阳江漆器。

广东特产有凤凰茶、九峰白毛茶、英德红茶、荔枝、槟榔、黄登菠萝、波罗蜜、荔枝蜜、香蕉、椰子、龙眼、木瓜、话梅、潮州柑、何首乌等。

广东菜又称为“粤菜”，系中国四大菜系之一，由广州、潮州、东江三地特色菜点发展而成。其中广州菜是广东受众最多的菜系，潮州菜以精致典雅著称，客家菜则以原汁原味见长。粤菜因其选料严格、质鲜味美、养生保健等特点而名扬天下，2010 年入选“岭南文化十大名片”。2014 年 12 月 1 日，联合国教科文组织授予广东顺德“世界美食之都”的称号，成为中国第二个获此殊荣的城市（四川成都是中国首个获此称号的城市，此外还有澳门特别行政区、江苏扬州、江苏淮安和广东潮州）。广东特色食品有广式点心、广式腊味等。清平鸡、东江盐焗鸡、深井烧鹅、三黄胡须鸡、烤乳猪、潮汕膏蟹、沙井鲜蚝、透明马蹄糕、泮塘马蹄粉、莲蓉月饼、沙河粉、拉肠粉、及第粥、盲公饼等也极具特色。

广东人的饮食离不开饮茶，不光吃饭时要饮茶，还有专门的早茶和下午茶，配以点心、粥、粉、面及其他小菜。潮州工夫茶独具特色，家家户户必备精良的饮茶器具。广东点心是中国面点三大特式之一；广东粥特点是粥米煮开花和注意调味，有滑鸡粥、鱼生粥、及第粥和艇仔粥等；广东粉有沙河粉、陈村粉。湛江海鲜美食在中国久负盛名，2010 年，湛江被授予中国首个“中国海鲜美食之都”的称号。

【特色产业】

广东省产业发展呈现“传统优势与新兴动能并重”的特点。传统领域以电子信息产业、智能家电和汽车制造为支柱。华为手机、大疆无人机等产品领跑全国；美的、格力等智能家电品牌名扬中外；广汽、小鹏等汽车企业远近闻名，广州开放的自动驾驶道路规模全国居首。新兴领域以万亿级新能源产业（海上风电装机规模全国第一）、智能机器人及低空经济、生物制造等未来产业为引擎；现代农业则依托荔枝产业和特色水产、畜禽形成创新立体生态。

第二节　广西壮族自治区

广西壮族自治区是中国唯一与东盟国家海陆相连的省级行政区，是中国通往东盟最便捷的国际大通道，具有沿海、沿江、沿边优势，是西南地区最便捷的出海口。广西简称“桂”，又称“八桂”“桂海”。首府为南宁市。

【地理环境】

广西地处祖国南疆，北回归线横贯全区中部，东邻粤、港、澳，北靠湖南、贵州两省，西与云南省接壤，南临北部湾，面向东南亚，西南与越南社会主义共和国毗连。全区土地总面积 23.76 万平方千米，管辖北部湾海域面积约 4 万平方千米。

广西的地势西北高、东南低，呈西北向东南倾斜状。四周多被山地、高原环绕，中部和南部多丘陵平地，呈盆地状，有“广西盆地”之称。广西的山脉多呈弧形，形成盆地边缘山脉和内部山脉。盆地边缘山脉中的猫儿山主峰海拔 2141 米，是华南第一高峰。内部山脉分别是东北—西南走向的驾桥岭、大瑶山和西北—东南走向的都阳山、大明山。广西河流众多，河川以雨水补给类型为主。受降水时空分布不均的影响，径流深与径流量在地域分布上自桂东南向桂西北逐渐减少。区内河流大多随地势从西北流向东南。大陆海岸线全长 1600 多千米。沿海岛屿众多，其中涠洲岛面积最大。

【气候特征】

广西属亚热带季风气候区。气候温暖，雨水丰沛，光照充足。夏季日照时间长、气温高、降水多，冬季日照时间短、天气干暖。受西南暖湿气流和北方变性冷气团的交替影响，干旱、暴雨洪涝、热带气旋、大风、冰雹、雷暴、低温冷

（冻）害气象灾害较为常见。

【区划人口】

广西壮族自治区有 14 个地级市，分别是南宁、柳州、桂林、梧州、北海、防城港、钦州、贵港、玉林、百色、贺州、河池、来宾和崇左。2024 年末，广西壮族自治区常住人口为 5013 万人（《2024 年广西壮族自治区国民经济和社会发展统计公报》数据）。

【历史沿革】

据考古发现，早在 80 万年前广西就有原始人类繁衍生息，百色旧石器遗址是广西已发现距今年代最早的遗址，出土的百色手斧距今 80.3 万年。约在 5 万年前，今广西境内古人类进入旧石器时代晚期。距今 10 000—6000 年前，境内古人类逐步走出岩洞与河谷，向平原和滨海地区发展，出现原始农业、畜牧业和制陶业。

先秦时期，岭南称百越之地，广西分属西瓯、骆越。秦朝，广西地区被正式纳入中央王朝版图，分属桂林郡和象郡。秦末汉初，属赵佗建立的南越国。汉武帝时，分属苍梧、郁林、合浦三郡。唐咸通三年（862 年），属岭南西道，基本形成了广西地区后来行政区疆域的轮廓，并升邕管经略使为岭南西道节度使，这是广西地区成为一级独立政区之始。宋初，属广南路。宋至道三年（997 年），广南路分为广南东路和广南西路，今广西地区大部属广南西路，广西之名源于此。元朝至正二十三年（1363 年）置广西行省，为广西设省之始。明代为广西承宣布政使司，广西名称由此固定下来。清朝复设广西省。民国时期，广西仍设省。

1958 年 3 月 5 日，广西壮族自治区第一届人民代表大会第一次会议召开，宣告广西壮族自治区成立。从 1978 年起，将 12 月 11 日（百色起义纪念日）定为自治区成立纪念日。

【交通状况】

广西已构建了一个公路、铁路、水路和民用航空四通八达的立体交通网络体系，正逐渐从“路网末梢”转变为中国—东盟区域性国际交通枢纽。广西公路城乡联网，形成连接西南出海大通道主轴的干线公路网络。通往境外越南的一类口岸均通二级以上公路。广西境内有湘桂、黔桂、黎湛、焦柳和南昆线 5 条国家干线铁路，基本形成北通、南达、东进、西连的现代化路网格局。广西目前已有桂林、南宁、北海等 11 个处于运营中的民航机场，形成了以桂林、南宁为中心的旅游航空网，东盟航线在全国排名前列。

【自然资源】

广西矿产资源种类多、储量大，尤以铝、锡等有色金属为最。广西南临北部湾，海岸线曲折，溺谷多且面积广阔，天然港湾众多。北部湾渔场不仅是中国四大渔场之一，也是世界海洋生物物种资源的宝库。举世闻名的合浦珍珠也产于这一带海域。

【文化艺术】

广西民间文学的形式主要有民间神话、民间故事、民间传说、民间长诗等，《布洛陀》《布伯的故事》《盘古》《盘瓠》《伏羲兄妹》等均是其中的代表。壮族的《布洛陀》和瑶族的《密洛陀》是广西民间叙事长诗的杰出代表和创世史诗。

广西是个爱歌、善歌民族聚居的地区，是“歌仙”刘三姐的故乡，被誉为“民歌的海洋”。汉族“山歌”、壮族“欢歌”、苗族“飞歌”、侗族“大歌”、瑶族“香哩歌”、京族“唱哈”等各具特色，其中多声部合唱的侗族大歌是侗族音乐精粹，也是极具特色的中国民间音乐艺术，先后入选国家级非物质文化遗产代表性项目名录和《人类非物质文化遗产代表作名录》。各族传统的唱歌节日丰富多彩，如壮族“三月三”、苗族“赶坡”和“坐妹”、京族“哈节”等。

广西的民间乐器种类繁多，特色鲜明。壮族有马骨胡和天琴；瑶族有长鼓和铜鼓；侗族有侗笛、牛腿琴、侗族芦笙、侗琵琶等；芦笙是苗族人民最喜爱、最常用的一种民间多声部乐器；京族的独弦琴，古名匏琴，为我国古乐器之一。

广西舞蹈极具地方特色和民族色彩。壮族的春牛舞、扁担舞、师公舞、采茶舞、铜鼓舞、青蛙舞、绣球舞等主题鲜明。龙舞是汉族民间传统舞蹈之一，在广西各地均极为流行。长鼓舞、铜鼓舞是瑶族民间舞蹈。芦笙舞，又称“踩堂舞”，场面宏大，是苗族最具代表性的民间舞蹈。多耶是侗族民间集体歌舞形式，气氛热烈。毛南族的木面舞、仡佬族的牛筋舞也颇有特色。

广西的少数民族戏曲有壮剧、侗戏、苗戏、毛南戏等，还有桂剧、粤剧、彩调剧、邕剧、牛娘戏等十余种地方戏曲剧种。桂剧俗称“桂戏”或“桂班戏”，是广西主要的地方剧种和中国十大戏曲剧种之一，入选首批国家级非物质文化遗产代表性项目名录。彩调剧目《刘三姐》20 世纪 60 年代初曾四进中南海，由此红遍大江南北。

广西作为全国文化大区（省），拥有丰富的文化资源。表演团体、艺术表演场所、艺术院校较多,《印象·刘三姐》开了中国山水实景演出的先河。

广西集中了众多全国知名的博物馆、美术馆、科技馆等,如广西壮族自治区博物馆、广西民族博物馆、桂林博物馆、柳州市博物馆等。

【旅游资源】

广西旅游资源丰富多彩,奇观胜景遍布,是中国旅游资源大省之一。"秀甲天下,壮美广西"是广西着力打造的旅游品牌。广西具有代表性的特色旅游资源有甲天下的"桂林山水"、世界第一大天坑群"乐业大石围天坑群"、世界长寿之乡"巴马瑶乡"、世界文化遗产"左江花山岩画"、世界上最古老的运河之一"灵渠"、世界八大斜塔之一"崇左归龙塔"、亚洲第一大跨国瀑布"德天瀑布"、中国第一滩"北海银滩"、中国第一大火山岛"涠洲岛"、中国明代保存最完整的藩王墓群"桂林靖江王陵"、以刘三姐文化为代表的民族风情和以百色起义为代表的红色旅游等。

广西旅游核心城市有桂林、南宁、北海等。桂林以山水著称,漓江风景如画,遇龙河适合竹筏漂流,靖江王城是明代藩王府,龙脊梯田可体验少数民族文化。南宁的青秀山是城市"绿肺",其周边的孔庙、广西民族博物馆等景点展示了丰富的历史文化,国际会展中心等则展示了时尚的现代风貌。北海银滩是著名海滨胜地,涠洲岛等海岛生态优美,北海老街、汉代文化博物馆等彰显历史底蕴。

广西拥有世界遗产 3 项:中国南方喀斯特(桂林、环江),左江花山岩画;拥有国家 5A 级旅游景区 10 家:南宁青秀山风景旅游区、桂林漓江景区、柳州程阳八寨景区、崇左花山岩画景区等;拥有国家级旅游度假区 4 家:桂林阳朔遇龙河旅游度假区、大新明仕旅游度假区、北海银滩国家旅游度假区、桂林雁山旅游度假区。

【民族民俗】

广西是多民族聚居的自治区,主要有壮、汉、瑶、苗、侗、仫佬、毛南、回、京、彝、水、仡佬 12 个民族定居。壮族以左江、右江和红水河流域最为集中;广西是全国仫佬族、瑶族人口最多的地区;环江毛南族自治县是全国唯一的毛南族自治县;仡佬族是广西少数民族中人口最少的民族。

壮族的歌圩节,瑶族的达努节和盘王节,苗族的踩花山,仫佬族的走坡节,侗族的花炮节,苗寨拦路歌、拦路酒、拦路鼓、挂彩带、挂彩蛋、打酒印等民族风情独特。壮族的歌(情歌、哭嫁歌、哭丧歌、劝酒歌、节令歌、祈祷歌等形成了“歌的海洋”)、瑶族的舞(长鼓舞、捉龟舞、黄泥鼓舞、盘古兵舞、八仙舞等 18 种舞蹈最为盛行)、苗族的节(苗年节、芦笙节、拉鼓节、芒歌节、新禾节、斗马节等众多节日形成了“百节之乡”)、侗族的建筑(风雨桥、鼓楼、吊脚楼、凉亭、寨门、水井亭等木结构建筑)被称为广西民族风情“四绝”。

【壮族简介】

壮族是我国人口最多的少数民族,主要分布在广西、云南、湖南、广东、贵州等地。壮族有本民族的语言文字,壮语属汉藏语系。壮文是以拉丁字母为基础创制的文字,已在壮族地区全面推行使用。

壮族主要从事农业生产,稻作文化十分发达,稻米也自然成为壮族人民的主食。壮族在饮食方面,主食是大米和玉米。年节时,用大米制成各种粉糕。壮族人喜吃腌制的酸食,妇女有嚼槟榔的习俗。

壮族具有悠久灿烂的民族文化。广西南部的花山岩画是壮族古代文化艺术精华。壮族人民铸造使用铜鼓已有 2000 多年历史,壮族因此有“铜鼓之乡”的誉称。壮锦是中国四大名锦之一,以织工精巧、图案别致、色彩绚丽和结实耐用著称。壮族刺绣、竹芒编等皆名扬远近。

壮族早年有婚后“不落夫家”的习俗,一般两三年后才住夫家。过去有断发文身的习俗,认为这样可以得到神的保护。凿齿也曾是盛行的习俗。

壮族的干栏式建筑分上下两层,楼上住人,楼下堆放杂物。

壮族服饰各地不一,广西西北部,年老壮族妇女多穿无领、左衽、绣花、绲边的衣服和绲边、宽脚的裤子,腰间束绣花围腰,喜戴银首饰;广西西南部龙州县、凭祥市一带的妇女,着无领、左衽的黑色上衣,包方块形状的黑帕,穿黑色宽脚裤子。

除春节、中元节、牛魂节外,壮族还有以对歌为主的三月三歌圩节。歌圩节是壮族的民间传统歌节,流行于广西、云南等地,多在春秋两季举行,为期数天。每逢圩日,方圆十里的男女青年汇聚传统的歌场,男女以歌传情,通宵达旦,持续数天。圩日期间还举行抛绣球、碰红蛋、踢毽子、抢花炮等活动,还有各种庙会活动,形成商品集散盛会。

【特产美食】

广西特产门类繁多,品种丰富。工艺品有壮锦、壮族绣球、苗族蜡染、毛南族花竹帽、铜鼓、钦州坭兴陶、博白编织等。名酒有桂林三花酒(“米酒之王”)、合浦东园家酒等。名茶有梧州六堡茶、桂平西山茶、大新苦丁茶、覃塘毛尖茶、桂林桂花茶等。食品及果品有桂林豆腐乳、马蹄糕、荔浦芋头、兴安白果、博白（“桂圆肉之乡”）桂圆肉、阳朔金橘、恭城柿饼等。桂林“三宝”是指桂林三花酒、桂林腐乳和桂林辣椒酱。

广西著名的中成药有金嗓子喉宝、桂林西瓜霜、玉林正骨水等。

广西的菜肴多以本地盛产的山珍、水产和禽畜肉为原料，还常以岭南佳果诸如荔枝、杧果、菠萝等入菜。少数民族菜讲究实惠，取材奇特，制法极有个性，富有山野风味。特色菜品有阳朔啤酒鱼、荔浦芋扣肉、全州醋血鸭、梧州纸包鸡、高峰柠檬鸭、横县鱼生、巴马烤香猪、白果炖老鸭、田七炖土鸡、壮族血肠、苗家羊瘪汤、侗家酸鱼等。特色小吃有桂林米粉和马蹄糕、南宁肥肉粽和老友面、梧州艇仔粥和冰泉豆浆、柳州螺蛳粉、玉林牛肉巴和猪脚粉等。

【特色产业】

广西多个特色产业全国领先。糖料蔗、蚕桑、秋冬菜、罗汉果、茉莉花（茶）、金橘、沙田柚、杧果、柿子、百香果、火龙果等产量，以及广西水牛、奶水牛存栏量，近江牡蛎养殖规模等均位居全国第一。粮食、蔗糖、水果、蔬菜、渔业、优质家畜 6 个产业产值均已突破千亿元。同时，广西的特色产业阵营不断壮大。广西六堡茶、贵港富硒农产品、浦北陈皮、马山蓝莓、三江稻鱼、大化七百弄鸡等一批新兴产业逐渐成为广西乡村产业振兴的强劲引擎。

广西产业转型升级稳步推进；绿色能源产业加快培育，电气机械和器材制造业、太阳能电池产量等迅速增长；互联网经济加快发展，中国—东盟信息港建设不断深入。

第三节　海南省

海南是中国最年轻的省份和唯一的热带海洋省份，是以旅游业为龙头、现代服务业作为主导产业的特色旅游省，是中国的经济特区和自由贸易试验区。海南简称“琼”，省会海口。

【地理环境】

海南省位于中国最南端。北以琼州海峡与广东省划界，西隔北部湾与越南相对，东面和南面在南海中与菲律宾、文莱、印度尼西亚和马来西亚为邻。海南省的行政区域包括海南岛、西沙群岛、中沙群岛、南沙群岛的岛礁及其海域。全省陆地（主要包括海南岛和西沙、中沙、南沙群岛）总面积 3.54 万平方千米，海域面积约 200 万平方千米，是我国海域面积最大的省份。

海南岛四周低平，中间高耸，呈穹隆山地形，以五指山（海南最高峰，海拔 1867 米）、鹦哥岭为隆起核心，向外围逐级下降，由山地、丘陵、台地、平原构成环形层状地貌，梯级结构明显。海南岛是我国仅次于台湾岛的第二大岛。

西沙群岛和中沙群岛在海南岛东南面约 300 海里的南海海面上。西沙群岛有岛屿 22 座，其中永兴岛最大。中沙群岛大部分淹没于水下，仅黄岩岛露出水面。南沙群岛位于南海的南部，是分布最广和暗礁、暗沙、暗滩最多的一组群岛，其中曾母暗沙是中国最南端的领土。

【气候特征】

海南岛属热带季风海洋性气候。基本特征为：四季不分明，夏无酷热，冬无严寒，气温年较差小，年平均气温高；干季、雨季明显，冬春干旱，夏秋多雨，多热带气旋；光、热、水资源丰富，风、旱、寒等气候灾害频繁。

【区划人口】

海南省辖海口市、三亚市、三沙市、儋州市 4 个地级市。2024 年末，海南省常住人口为 1048 万人（《2024 年海南省国民经济和社会发展统计公报》数据）。

【历史沿革】

海南岛古称“珠崖”“儋耳”“琼台”。从考古发现来看，约 1 万年前海南岛就有古人类“三亚人”活动。

据明代《正德琼台志》记载，海南岛在唐虞三代被称为“南服荒徼”（徼：边界），在秦代被称为“越郡外境”，这说明海南岛在当时为祖国辖区荒远的边界。公元前 110 年，西汉在海南岛设珠崖、儋耳两郡，标志着中央政权对海南直接管理的开始。南朝梁武帝时，朝廷批准在海南岛设置崖州。唐代，海南设崖州、儋州、振州、万安州、琼州，海南简称“琼”，源于唐代的琼州。明初设琼州府，辖儋州、崖州、万州 3 州 13 县，并将南海诸岛改归崖州管辖。清代基本沿袭明制。

1950 年 5 月，海南岛解放，设海南行政区公署，并在中、南部少数民族地区成立海南黎族苗族自治州。1988 年 4 月 13 日，撤销广东省海南行政区，设立海南省和海南经济特区。2012 年 6 月，国务院正式批准撤销西沙群岛、南沙群岛、中沙群岛办事处，设立地级市三沙市，政府驻西沙永兴岛。2020 年 6 月 1 日，中共中央、国务院印发了《海南自由贸易港建设总体方案》。

【交通状况】

海南岛是亚洲大陆与澳、非、欧洲大陆之间的交通要道，自古就是海上丝绸之路的途经区域，从唐宋开始成为海上丝绸之路始发地之一。海南有海口美兰、三亚凤凰、琼海博鳌和三沙永兴 4 个机场。海南岛与内地可通过粤海铁路乘火车直达，是世界上唯一有环岛高铁的岛屿。海南岛形成了“四方五港”格局，客运渡轮在琼州海峡穿梭运营；三亚邮轮港成为国内主要邮轮港之一，不仅接待世界主要邮轮，还开通至中国西沙及越南的邮轮航线。海南环岛旅游公路（国家海岸一号风景道）主线规划总里程约 1000 千米，贯穿海口、文昌、琼海、万宁、陵水、三亚等 12 个沿海市县和一个国家级开发区，有机串联沿途 9 个旅游小镇、50 余个旅游景区和度假区。

【自然资源】

海南省是全国最大的“热带宝地”，由于光、热、水等条件优越，农田终年可以种植，不少作物年收获 2~3 次。粮食作物是海南种植业中面积最大、分布最广、产值最高的作物，主要有水稻、旱稻、山兰稻等。海南水果种类繁多，主要有菠萝、荔枝、龙眼、香蕉、杧果、西瓜、波罗蜜、红毛丹等。

【文化艺术】

海南的文学艺术最早表现于记录黎族神话传说的民歌等口头文学形式，如《亚贵和亚贝的故事》《五指山传》等。历代有大批的贬官谪臣到海南，尤其是苏东坡，他被贬海南后敷扬文教，使乡人多受其惠，海南文学艺术得到了发展。从学于苏东坡的姜唐佐、符确分别成为海南历史上第一个举人和第一位进士；再后来，出现在海南历史上的四大才子丘浚、王佐、海瑞、张岳崧，都为海南古代文化发展作出了贡献。海南的神话传说被赋予了强烈的地域色彩、民族特性和时代精神，它们在历史的长河中为“南海明珠”添上了神秘而迷人的色彩，著名的有《鹿回头》《大力神》《黎母神话》《五指山的传说》等。

海南的文化艺术在本地基调上显现出移民区域的多元特色，有黎族歌舞、儋州“调声”、本地琼剧、人偶戏、“哩哩美”渔歌、疍家人咸水歌、民间八音及南洋风情舞蹈等。《三亚千古情》是目前海南三亚景区常年上演的大型全景秀。

受海南历史上的下南洋和华侨回乡及其他原因的影响，海南不同市县建有一批南洋建筑风格的骑楼建筑，其中海口骑楼老街历史人文遗迹丰富，入选“首届十大中国历史文化名街”之一。

【旅游资源】

海南旅游资源主要有海岸带景观，海岛，山岳、热带原始森林，大河、瀑布、水库风光，火山、溶洞、温泉，古迹名胜，等等。“阳光海南，度假天堂”的文旅宣传正逐渐被人们所熟知。

在海南岛长达1910千米的海岸线上，海水清澈，沙白如絮，清洁柔软，一年中多数时间可进行海浴、日光浴、沙浴和风浴。在东海岸线上，特殊的热带沿海滩涂森林景观——红树林和热带特有的海岸地貌景观——珊瑚礁，均具有较高的观赏价值。目前已在海口东寨港、文昌清澜港等地建立红树林保护区。海南颇负盛名的有形如五指的五指山、气势磅礴的鹦哥岭、奇石叠峰的东山岭、瀑布飞泻的太平山等。海南的山岳最具特色的是密布热带原始森林，有乐东尖峰岭、昌江霸王岭、陵水吊罗山和琼中五指山4个热带原始森林区，其中以乐东尖峰岭最为典型。南渡江、昌化江、万泉河等河流是旅游的好去处，尤以万泉河风光闻名全国。历史上的火山喷发，在海南岛留下了许多死火山口，最为典型的是位于海口的石山。海南岛上有不少千姿百态的喀斯特溶洞，其中著名的有三亚的落笔洞、保亭的千龙洞、昌江的皇帝洞等。岛上温泉分布广泛，有兴隆温泉、官塘温泉、南平温泉、蓝洋温泉等，适于发展融观光、疗养、科研等于一体的旅游业。

海南具有历史意义的古迹主要有：为纪念唐宋两代被贬谪到海南岛的李德裕等5位历史名臣而修建的五公祠，北宋大文豪苏东坡居琼遗址——东坡书院，以及为纪念他而修建的苏公祠；清代分巡雷琼兵备道焦映汉所修建的琼台书院；明代名臣丘浚墓，明代大清官海瑞墓；相传受汉武帝派遣率兵入海南的将军马援为拯救兵马而下令开凿的汉马伏波井，以及崖州古城、韦氏祠堂、文昌孔庙；等等。

海南的革命纪念地有中共琼崖一大旧址、琼崖纵队司令部旧址、红色娘子军纪念园、金牛岭烈士陵园、白沙起义纪念馆、陵水县苏维埃政府旧址等，还有宋庆龄祖居及陈列馆、张云逸大将纪念馆等。

海南的旅游核心城市为海口和三亚。海口是重要的旅游集散地，属全球首批“国际湿地城市”，有假日海滩（可体验帆船帆板）、万绿园（热带海滨生态公园）、骑楼—外滩文化街区（南洋风情与美食），常举办演唱会、音乐节、海南国际旅游岛欢乐节等文旅活动。三亚位于海南南端，是热带海滨城市，拥有亚龙湾等优质海湾，适合潜水、冲浪，天涯海角是这里的标志性景点，南山文化旅游区有海上观音圣像，热带水果与海鲜美食极具吸引力。

海南境内现有三亚南山文化旅游区、三亚南山大小洞天旅游区、三亚市天涯海角游览区等7家国家5A级旅游景区；有三亚市亚龙湾旅游度假区、琼海博鳌东屿岛旅游度假区、万宁石梅湾旅游度假区3家国家级旅游度假区。

【民族民俗】

海南省汉族、黎族、苗族、回族是世居民族，黎族是海南岛上最早的居民。世居的黎、苗、回族，大多数聚居在中部、南部的琼中、保亭、白沙、陵水、昌江、乐东等自治县和三亚市、东方市、五指山市；汉族人口主要聚集在东北部、北部和沿海地区。

在海口以琼山府城为主的区域，每年正月十五举行换花节成为迎接新春、交朋结友的特色民俗。此节源于原来的换香习俗，意指香火不断、子孙绵延。在儋州市有中秋歌节，被称为儋州调声的集体对歌形式独特，颇似古代军队操练，气势雄壮。陵水等地的疍家作为汉族中的水上社群，以其独特的水上生活方式、咸水歌等民间艺术方式，显示出其民俗风情的独特。

海南是我国著名侨乡之一，侨乡风情构成海南人文景观的一部分。骑楼建筑兼具南洋风格与中国建筑风格，粗茶细点的“老爸茶”这种独特的交流和休闲方式，也带有国外习俗的色彩。每年中秋，琼海、万宁等海南侨乡怀念海外亲人，以放天灯表达思念，长久以来形成习俗。

【黎族简介】

海南是我国黎族的聚居地。“黎”是他称，是汉民族对黎族的称呼。黎族称汉族为“美”，意即“客”，他们以汉人为客人。过去黎族没有本民族文字，均使用汉字，1957年创制了以拉丁字母为基础的黎文。

黎族饮食以大米为主，山兰稻是黎族特产。把生鱼、肉掺以米饭，加入少许食盐，用罐封存制作而成的肉茶、鱼茶是黎家腌制的特色风味食品。竹筒烧饭是黎族日常生活中独特的野炊方法。

黎族多同姓聚居。传统民居多是简陋的茅草房，在五指山腹地住传统的船形房屋，船形屋以竹木扎架，用茅草覆盖，以藤条或竹做地板，离地半米左右。一般居屋是用竹条或树枝为墙架，外糊以泥土。“隆闺”（黎语）是黎寨中比较独特的一种房屋建筑形式，黎族青年成年后（一般十几岁）就自行或在别人的帮助下，在父母家旁或村边搭建仅几平方米的小房子，即隆闺，供自己居住。隆闺是男女青年谈情说爱的场所，汉语也称“寮房”。

黎族男子穿无领对襟上衣，下穿前后两幅布的吊幨，结鬃缠头。女子穿对襟无扣上衣，下穿无褶筒裙，多绣织花纹，筒裙有长短之分。束发于脑后，插有牛骨、金属、箭猪毛制成的发簪，披绣花头巾，盛装时戴项圈、手镯、脚环、耳环等。有些地方妇女耳环多且重，耳根下垂至肩，俗称“儋耳”。妇女有文面文身的习俗，称之为“雕题”。

黎族妇女的纺织绣早已闻名于世，尤其对于木棉的纺织更是独具匠心，对推动我国棉纺织技术的发展功不可没。至今仍然流传的踞腰织机、白沙润黎的“人龙图”绣和美孚黎“绞缬染”，都是难得的民族文化遗产。元初，我国著名的纺织能手黄道婆就是到海南学习了黎族的纺织技艺才名垂青史的。2009 年，黎族传统纺染织绣技艺被列入《急需保护的非物质文化遗产名录》。2024 年，该项目转入《人类非物质文化遗产代表作名录》。

黎族人的医药知识也很丰富，能够根据不同的病情使用热敷、扇汗、火炙等治疗方法。

黎族的节日与历法有密切关系，“三月三”是自古以来黎族民间悼念祖先、庆贺新生、赞美生活和歌颂英雄的传统佳节。

黎族是一个能歌善舞的民族，竹竿舞已成为海南民族歌舞的符号，鼻箫是黎族富有特色的乐器。黎族的口头文学十分丰富，民间故事和歌谣占有很重要的地位。舞蹈有钱铃双刀舞、打柴舞、舂米舞等，具有浓厚的民族生活气息。

黎族的打柴舞、三月三节、民歌、竹木器乐、船形屋营造技艺、服饰等均已被列入国家级非物质文化遗产代表性项目名录。

【特产美食】

海南特产、美食既有热带海岛气息、乡土风格、民族特色，又体现了国际国内的多样和时尚。海南十大系列旅游商品是海南岛服、椰子食品、海南咖啡、海南特色水果、海南胡椒、海产干货、珍珠饰品、特色茶类、黎苗织锦、海南椰雕。黄花梨木、沉香、加工佛珠和多种南药为海南特有或最好。海南不仅有优质红茶、绿茶、紫茶，还有苦丁茶、香兰茶、水满茶、鹧鸪茶和槟榔果茶等特色茶。

海南美食的特点是新鲜、天然、奇特、丰富。海南的海味山珍以清淡鲜活、原汁原味取胜。海南十大美食为文昌鸡、嘉积鸭、和乐蟹、东山羊、曲口海鲜、临高乳猪、五指山小黄牛、海南粉、椰子饭和系列野菜，其中前四种是海南传统的四大名菜。海南风味小吃主要有海南鸡饭、海南粉、黎家竹筒饭、苗族五色饭、椰丝糯米粑、海南粽、鸡屎藤粑仔。品尝小吃的特色形式是吃“早茶”和“老爸茶”。

【特色产业】

海南省的四大主导产业是旅游业、现代服务业、高新技术产业和热带特色高效农业。种业、深海、航天 3 个“未来产业”快速发展，南繁硅谷种业经营主体收入总额突破 100 亿元；崖州湾科技城聚集海洋产业类企业上千家；文昌国际航天城加快构建以火箭链、卫星链、数据链为核心的产业生态，我国首个商业航天发射场——海南国际商业航天发射中心一号发射工位于 2023 年竣工。发挥自由贸易港政策优势，海南加速推进科技创新和产业创新融合，让创新链和产业链无缝对接。

随堂练

经典图片

第六章 西南地区各省市自治区导游基础知识

【学习目标】

了解重庆市、四川省、贵州省、云南省和西藏自治区的历史、地理、气候、区划、人口、交通、旅游等概况，以及代表性的饮食特点、主要美食和风物特产。熟悉这五个省（自治区、直辖市）列入《世界遗产名录》的中国遗产地，列入《人类非物质文化遗产代表作名录》的中国非遗项目，国家5A级旅游景区和国家级旅游度假区；具有代表性的历史文化和民俗风情。掌握这五个省（自治区、直辖市）的旅游核心城市、国内知名地域文化、民族民间文化及特色产业。

第一节 重庆市

重庆市是中华人民共和国直辖市，是长江上游地区的经济、金融、科创、航运和商贸物流中心，也是西南地区综合交通枢纽和最大的工商业城市及西部大开发重要的战略支点，还是“一带一路”和长江经济带重要联结点及内陆开放高地。重庆是一座独具特色的“山城”“江城”“雾都”，因嘉陵江古称“渝水”，故简称“渝”。重庆也是世界最大的山水城市，中国山地城市典范、中国历史文化名城。

【地理环境】

重庆市位于中国西南部、长江上游地区，东邻湖北省和湖南省，南靠贵州省，西连四川省，北接陕西省。地域面积8.24万平方千米。重庆位于四川盆地的东南边缘，盆地向四周山地的过渡地带的川东平行岭谷。川东平行岭谷是我国东北—西南走向山脉组合最整齐的地区，也是世界上特征最显著的褶皱山地带，与美洲的阿巴拉契亚山、安第斯—落基山并称世界三大褶皱山系。重庆地势南北高、中间低，从南北向河谷倾斜。北有大巴山，东有巫山，东南有武陵山，南有大娄山。重庆域内水系丰富，流经的重要河流有长江、嘉陵江、乌江、涪江、綦江、大宁河等。长江干流自西向东横贯全境，与嘉陵江、乌江等河流交汇。

【气候特征】

重庆市属亚热带季风性湿润气候，冬暖春早，夏热秋凉，四季分明，无霜期长；空气湿润，降水丰沛；太阳辐射弱，日照时间短；多云雾，少霜雪；光温水同季，立体气候显著。重庆以“火炉”著称，具有“巴山夜雨”的气候特色，常年多雾，尤以冬春为甚，素来有“雾都”之称。璧山区的云雾山全年雾日多达204天，堪称“世界之最”。

【区划人口】

重庆市辖渝中区、大渡口区、江北区等26个市辖区，城口县、丰都县、垫江县等8个县，石柱土家族自治县、秀山土家族苗族自治县、酉阳土家族苗族自治县、彭水苗族土家族自治县4个自治县。重庆市是中国人口最多的直辖市。2024年末，重庆市常住人口为3190.47万人（《2024年重庆市国民经济和社会发展统计公报》数据）。

【历史沿革】

重庆古称“江州”，又称“巴郡”“楚州”“渝州”“恭州”，具有3000多年的悠久历史。古巴渝地区是巴渝文化的发祥地，也是中华民族的发祥地之一。铜梁文化遗址表明，距今两三万年的旧石器时代末期，已有人类在该地区生活。公元前11世纪商周时期，巴人以重庆为首府，建立了巴国。后秦灭巴国，分天下为36郡，巴郡为其一。隋文帝开皇元年（581年），因渝水（嘉陵江古称）绕城，改楚州为渝州，重庆始简称“渝”。北宋崇宁元年（1102年），改渝州为恭州。南宋淳熙十六年（1189年），宋光宗先封恭王，后即帝位，自诩“双重喜庆”，升恭州为重庆府，重庆由此得名。

重庆是近代中国最早对外开埠的内陆通商口岸。1891年3月，重庆海关成立，标志着重庆正式开埠、对外开放。抗日战争期间，重庆是世界反法西斯战争远东指挥中心，是中国大后方的政治、经济和文化中心。抗战时期和解放战争初期，以周恩来同志为代表的中共中央南方局在重庆开展统一战线工作，形成的“红岩精神”是我们国家和民族的宝贵精神财富。

中华人民共和国成立初期，重庆是中共中央西南局、西南军政委员会驻地，是西南地区政治、经济、文化中心和中央直辖市。1983年，重庆成为全国第一个经济体制综合改革试点城市，实行计划单列。1997 年 3 月 14 日，经党的第八届全国人大第五次会议审议批准，重庆正式成为中国第四个、西部地区唯一的直辖市。

【交通状况】

重庆是西南地区综合交通枢纽、国家物流枢纽，主城区已形成由轨道、公路、桥梁和水上交通构成的立体交通网络。

重庆是全国性综合铁路枢纽，“米”字形高铁网、“4 环 22 射 60 联线”高速公路网、“一干四支六线”航道网加快形成。重庆至上海、广州、深圳等沿海港口的货运五定班列和“渝新欧”国际货运班列已开通，实现了铁海联运、国际直达。轨道交通规划总体布局为“九线一环”。重庆建成了全世界规模最大的山地城市轨道交通运营网络，还取得多项世界“第一”和全国“第一”。其中轨道 2 号线为国内首条跨座式单轨，3 号线为全球单线运营最长、运输效率最高、客运量最大的跨座式单轨。8D 魔幻立交桥黄桷湾立交桥是我国最复杂的立交桥。重庆有江北国际机场、万州五桥机场、黔江武陵山机场、巫山机场等民用机场。重庆是长江上游乃至中国西部最大的内陆港口城市，也是长江上游航运中心。“一干两支”、通江达海的航道体系基本建成，全国最大的内河港——果园港建成使用。

【自然资源】

重庆有丰富的地下热矿泉水和饮用矿泉水，是第一批“中国温泉之都”之一（另有天津、福州），也是全球首个“世界温泉之都”。重庆不仅是全国生物物种较为丰富的地区之一，还是全国重要的中药材产地之一，在全国产量最大的中药材有黄连、五倍子、金银花、厚朴、黄檗、杜仲、元胡等。

【文化艺术】

重庆文化丰富多彩，其中巴渝文化是长江上游个性鲜明的民族文化之一。巴渝文化起源于巴文化，它是指巴族和巴国在历史的发展中所形成的地域性文化。巴人一直生活在大山大川之间，以勇猛、善战著称。春秋战国时期，巴族的民歌也相当有名。相传巴人的军队参加周武王讨伐商纣王的战争时，就有“武王伐纣，前歌后舞”的说法。作为山歌的巴山调，又称竹枝词，经民众创作和传唱，文人受其影响而纷纷效仿。唐代大诗人刘禹锡就曾仿民歌作《竹枝词》9 首。以饮食文化、袍哥文化、码头文化、移民文化、抗战陪都文化等为代表的巴渝文化地域特色独树一帜。

重庆文化发达，名人辈出。文化名人有南宋高僧道隆、明代爱国女英雄秦良玉、清代教育家李惺、清末书画家竹禅和杨裕勋、清末医学家程琪芝、近代实业家张森楷、辛亥革命先烈张培爵、近代教育家向楚、现当代著名作家巴金。其中，巴金的名作“激流三部曲”《家》《春》《秋》和《寒夜》曾产生广泛影响。近代著名的资产阶级革命宣传家邹容也是重庆人，他的《革命军》一书被章太炎称为“义师先声”。

川江号子是川江船工们为统一动作和节奏，由号工领唱，众船工帮腔、合唱的一种民间歌唱形式，具有传承历史悠久、品类曲目丰富、曲调高亢激越、一领众和等特征。2006 年，川江号子被批准列入第一批国家级非物质文化遗产代表性项目名录。

【旅游资源】

重庆既拥有融山、水、林、泉、瀑、峡、洞等为一体的壮丽自然景色，又拥有融巴渝文化、民族文化、移民文化、三峡文化、陪都文化、都市文化于一体的浓郁文化景观。

重庆是著名的山城，市内风景名胜区多与山有关，如金佛山、缙云山、四面山、仙女山、巫山、南山。峡谷众多，长江三峡是我国最大的国家地质公园，有“天然地质博物馆”的美誉，被《中国国家地理》评选为“中国最美十大峡谷”之一。长江三峡以瞿塘雄、巫峡秀、西陵峡险而驰名。其支流大宁河的“长江小三峡”和“小小三峡”风光别有一番玲珑剔透、群峰竞秀的魅力。小三峡是大宁河下游流经巫山境内的龙门峡、巴雾峡、滴翠峡的总称。小小三峡是大宁河支流——马渡河下游的三撑峡、秦王峡、长滩峡三段峡谷的总称。

武隆景区地处武陵山与大娄山脉交会的褶皱地带，喀斯特地貌十分显著，主要由天生三桥、仙女山、芙蓉洞三部分组成，其中芙蓉洞有国内外发现的最大竖井群。金佛山以独特的“喀斯特桌山”地貌被列入《世界遗产名录》，也是名副其实的“生物基因库”“中华药库”。

重庆市人文旅游资源主要包括历史文化资源、抗战陪都资源、红色旅游资源、古镇民俗资源和宗教文化资源。

历史文化资源主要涵盖古代遗址、三国遗址和名人故居。如“上帝折鞭处”——合川钓鱼城；被联合国教科文组织誉为“保存完好的世界唯一古代水文站”——涪陵白鹤梁；还有白帝城、张飞庙、赵世炎故居、刘伯承元帅故居及纪念馆等名胜古迹。重庆市现存陪都遗址共 200 多处，代表性遗址主要有两类：一是蒋介石、宋美龄等要人的官邸和旧居，二是国共合作抗战在渝留下的纪念地。红色旅游资源，如八路军重庆办事处旧址和歌乐山革命烈士纪念馆，是全国重点文物保护单位、全国爱国主义教育示范基地和全国红色旅游经典景区。

大足石刻是大足区境内石窟寺及石窟造像的总称，是集儒、释、道三造像于一体的大型石窟造像群，也是世界八大石窟之一。大足石刻最初开凿于初唐永徽年间（650—655 年），历经晚唐、五代，盛于两宋，明清时期亦有所增刻，共有 5 万余尊摩崖石刻造像，代表了 9—13 世纪世界石窟艺术的最高水平，是重庆较有国际影响力的文化旅游品牌。

近年来，解放碑、洪崖洞、磁器口、轻轨李子坝站、8D 魔幻立交桥、长江过江索道等成为重庆网红打卡地，吸引了大量旅游者。

重庆有大足石刻、武隆、金佛山、五里坡国家级自然保护区（湖北神农架边界调整项目）4 项世界遗产；有大足石刻景区、巫山小三峡—小小三峡景区、武隆喀斯特旅游区（天生三桥 · 仙女山 · 芙蓉洞）、武陵山大裂谷景区等 12 家国家 5A 级旅游景区；有仙女山旅游度假区、丰都南天湖旅游度假区、石柱黄水旅游度假区 3 家国家级旅游度假区。

【民族民俗】

重庆少数民族中土家族人口最多，其次为苗族。渝东南民族地区一区四县（黔江区和石柱土家族自治县、秀山土家族苗族自治县、酉阳土家族苗族自治县、彭水苗族土家族自治县）是全市少数民族人口聚居区。

土家族、苗族和其他民族交错杂居，长期交往，风俗相染，共同创造了这里独特的民族风情。古朴的吊脚楼、爽口的油茶汤风味独特，赶年、四月八和赶秋等节日气氛热烈。土家族的摆手舞、铜铃舞和苗族的芦笙、木鼓舞、对歌、盘歌等闻名遐迩，土家族刺绣、苗族蜡染堪称一绝。

千百年来，巴渝大地形成了独特的生活方式和社会习俗。除川剧和京剧外，川江号子、乡间吹打、铜梁龙灯、秀山花灯戏、九龙楹联、土家摆手舞和土家族啰儿调也是富有巴渝特色的民俗风情。

【特产美食】

重庆特产门类多，品种丰富。工艺品有大足石雕、大足竹编、三峡石砚、綦江农民版画、梁平“三绝”（梁山灯戏、梁平年画、梁平竹帘）、土家织锦、重庆蜀绣、铜梁龙灯、荣昌折扇、荣昌陶器、北碚剪纸、城口漆艺等。农副土产有奉节脐橙、火锅底料、涪陵榨菜、忠县豆腐乳、永川秀芽等。中药有石柱黄连、天麻、巫山党参、南川杜仲等。

重庆作为川菜中三大流派之一的下河帮流派发源地，川菜美食也是名扬海内外。下河帮川菜俗称江湖菜。江湖菜以川菜、地方菜和私家菜为基础发展变化，最大的特点是以“土”“粗”“杂”见长。其代表作有麻辣火锅（或称毛肚火锅）、酸菜鱼、毛血旺、口水鸡、干菜炖烧系列。重庆风味小吃制作精细，品种繁多，如重庆小面、灯影牛肉、泡椒凤爪、合川桃片、磁器口麻花、江津米花糖、怪味胡豆等。

重庆是“中国火锅之都”，火锅菜品多样，调料独特，吃法豪放，起源于明末清初的重庆嘉陵江朝天门等码头船工纤夫的粗放餐饮方式，原料主要是牛毛肚、猪黄喉、鸭肠等。

涪陵榨菜是选用涪陵特有的青菜头，经独特的加工工艺制成的鲜嫩香脆的风味产品。它与法国酸黄瓜、德国甜酸甘蓝并称“世界三大名腌菜”，也是中国对外出口的三大名菜（榨菜、薇菜、竹笋）之一。其传统制作技艺被列入第二批国家级非物质文化遗产代表性项目名录。

【特色产业】

汽车、电子、装备制造都是重庆的支柱产业。重庆也被誉为“东方底特律”。聚焦“6+3”未来产业细分领域，重庆将优先发展空天信息、生物制造、前沿新材料、氢能核能及新型储能、人工智能、低空经济 6 个高成长未来产业，探索发展脑机接口及脑科学、光子与量子技术、沉浸技术 3 个高潜力未来产业。

第二节　四川省

四川省位于中国西南部，地处长江上游，素有“天府之国”的美誉。四川是中国重要的经济、工业、农业、军事、旅游、文化大省，也是大熊猫的故乡。四川简称“川”或“蜀”，省会成都。

【地理环境】

四川省深处我国西南腹地、长江上游，东连重庆市，南邻滇、黔，西接西藏，北接青、甘、陕三省。全省面积达 48.6 万平方千米，居全国第五位。四川省位于我国地势三大阶梯中的第一级和第二级之间，高低悬殊、西高东低的特点明显。全省大致可分为川西高原山地和四川盆地两大部分。西部为高原、山地，海拔多在 4000 米以上；东部为盆地、丘陵，海拔多为 1000~3000 米。位于甘孜藏族自治州的贡嘎山是四川地理最高点，海拔 7508.9 米，有“蜀山之王”之称。

四川省河流众多，被誉为“千水（河）之省”。除西北的白河、黑河由南向北注入黄河外，其余均属长江水系。天然湖泊主要分布在西部高原山地地区，多数湖泊为冰蚀湖、溶蚀湖、堰塞湖，较大的湖泊有泸沽湖、邛海、马湖和叠溪海子等。贡嘎山冰川是四川最大的冰川群，也是横断山系和青藏高原东部最大的冰川群。

【气候特征】

根据水、热和光照条件的差异，四川省可划分为四川盆地中亚热带湿润气候区、川西南山地亚热带半湿润气候区和川西高山高原高寒气候区三大部分。

四川盆地及周围山地属于亚热带湿润季风气候类型，这种气候总体上体现出冬暖、春早、夏热、秋雨的特点。川西南山地全年气温较高，四季不明显，但干湿季分明。这里云量少，晴天多，日照时间长，四季温暖，适宜开展冬季的避寒康养之旅。甘孜县是四川境内日照最多的地方，有“小太阳城”之称；石渠县有极端最低气温，被称为四川的“寒极”。

【区划人口】

四川全省共辖 21 个地级行政单位，包括 18 个地级市（含副省级城市成都）、3 个自治州。2024 年末，四川省常住人口为 8364 万人（《2024 年四川省国民经济和社会发展统计公报》数据）。

【历史沿革】

考古证明，旧石器时期今四川境内就有人类活动；在距今 5000—4000 年前，成都平原地区是长江上游区域文化的起源中心。

商周时期，四川地区建立了两个国家：一个是在今川西地区，以古蜀族为中心建立的蜀国；另一个是在今川东地区（包括今重庆市），以古巴族为中心建立的巴国。古巴国和古蜀国创造了极为丰富且具有鲜明地方色彩的地域文化——巴蜀文化。相传古蜀国经历了“五个蜀王”——蚕丛、柏灌、鱼凫、杜宇、鳖灵的统治，广汉三星堆遗址可能就是鱼凫王族建立的早期蜀王国的都城。繁荣时期大约是鱼凫和杜宇时期，与中原商、西周时代相当。

三星堆遗址于 1929 年开始发掘，1986 年发现两个祭祀坑，出土了大量精美的黄金器、青铜器、玉器和陶器，如青铜人面具、青铜神树、青铜大立人像、黄金杖、边璋等，多是前所未见的稀世珍品，被张爱萍将军誉为“沉睡数千年，一醒惊天下”。2021 年，国家文物局宣布三星堆新发现 6 个祭祀坑，新出土的黄金面具残片、青铜神树、象牙等文物引起轰动。此外，2001 年，在成都城西发现了与三星堆遗址有明显传承关系的金沙遗址，同样出土了大量的黄金器、玉器、象牙和陶器等文物，其中“太阳神鸟”金饰已成为中国文化遗产的标志。

公元前 316 年，秦灭巴蜀，置巴、蜀二郡，统一了今天的四川和重庆地区。改称“蜀郡”，蜀正式并入秦统治的版图。灭蜀后，蜀郡守李冰主持修建了著名的都江堰水利工程，既减少了岷江水患，又灌溉了成都平原，大大促进了四川经济的发展。宋置川陕路，后分置益州、梓州、利州、夔州四路，总称“四川路”，至此始有“四川”之名。唐宋时四川经济发达，有“扬一益二”之称（扬州与益州）。明末清初长期战乱，四川人口锐减，清政府推行招民垦荒政策，吸引湖广省和江西、福建等省人口大量移民四川，史称“湖广填四川”。抗日战争时期，四川成为大后方，四川人民足食足兵支援前线。中华人民共和国成立后，四川成为“三线建设”的主阵地，为共和国经济、国防建设和社会发展作出了巨大贡献。

【交通状况】

四川省是我国西部的重要交通枢纽。四川省公路以成都为中心，主要的公路干线有川藏公路、川青公路、川陇公路等。

铁路方面，1952 年 7 月，中华人民共和国自行设计施工、完全采用国产材料修建的第一条铁路——成渝铁路建成通车，1956 年 7 月宝成铁路通车；1970 年 7 月成昆铁路竣工运营，基本改写了蜀道难的历史。成都至香港互通直达高铁列车正式开通运营，中欧班列（成渝）开行量保持全国第一位。“四向八廊”战略性综合交通走廊和成渝地区双城经济圈国际性综合交通枢纽集群正在形成。四川已成为线网规模排名全国前列的交通大省。

成昆铁路是四川省南向出川的重要通道，也是国防“三线建设”的代表性工程之一。北起成都，南至昆明，全长 1096 千米，始建于 1958 年，其后多次停工，至 1970 年 7 月才全线竣工。1984 年 12 月 8 日，中国成昆铁路工程、美国阿波罗宇宙飞船登月活动和苏联第一颗人造卫星，共同被联合国评为“象征 20 世纪人类征服自然的三大奇迹”。川藏铁路成都至雅安段、川青铁路成都至松潘段已经建成通车，大大促进了四川藏区的发展，尤其川青铁路成都至松潘段的建成，使黄龙至九寨沟旅游线路融入成都 2 小时经济圈，成都到黄龙景区旅游实现当日往返。

川藏公路 1950 年开建，1954 年底北线建成通车。公路全长 2400 多千米，翻越了 14 座海拔超过 4000 米的高山，对于巩固国防、支援西藏建设意义非常重大。现在的川藏公路风光绮丽，号称“最美 318 线”，其中康定新都桥段更被誉为“摄影家的天堂”。雅西高速是 G5 京昆高速雅安至西昌段，全长 240 千米。公路修建在地质状况特别复杂的横断山脉，跨越了青衣江、大渡河、安宁河等水系和 12 条地震断裂带，是自然环境最恶劣、工程难度最大的山区高速公路之一。雅西高速攻克了一系列技术难题，如首次将钢管混凝土叠合柱结构、高抛免振 C80 高强混凝土技术应用于同类型结构的“世界第一高墩”。由于线路穿行在莽莽群山和层层白云之间，因此雅西高速又被称为“云端上的高速公路”。

航空方面，四川省拥有成都双流国际机场、天府国际机场两个枢纽机场和绵阳南郊机场、九寨黄龙机场等，共 17 个机场。成都双流国际机场是中国第四大国际航空港、世界前四十大繁忙机场之一和中国中西部最繁忙的枢纽机场。稻城亚丁机场海拔 4411 米，是我国海拔最高的民用机场。

【自然资源】

四川有全球最大的 3 座天然气脱硫厂、全国第一大海相气田——达州普光气田。普光气田与广元、南充和巴中元坝气田，内蒙古鄂尔多斯苏里格气田并称为“中国陆地三大气田”。“川气东送”是继“西气东输”工程后又一项天然气远距离管网输送工程。四川地势高低悬殊，可开发的水能资源丰富，为我国第一水电大省。金沙江水能富集程度居全国第一，已建有 20 多座水电站，以下游的向家坝、溪洛渡、白鹤滩和乌东德 4 座世界级水电站最为著名。

四川保存有许多珍稀、古老的动植物种类，是中国乃至世界重要的生物基因宝库。芳香及芳香类植物 300 余种，是全国最大的芳香油产地。野生果类植物 100 余种，其中以猕猴桃资源最为丰富。四川省野生大熊猫种群数量居全国第一位。

【文化艺术】

四川有着深厚的文化底蕴。广汉三星堆遗址的发掘说明早在三四千年前，蜀人就已经在成都平原创造了精美的青铜器文化。汉代文学界的司马相如（有“赋圣”之誉，代表作《子虚赋》《上林赋》等）、扬雄（代表作《甘泉赋》《羽猎赋》《长杨赋》《河东赋》）都是四川人。唐代大诗人中，“诗仙”李白是土生土长的四川人（主流观点）；“诗圣”杜甫在其创作的成熟期和丰收期都寓居在四川。宋代的苏氏三父子，在唐宋八大家中就占了 3 个席位。明代学者杨慎被赞为“明代著述第一人”。清代有张鹏翮、赵熙等文化名人。近现代文坛上，郭沫若、巴金、李劼人、阳翰笙、沙汀、艾芜等都是具有深远影响的文化名人。

四川曲艺起源甚早，在四川东汉墓中出土的各种类型的说唱艺术陶俑，表情诙谐，神态逼真，表明了那个时期曲艺的普及和成熟。川剧也称“川戏”，作为一个独立的地方剧种，产生于清乾隆年间。在川剧的多种声腔中，高腔最能代表川剧的独特风格。川剧表演中最引人注目的独门特技是“变脸”“吐火”“滚灯”等。

【旅游资源】

四川省旅游资源具有数量多、类型全、分布广、品位高的特点。全省旅游构架和旅游品牌可概括为一个中心（以成都为中心）、两大线路（以自然生态为主的北线、以历史人文为主的南线）、三大品牌（九寨沟、大熊猫、三星堆）、四大遗产（九寨沟、黄龙、都江堰—青城山、峨眉山—乐山大佛）、五大旅游区（香格里拉生态旅游区、攀西阳光度假旅游区、嘉陵江流域生态文化旅游区、蜀南竹海石海生态文化附加旅游区和“两湖一山”休闲度假旅游区）。四川是中国大熊猫的主要栖息地，拥有多个对游客开放的大熊猫繁育和保护基地，包括成都大熊猫繁育研究基地，以及中国大熊猫保护研究中心下属的卧龙神树坪、都江堰、雅安碧峰峡基地等。未来，四川将全力打造“锦绣天府·安逸四川”文旅品牌。

四川省的旅游核心城市有成都市、乐山市、阿坝藏族羌族自治州和甘孜藏族自治州等。成都曾被评为中国最佳旅游城市和世界优秀旅游目的地，被联合国教科文组织授予“世界美食之都”称号。乐山古称“嘉州”，素有“天下山水之观在蜀，蜀之胜曰嘉州”的美誉。大渡河、青衣江在乐山大佛脚下汇入岷江。阿坝州形成了“北看九寨黄龙水，南观卧龙四姑娘山，中游峡谷大草原，重走红军长征路，再尝民族人文景观”的旅游大格局。甘孜州的州府所在地康定因一曲《康定情歌》而名扬海内外，被誉为“情歌的故乡”。

四川有峨眉山—乐山大佛（世界文化与自然双重遗产）、青城山—都江堰、黄龙、九寨沟、四川大熊猫栖息地 5 项世界遗产；有成都市青城山·都江堰旅游景区、乐山市峨眉山景区、阿坝藏族羌族自治州九寨沟旅游景区、乐山市乐山大佛景区、成都市天台山景区等 18 家国家 5A 级旅游景区；有邛海旅游度假区、成都天府青城康养休闲旅游度假区、成都西岭雪山—花水湾旅游度假区等 5 家国家级旅游度假区。

【民族民俗】

四川是一个多民族省份，居住着彝、藏、羌、苗、回等少数民族，是全国最大的彝族聚居区，第二大藏族聚居区和全国唯一的羌族聚居区。彝族是四川省人数最多的少数民族，藏族是四川省第二大少数民族。

四川省东部的盆地和川西的高原山地呈现出两种截然不同的民俗文化类型——东部以农耕文化为主的农耕民俗和西部的少数民族民俗。四川东部的民俗文化主要体现在岁时节庆、生养婚丧、民间信仰、民间传说、建筑习俗和独具特色的四川客家习俗等几个方面，如每年正月、二月成都青羊宫的灯会和花会，三月龙泉的桃花会，四月都江堰的清明放水节，仲春之月新都的木兰会、彭州的牡丹会，端午节新津、金堂的龙舟会，初夏郫都的望丛祠赛歌会，九月新都桂花会等。人日（正月初七）游草堂、正月元九（正月初九）登高、广元女儿节、游百病、保保节等则体现出四川节庆浓郁的人文特色。大石崇拜和竹崇拜则是四川民间信仰习俗的集中体现。彝族的火把节、藏族的转山会、羌族的敬天神等都是极具民族色彩的四川西部少数民族传统节庆活动。

羌族原为中国西部的古老民族，东汉时期部分羌族南迁至四川并较好地保留下羌族文化。羌族自称“尔玛”，过去多居住在中高山区，所以又称“云朵上的民族”，主食也以山地作物土豆和玉米为主，喜欢饮用杂粮酿成的“咂酒”。羌族建筑称为碉房，用石片砌成，不绘图、不吊线，也不用柱架支撑，只用黄泥加糯米浆进行黏合，下大上小，坚固耐用。碉房内砌有火塘，火种终年不熄，称为“万年火”。羌族善刺绣，不仅能绣“云云鞋”和各种腰带、围裙，还能用羌绣绘画。羌族喜跳羊皮鼓舞和铠甲舞，用多声部唱歌，尤以善于吹奏羌笛最为著名。羌年是羌族的传统节日，于每年农历十月初一举行庆祝活动。节日期间，羌族民众举寨团聚、祭天祭祖、祈福驱秽、庆祝丰收。2024 年 12 月 5 日，联合国教科文组织保护非物质文化遗产政府间委员会审议并通过我国“羌年”从《急需保护的非物质文化遗产名录》转入《人类非物质文化遗产代表作名录》。

【彝族简介】

彝族主要分布于滇、川、黔、桂四省区，四川省凉山彝族自治州是全国最大的彝族聚居区。彝族有自己的语言和文字，彝语属汉藏语系，有 6 种方言。

彝族的住房大多是木结构，低矮，无窗。房内一般隔成 3 间，中间为堂屋，内用3块石头支成火塘，塘内生火煮饭、取暖，旁铺篾席，为家庭起居活动中心。左边隔一内室，内置木柜等家具。有的还在住房的一端构筑高耸的碉楼，是彝族传统建筑的象征。

彝族主食主要有玉米、荞麦、大麦、小麦等，稻米很少，喜吃坨坨肉、饮转转酒。

彝族服饰各地风格不同，极具民族和地方特色。在凉山地区，男女都穿右斜襟窄袖贴身镶边上衣，男子下着长裤，女子下着长百褶裙。男子头顶留一小块头发，称为“天菩萨”，裹青蓝布头帕，前方扎成“英雄结”。男子以无须为美，左耳戴大耳珠，珠下缀丝线流苏。女子也包黑色的头帕，中、青年女子头覆绣花瓦式方帕，压以发辫，喜戴耳环，在领口别上银排花。

彝族的节日主要有彝族年和火把节等。火把节是彝、白、傈僳、纳西、哈尼、拉祜、基诺等彝语支民族传统节日，流行于省云南省、四川省、贵州省等地。各地节期不一，一般在农历六月二十四前后，节期 3~7 天。

【特产美食】

四川古称“天府之国”，物产丰富、地灵人杰。东晋常璩在其所著《华阳国志》中，把蜀锦、蜀绣作为“蜀中之宝”加以赞扬。四川的银丝工艺、漆器工艺、竹木工艺等也极富地域特色，彝族漆器、羌绣等少数民族手工艺品特色鲜明。

四川是我国中药材生产的主要基地，不少中药是四川独有的，如带有“川”字头的药材川芎、川贝母、川羌活、川黄檗、川牛膝、川附子等。川酒在全国酒类生产和酒文化发展史上可谓源远流长，影响深远。川酒以五粮液、泸州老窖特曲、剑南春、水井坊（全兴大曲）、郎酒和沱牌曲酒“六朵金花”最具代表性。

四川是我国最早饮茶、出现茶叶市场的地区。早在西汉时期雅安人吴理真便在蒙顶山上人工培植茶树，他是中国乃至世界有明确文字记载最早的种茶人，他手植七株仙茶的地方被宋孝宗封为“皇茶园”。四川茶叶的质量和产量在唐以前都居全国首位，并且品种繁多，闻名古今，尤以“扬子江中水，蒙山顶上茶”而广为传颂。四川因为有好茶，相应地，茶馆也多，饮茶风气也盛，泡茶馆成为四川人重要的休闲方式。四川的茶馆不仅能饮茶，还常常有川剧表演。

四川人民创造和发展出独具特色的饮食文化。川菜是中国四大菜系之一，素来享有“一菜一格，百菜百味”的声誉。传统川菜分为上河帮、下河帮与小河帮三大流派。上河帮川菜以川西岷江流域的成都菜、乐山菜为代表，代表性菜品有麻婆豆腐、回锅肉、宫保鸡丁、鱼香肉丝等；下河帮川菜以川东下川江、嘉陵江地区的重庆菜（原属四川）、达州菜为代表，代表性菜品有麻辣火锅、毛血旺、酸菜鱼、口水鸡等；小河帮川菜以川南沱江流域自贡菜、内江菜、泸州菜为代表，又称盐帮菜，代表性菜品有冷吃兔、水煮牛肉、仔姜美蛙、火爆黄喉等。四川小吃种类繁多，著名的有龙抄手、赖汤圆、夫妻肺片、钟水饺、担担面、珍珠圆子、樟茶鸭、川北凉粉、灯影牛肉干等。

【特色产业】

电子信息、装备制造、食品轻纺、能源化工、先进材料、医药健康六大产业既是四川的优势产业，也是四川构建以工业为主擎的现代化产业体系的主体支撑。四川是食品产业大省，规模居全国第三。四川已建成全球第一的钒制品生产基地、全球重要的光伏材料生产基地。

第三节　贵州省

贵州省是我国西南地区的一个内陆省份。贵州山川秀丽，气候宜人，民族众多，资源富集，发展潜力巨大。简称“黔”或“贵”。省会贵阳市。

【地理环境】

贵州省地处中国西南部，东毗湖南省，西连云南省，南接广西壮族自治区，北邻四川省和重庆市。总面积约 17.62 万平方千米。贵州地处云贵高原东斜坡，是一个隆起于四川盆地和广西丘陵之间的亚热带高原山区，地势西部高，向北、东、南三面倾斜，河流顺地势由西部、中部向北、东、南三面分流。全省最高点位于赫章县珠市乡韭菜坪，海拔 2900.6 米。贵州高原山地居多，素有“八山一水一分田”之说，地貌可概括分为高原山地、丘陵和盆地 3 种基本类型，是全国唯一一个没有平原支撑的省份。贵州省代表性的地貌有喀斯特（岩溶）地貌和丹霞地貌。贵州省是世界上喀斯特地貌发育最典型的地区之一。丹霞地貌主要分布在贵州的北部、中部和西部，以北部的赤水最为典型。贵州省的河流分属长江和珠江两大水系，境内最大的河流是乌江。

【气候特征】

贵州属亚热带湿润季风气候区，气候温暖湿润。冬无严寒，夏无酷暑，降水丰富，雨热同季是其主要气候特征。受大气环流及地形等影响，贵州气候呈现多样性，“一山分四季，十里不同天”。贵州的气候宜人，全年都可前往游览。

【区划人口】

贵州省共有 6 个地级市、3 个自治州。2024 年末，贵州省常住人口为 3860 万人（《贵州省 2024 年国民经济和社会发展统计公报》数据）。

【历史沿革】

贵州是古生物的发源地之一，地层中蕴藏着各个时代丰富的古生物化石，被誉为"了解和研究地球生命发展演化史的宝库"。贵州始杯海绵化石的发现，将地球生命起源向前推到了距今 6 亿年前。贵州中华瓣甲鱼等古生物化石的出土，显示了距今 4—1 亿年的生命演化。尤其是胡氏贵州龙、海百合、黔鱼龙生物化石的发现，将贵州推上了世界三叠纪古生物王国的宝座。

贵州是中国古人类的发祥地和中国古文化的发源地之一。距今五六十万年前就有人类在这片土地上栖息繁衍，现已发现黔西观音洞、盘州大洞等旧石器时代的文化遗址 40 多处。观音洞对研究中国旧石器时代的起源和发展具有重要的科学价值，被正式命名为"观音洞文化"。

春秋以前，贵州为荆州西南夷，贵州黔东北地区属于荆楚，其余地区泛称"南蛮"。战国、秦汉时期，夜郎国崛起于中国西南部，贵州成为夜郎的中心。从战国后期到西汉初年，夜郎是西南夷各部中最强大的地方割据政权，公元前 122 年，汉武帝派使臣王然于、吕越人等出使滇国和夜郎，留下了"夜郎自大"的典故。"贵州"名称，始于宋朝。该"贵州"只限于今天贵阳及其周边地区。明永乐十一年（1413 年），设置贵州布政使司，贵州正式建立行省。清代，对贵州的行政区划和行政建置采取了较大的调整措施，四川所属遵义，广西荔波，湖广的平溪、天柱等地划归贵州管辖。1935 年，红军长征途中著名的遵义会议在贵州遵义召开。抗战时期，贵州成为支持全国的大后方，大量机关、工厂、学校内迁，对贵州经济社会的发展起到了促进作用。1949 年 11 月 15 日，中国人民解放军二野五兵团解放贵阳，贵州的历史从此翻开新的一页。

【交通状况】

受地域条件所限，贵州交通发展过程异常艰辛。贵州从 1964 年"县县通公路"到 2015 年"县县通高速"，已基本形成"六横七纵八连线"的高速公路网格局。全省建成公路桥梁 2.1 万座，贵州被称为"世界桥梁博物馆"，其中北盘江大桥是世界第一高桥。赤水河谷旅游公路是全国第一条河谷旅游公路。贵州是西南地区的铁路交通枢纽，1958 年，中华人民共和国成立后贵州的第一条铁路——黔桂铁路通车，其后川黔、贵昆、湘黔铁路相继通车，贵州铁路系统成为国家铁路“八横八纵”交通网络的重要组成部分。贵州建成并投入使用机场11个，形成“一枢十支”（贵阳龙洞堡国际机场＋支线机场）的机场格局。贵州内河航运主要集中在乌江、赤水河和南、北盘江等少数河流上。

【文化艺术】

少数民族文化是贵州文化的亮点，在歌舞、服饰、饮食、建筑、祭祀、工艺等方面，各民族甚至同一民族的不同支系都异彩纷呈，许多少数民族文化享有全国乃至世界的赞誉，如苗族芦笙舞、蜡染技艺、刺绣、银饰品等。贵州还拥有以遵义为核心的红色文化，在第二次国内革命战争时期，红军在贵州进行了艰苦卓绝的斗争，留下了遵义会议等重要革命遗址。

夜郎文化是贵州独特的本土文化。夜郎国是春秋至西汉时期西南民族地区最强大的国家之一，曾被汉武帝赐予王印。《华阳国志》《后汉书》记载的“竹王传说”是夜郎文化的生动反映。“竹王”即夜郎王，目前贵州省内各地的少数民族如仡佬族、苗族、布依族和彝族等少数民族都有奉竹为神灵的传统，贵州境内不少地方建有竹王祠。

贵州历史上文化名人辈出。文学方面，汉代的盛览和尹珍被称为“贵州文坛之祖”。明代贵州诗人大量涌现，根据《黔诗纪略》一书的统计，多达300多人，其中影响较大的有王训、孙应鳌、谢三秀、杨文聪4人。明代思想家王阳明的心学主旨“致良知”就在贵州提出。清代贵州贵阳人周起渭是《康熙字典》的编纂人之一。

戏曲方面，黔剧是贵州的家乡剧。贵州还拥有在少数民族中广泛流传的傩戏、侗剧、布依戏等剧种。傩戏中的巫傩有上千年的历史，如今贵州省彝族中的“撮泰吉”就是其中的重要代表；军傩则主要流行于贵州省安顺市一带，尤其体现在屯堡文化中，起源于军事活动，后期又加入宗教色彩，其舞蹈动作及配乐都有着独一无二的特色。

【旅游资源】

“走遍大地神州，醉美多彩贵州”。贵州以贵阳市为中心，可以分为东南西北4条旅游线路。

东线以铜仁和黔东南州为主，铜仁梵净山是世界上同纬度地区原生态保存最完好的地区之一；黔东南州被誉为“世界上最大的民族博物馆”“人类疲惫心灵的最后家园”。西江千户苗寨是全国最大的苗寨。

南线以有“地球绿宝石”之称的黔南州为主，其旅游特色是原生态的绿色喀斯特、以水族瑶族为代表的民族文化等。主要景区有荔波樟江（拥有大七孔、小七孔、水上森林、拉雅瀑布、龟背山原始森林等诸多景点）、都匀斗篷山、瓮安江界河、平塘景区（世界最大的“天眼”和地质奇观）、龙架山国家森林公园等。

西线以喀斯特精华游、屯堡文化等为主要特色。贵州岩溶地貌发育典型，溶洞资源遍布全省各地，被誉为“喀斯特天然洞穴博物馆”。织金洞规模宏大，被誉为“溶洞之王”。梵净山黔金丝猴为全球独有。黄果树大瀑布是世界上最具代表性的喀斯特地貌的瀑布，瀑布为一个“瀑上瀑”，且瀑布中间山体有一条小道穿过，形成水帘洞。屯堡文化以天龙古镇、云峰八寨为主要代表，其中的建筑、服饰、戏剧等是旅游重要看点。

北线以红色文化、丹霞地貌、国酒文化为特色。这里有世界遗产地赤水丹霞，还有国内最大的酒文化博物馆——中国酒文化城。有闪耀历史光芒的遵义会议纪念馆，还有“四渡赤水”的旧址。遵义会议会址、黎平会议会址、红军四渡赤水战役旧址等 11 处红色景区被列入《全国红色旅游经典景区名录》。

位于贵州黔南布依族苗族自治州境内的 500 米口径球面射电望远镜（简称 FAST）被誉为“中国天眼”，入选第一批全国中小学生研学实践教育基地。2024 年，“村 BA”、路边音乐会、黔灵山“小老费”吸引了大量人群关注，贵州旅游市场不断出现新爆款，民俗游、文化游、户外体验等新兴玩法多点开花。

贵州省的旅游核心城市有贵阳市、安顺市、黔东南苗族侗族自治州等。贵阳市围绕“爽身、爽心、爽眼、爽口、爽购、爽游”推进文商教体旅深度融合，获评中国十大“大美之城”“中国十大旅游目的地必去城市”。安顺市素有“中国瀑乡”“屯堡文化之乡”“蜡染之乡”的美誉，是喀斯特地貌发育最成熟、最典型、最集中的地带。黔东南州享有“歌舞之州”“森林之州”“神奇之州”“百节之乡”“民间文化艺术之乡”“苗族侗族文化遗产保留核心地”等美誉。

贵州省拥有世界遗产 4 项 5 处，其中世界自然遗产 3 项 4 处：荔波（中国南方喀斯特第一期）、施秉（中国南方喀斯特第二期）、赤水丹霞（中国丹霞）、梵净山；世界文化遗产 1 项：遵义海龙屯遗址（土司遗址）。贵州省有安顺市黄果树瀑布景区、安顺市龙宫景区、毕节市百里杜鹃景区等 10 家国家 5A 级旅游景区；有遵义市赤水河谷旅游度假区、六盘水市野玉海山地旅游度假区 2 家国家级旅游度假区。

【民族民俗】

贵州是一个多民族共居的省份，有苗族、布依族、侗族等 17 个世居少数民族。少数民族人口仅次于广西和云南，居全国第三位，苗族、布依族、侗族、仡佬族、水族等少数民族在贵州分布较集中。

贵州民俗风情多样，成为独具特色的文化旅游资源。

少数民族舞蹈多热情奔放，动作以旋转、踩踏等为主；表演形式多为集体舞。舞蹈内容或与生产劳动有关，或与祭祀祖先、天地有关，或与祈求家人健康平安有关。少数民族歌曲以苗族飞歌、侗族大歌（《人类非物质文化遗产代表作名录》项目）最具代表性，特点是激昂、欢快。独唱和合唱各有特色。

服饰上，少数民族服饰颜色以红、蓝、黑为主。传统的少数民族服饰有着浓厚的民族图腾和历史痕迹，服饰上的花纹、图案、色彩有特殊的含义。

建筑上，建筑基本遵循依山而建、就地取材的原则，多以石头、木头为主要材料。代表建筑有苗族吊脚楼、侗族鼓楼和风雨桥、布依族石板房、土家族楼上楼、彝族土掌房等。

婚丧嫁娶上，少数民族风格各异，秉承着自己的习俗，如苗族的游方、侗族的行歌坐月、土家族的哭嫁、瑶族的凿壁谈婚等。

贵州少数民族节日种类繁多、内容丰富，著名的有苗族四月八、龙船节、芦笙节；侗族歌酒节；布依族查白歌节；彝族火把节；水族端节、卯节；土家族和仡佬族的吃新节及流行于贵阳、安顺的“射背牌”；等等。

【苗族简介】

苗族在黔东南和湘鄂渝黔的交界地带有较大的聚居区。

苗族的经济生活以农业为主，此外，还经营畜牧业、纺织业及喂猪、养鱼等家庭副业。黔东南、黔南、湘西、广西大苗山及湖北、海南岛等地苗族大多以大米为主食，玉米、红薯、小麦为辅；滇东北、黔西北、川南等地苗族以玉米、荞麦和土豆为主食。苗族喜食酸腊味，酸菜、酸汤、酸辣子长年不断；酸猪肉、酸鸡、酸鸭子味道鲜美。苗族也喜吃糯食，每逢节日或重大活动，都要舂糯米粑粑，蒸糯米饭。

苗族一般都在依山傍水处建寨，聚族而居。住房一般为木质平房或楼房，楼房多为吊脚楼。平房大部分为三间，中为堂屋，供接待客人和吃饭之用，两边分别作卧室和厨房。

苗族服饰式样繁多、色彩艳丽。苗族妇女的“盛装”银饰堪称中华民族服装之最。黔东南是我国和世界上苗族服饰种类最多、保存最好的区域，被称为“苗族服饰博物馆”。

苗族文化遗产较为丰富，苗族的挑花、刺绣、织锦、蜡染、银饰制作等工艺瑰丽多彩。

苗族青年男女恋爱婚姻比较自由，通过“游方”“跳月”等社交活动，自由对歌，恋爱成婚。

苗族的节日很多，主要有赶秋坡、苗年、尝新节、芦笙节、爬坡节、四月八等。芦笙节是苗族民间传统节日，节日里苗族人民聚集在广场跳芦笙舞，因此得名。芦笙舞是流传最广的民间舞蹈，芦笙是最具代表性的苗族乐器。

【特产美食】

贵州的特产丰富多样，以白酒为代表的酒业全国领先，“国酒”茅台具有“色清透明、酱香突出、醇香馥郁、幽雅细腻、入口柔绵、清洌甘爽、回味悠长、空杯留香”的特点，是我国酱香型白酒的典范。其他代表性白酒有青酒、习酒、珍酒等；果酒有富含维生素的刺梨酒等；药酒有枸杞酒、天麻酒、杜仲酒、蛇胆酒等；还有各少数民族自己酿造的米酒等。

贵州气候资源优势明显，好山好水好气候孕育出好茶。名茶以绿茶为主，境内东南西北范围都有茶园。北有遵义湄潭湄江茶，南有黔南都匀毛尖茶，东有铜仁梵净山茶和黔东南雷山一带的各种茶。都匀毛尖为中国十大名茶之一，1915 年在巴拿马国际赛会上获得优胜奖。此外，还有很多对人体有益的再加工茶，如富硒茶等。

贵州盛产药材，素有“夜郎无闲草，黔地多良药”的美名，是全国四大中药材产区之一。贵州的天麻、石斛、杜仲等都是传统特产，遵义被称为“中国杜仲之乡”。

贵州具有代表性的工艺品有蜡染刺绣制品、银饰品、大方漆器、玉屏箫笛、思砚、牙舟陶器、地戏面具、石雕等。贵州的安顺蜡染已有 2000 多年历史。

贵州菜系属于黔菜，具有辣醇、香浓、酸鲜、味厚的特点。代表性的菜肴有糟辣脆皮鱼、泡椒板筋、辣子鸡、酸汤鱼、青岩状元蹄、炝锅鱼、折耳根炒腊肉等。代表性的小吃有丝娃娃、肠旺面、牛肉粉、豆花面、红油米豆腐、羊肉粉、水城烙锅等。

【特色产业】

依托现代山地特色高效农业资源，贵州强龙头、补链条、兴业态、树品牌，围绕茶叶、刺梨、辣椒、夏秋蔬菜、中药材种植和生态畜禽养殖等优势产业，大力发展林业产业和林下经济，因地制宜做好“土特产”文章。贵州的能源产业优势明显，是西电东送的重要地区。依托得天独厚的矿产资源优势，全省已经初步形成了以新能源电池材料、磷及磷化工、煤及煤化工、铝及铝加工、锰及锰加工等为主体的资源型产业基础。

第四节　云南省

云南是一块神奇而又美丽的红土地，各族人民勤劳勇敢、自强不息、能歌善舞、朴实热情，共同创造出无数特色鲜明、丰富多彩的民族文化。云南，一种说法是“彩云之南”；另一说法是因其位于“云岭之南”而得名。云南简称“滇”或“云”，省会昆明市。

【地理环境】

云南省地处中国西南边陲，北回归线横贯本省南部，东部与贵州省、广西壮族自治区为邻，北部同四川省相连，西北部紧依西藏自治区，西部同缅甸接壤，南部和老挝、越南毗连。云南是全国边境线较长的省份之一，有 8 个州（市）的 25 个边境县分别与缅甸、老挝和越南交界。云南总面积 39.41 万平方千米。

云南省是一个高原山区省份，属青藏高原南延部分。全省整个地势从西北向东南倾斜，江河顺着地势，呈扇形分别向东、东南、南流去。全省海拔相差很大，最高点为滇藏交界的德钦县怒山山脉梅里雪山主峰卡瓦格博峰，海拔 6740 米，是云南最高山峰。

云南省河川纵横，湖泊众多。分属独龙江（伊洛瓦底江）、怒江（萨尔温江）、澜沧江（湄公河）、金沙江（长江）、元江（红河）、南盘江（珠江）六大水系。湖泊中数滇池面积最大，洱海次之；抚仙湖深度全省第一，泸沽湖次之。

【气候特征】

云南基本属于亚热带高原季风型气候，立体气候特点显著，类型众多、年温差小、日温差大、干湿季节分明、气温随地势高低垂直变化异常明显，“一山分四季，十里不同天”的立体气候特点显著。在一个省区内，同时具有寒、温、热（包括亚热带）三带气候。

【区划人口】

云南全省辖8个地级市、8个自治州，129个县级行政区划单位。2024年末，云南省常住人口为4655万人（《云南省2024年国民经济和社会发展统计公报》数据）。

【历史沿革】

云南是人类重要的发源地之一，1965年在元谋发现的“元谋人”化石，说明距今170万年以前古人类就生息在此，各种史前文化、青铜器文化十分精彩。夏、商时期，云南属中国九州之一的梁州。公元前3世纪（战国后期），楚国将军庄蹻率兵入滇，建立滇王国。公元前221年以后，秦开五尺道，在云南设郡置吏。唐宋时期，曾建立过南诏国、大理国等地方政权。1276年，元朝在云南设立云南行中书省，至此“云南”正式成为省一级区划名称，行政治所也从大理迁到今昆明市，并一直相沿至今。1382年，明朝在云南设承宣布政使司、提刑按察使司、都指挥使司，管辖全省府、州、县。清朝沿袭明朝制度，在云南设承宣布政使司。抗日战争爆发后，云南成为全国大后方。1938年，由北京大学、清华大学、南开大学组成的西南联合大学搬迁至云南，随着第二次世界大战全面爆发，英军放弃缅甸战场，云南成为中国抗击日军最前线。滇西抗战纪念馆和国殇墓园是第一批国家抗战设施、遗址。1950年2月24日，云南解放，从此翻开了崭新的历史篇章。

【交通状况】

云南是中国通往东南亚、南亚的窗口和门户，地处中国与东南亚、南亚三大区域的接合部，拥有27个口岸，其中，一类口岸21个、二类口岸6个。历史上著名的“史迪威公路”和“驼峰航线”经过云南境内。云南公路、铁路、航空和水运网络日趋完善，初步形成通往东南亚、南亚、东亚国家的3条便捷的国际大通道：一是西路通道，沿滇缅（昆畹）公路、中印（史迪威）公路和昆明至大理的铁路西进，直达仰光。二是中路通道，由澜沧江—湄公河航运昆明至打洛公路、昆明至曼谷公路和西双版纳机场构成，通往缅甸、老挝、泰国并延伸至马来西亚和新加坡。三是东路通道，以现有的滇越铁路（中国西南地区的第一条铁路）、昆河公路及待开发的红河水运为基础，通往越南。2021年12月3日，中老昆万铁路全线通车运营，它是连接中国云南省昆明市与老挝万象市的国际铁路通道，是推进中国与周边国家互联互通的重要基础设施。

抗日战争时期，云南军民用 9 个月时间抢修完成全长 959.4 千米的滇缅公路，创造了近代中国公路建筑史奇迹，滇缅公路一度成为当时国内唯一通往国外的战略运输通道。

云南已形成以昆明为中心、与内地各条铁路相连的铁路运输格局。云南省全省范围内已经建成并通航的民用运输机场共有 15 个，包括昆明长水国际机场、西双版纳嘎洒国际机场、腾冲驼峰机场等，形成了以昆明为中心、航线辐射全国大中城市及东亚、东南亚、南亚国家的航空运输网。

云南的水运主要是在有“东方多瑙河”之称的澜沧江—湄公河和金沙江—长江两大水系上。云南省目前主要的港口有水富港、绥江港、景洪港和思茅港。

【自然资源】

红壤是云南分布最广、最重要的土壤资源，故云南有“红土高原”“红土地”之称。云南被誉为“有色金属王国”，个旧市有“世界锡都”之称。药用植物、香料植物、观赏植物等品种在全省范围内均有分布，故云南还有“药物宝库”“香料之乡”“天然花园”之称。

【文化艺术】

云南悠久的历史积淀了丰厚的历史文化资源。除元谋人外，云南省还有昭通人、西畴人、丽江人、呈贡龙潭山人等旧石器时代遗址遗存，还在 30 多个地点发现了新石器时代文化遗址遗存。存在于春秋至三国时期的古滇文化，魏晋到唐中叶的爨文化，宋中叶至元初的南诏大理文化，元明清以来以汉文化为主体的各民族文化，构成了云南 2000 多年文明史的纵向脉络。春秋战国至两汉时期出现的古滇青铜文明，在中国乃至世界青铜文化史上占有十分重要的位置。禄丰古老的恐龙文化及腊玛古猿文化，在全国甚至全世界都具有唯一性和排他性。还有以大理崇圣寺三塔、剑川石宝山石窟、昆明古幢、东西寺塔等为表征的南诏大理文化，以及由发生在云南近现代史上的许多重大历史事件构成的近现代文化，具体事件如护国运动、红军长征、滇西抗战、“驼峰航线”“一二・一”运动及西南联大在昆明的组建等。

沧源崖画是我国古老的崖画，产生于 3000 年前的新石器时代晚期。崖画粗犷古朴，是研究南方古代民族历史的重要资料。白沙壁画融汉、藏、纳西文化于一体，展示了藏传佛教和儒、道等生活故事。

云南历史上名人辈出，明朝著名航海家、外交家郑和是云南昆阳州（今昆明市晋宁区）人，他七下西洋，完成了人类历史上伟大的壮举。云南籍音乐家聂耳是中华人民共和国国歌《义勇军进行曲》的作曲者。孙髯翁为昆明滇池大观楼题天下第一长联，被后人尊称为“联圣”。

云南多民族的共生共存孕育了绚丽多彩的民族文化资源，构成了云南特有的“十里不同俗，百里不同音”。云南拥有国家级非物质文化遗产代表性项目145 项。纳西族东巴古籍被联合国教科文组织列入《世界记忆名录》。纳西古乐由“洞经音乐”“皇经音乐”（现已流失），以及丽江本土音乐“白沙细乐”组成，既是云南省最为古老的乐曲，也是世界最古老的乐曲之一，被誉为“音乐化石”。

【旅游资源】

“七彩云南，旅游天堂”。云南省经过多年发展，初步形成了六大旅游区域：以生态旅游、民族风情旅游、乡村旅游为主的滇中“大昆明国际旅游区”；滇西北“香格里拉生态旅游区”，包括下关风、上关花、苍山雪、洱海月的大理“风花雪月”，以及蝴蝶泉、崇圣寺，香格里拉的普达措国家公园、松赞林寺，怒江神秘莫测的大峡谷；以热带雨林、民族风情、边境旅游为主的滇西南“澜沧江—湄公河国际旅游区”；包括腾冲在内的滇西“火山热海边境旅游区”；以元阳梯田、普者黑等景观为主的滇东南“喀斯特山水文化旅游区”；以东川红土地、历史遗址为主的滇东北“红土高原旅游区”。

迪庆香格里拉是一片人间少有的完美保留自然生态和民族传统文化的净土，素有“高山大花园”“动植物王国”的美称，是一个以藏族为主体、文化多元、资源丰富的“神仙居住的地方”。茶马古道源于古代西南边疆的茶马互市，兴于唐宋，盛于明清，是中国西南民族经济文化交流的走廊。滇藏茶马古道南起云南茶叶主产区普洱，中间经过今天的大理、丽江、香格里拉进入西藏，直达拉萨，有的还从西藏转口印度、尼泊尔，是古代中国与南亚地区一条重要的贸易通道。

禄丰是云南省古生物、彝族文化的重要展示基地，被誉为“恐龙之乡”。禄丰恐龙国家地质公园以恐龙、腊玛古猿化石享誉海内外，多方面展示了中生代以来地质作用、生物演化和人类进化历史。

近年来，全省积极打造新型文娱消费场景，支持在文博场馆、景区、街区等打造沉浸式体验空间；旅游演艺产业相对发达，相继推出了《云南映像》《纳西古乐》《丽江千古情》等一批知名度较高的演艺品牌。

云南省的旅游核心城市有昆明市、大理白族自治州、丽江市、西双版纳傣族自治州等。昆明市是全国唯一一座有“边境线”的省会城市，是著名春城，“春城绿”“昆明蓝”“四季花”成为昆明最亮丽的名片。大理白族自治州是我国唯一的白族自治州，有洱海、银都水乡、大理古城等知名景点。丽江市是全国唯一同时拥有 3 项世界遗产的地级市。西双版纳傣族自治州是我国热带生态系统保存最完整的地区，先后荣获“中国最具国际影响力旅游目的地”“全球 12 个最热的旅游目的地之一”等称号。

云南省有世界遗产项目 6 项：丽江古城、三江并流、中国南方喀斯特（石林风景区）、澄江帽天山化石群、红河哈尼梯田和普洱景迈山古茶林文化景观；国家 5A 级旅游景区 10 家：石林风景区、玉龙雪山景区、丽江古城景区等；有国家级旅游度假区 5 家：阳宗海旅游度假区、西双版纳旅游度假区、玉溪抚仙湖旅游度假区、大理古城旅游度假区、德宏芒市孔雀湖旅游度假区。

【民族民俗】

云南是我国世居少数民族种类最多的省份。除汉族外，人口在百万以上的少数民族有彝族、哈尼族、白族、傣族、苗族、壮族 6 个。哈尼族、白族、傣族、纳西族、独龙族等民族主要在云南聚居。

云南少数民族民居建筑各具特色，各式各样。有傣、壮、景颇、德昂、拉祜、哈尼等民族的干栏式建筑；彝、哈尼等民族的土掌房；白族、纳西族的“三坊一照壁”；普米族、纳西族的井干式建筑等。云南少数民族的服饰绚丽多彩，各具特色。各民族的服饰与所分布地区的自然地理气候密切相连，大致可分为 3 种类型：一是炎热地区轻薄短紧型；二是轻便型；三是宽大厚重型。此外，云南少数民族服装还带有浓郁的民族信仰色彩，如彝族崇拜虎，其服饰上就有各种虎图案，还有虎头帽、虎头鞋等。云南民族节日丰富多彩，较著名的节日有彝族的火把节、白族的三月街、傣族的泼水节、纳西族的三朵节、景颇族的目瑙纵歌、傈僳族的刀杆节等。

【白族简介】

白族在历法、天文、气象、医学、建筑、雕刻、绘画、史学和文学艺术诸方面均有相当辉煌的创造和成就，大理古城、石钟山石窟具有鲜明的白族民族特点。白族平坝区住房多为瓦房，布局一般多为“一正两耳”“三坊一照壁”“四合五天井”。山区多为上楼下厩的茅草房；高寒地区则是单间或两间相连的“垛木房”，用横木垛成。白族主食稻米和小麦；山区则以玉米、荞麦、土豆等为主粮。洱海的鲤鱼、弓鱼、鲫鱼是人们喜食的菜肴。“一苦、二甜、三回味”的“三道茶”不仅是白族同胞待客的佳茗，它还蕴含了丰富的人生哲理。白族崇尚白色，姑娘的头饰上显示着“风花雪月”，垂下的穗子象征下关风，艳丽的花饰象征上关花，顶上的白色代表苍山雪，弯弯的造型代表洱海月。白族节日有三月街、绕三灵、耍海节、春节等。三月街，又称“观音街”“观音市”，是白族人民的盛大街期和传统盛会。

【傣族简介】

傣族在云南主要聚居在西双版纳傣族自治州、德宏傣族景颇族自治州，以及耿马和孟连两个自治县。傣族以种植水稻为主，有比较完整的耕作体系。傣族的饮食以大米为主食，德宏吃粳米，西双版纳等地爱食糯米。喜酸味及烘烤水产食品，嗜酒，喜嚼槟榔。傣族有自己的历法和文献，民间文艺活动丰富多彩，著名的孔雀舞和“赞哈”（歌手）演唱的民间叙事长诗和民歌，为傣族人民所喜闻乐见。象脚鼓舞是一种在傣族民间流传最广的男子舞蹈。干栏式建筑是傣族住房的特点，住宅建筑以西双版纳最具特色，每户一座竹楼，竹篱环绕、自成院落。傣族的节日主要有泼水节、关门节和开门节。泼水节是傣族人民辞旧迎新的传统节日，又称“浴佛节”，时间在傣历六月下旬或七月初（公历 4 月中旬），为期 3~5 天。节日期间的主要活动是浴佛、堆沙、泼水、丢包、赛龙舟、放高升及歌舞狂欢等。关门节时间在傣历九月十五（公历 7 月中旬）。开门节时间在傣历十二月十五（公历 10 月中旬）。从关门节到开门节的 3 个月内是“关门”的时间，为一年中宗教活动最频繁的时期。

【纳西族简介】

纳西族主要聚居在丽江市及滇川间的泸沽湖畔。纳西族有祭司东巴用来书写经书的两种文字。一种是图画象形文字“东巴文”，绝大多数的东巴经用这种文字写成；另一种文字称“哥巴”，它是一种表词的音节文字。东巴教、东巴文学艺术和反映古代纳西族社会生活的百科全书《东巴经》形成了纳西族独具特色的东巴文化。纳西族的灿烂民族文化遗存有世界文化遗产丽江古城（大研镇）、《创世纪》等三部史诗、东巴音乐、东巴舞蹈、东巴画、丽江古乐和丽江壁画等。

纳西族以玉米、大米和小麦为主食；在宁蒗地区纳西人喜食青稞，喜喝酒、饮浓茶，吃酸、辣、甜味食品；丽江的火腿粑粑、宁蒗的琵琶猪和泸沽湖的酸鱼、鱼干是纳西族的特色食品。

丽江坝区纳西族的房屋多系土木瓦结构，普遍采用“三坊一照壁”的形式，正房较高，偏房略低；山区民居多系木楞房，上盖石片。丽江纳西族妇女劳动或出门披黑羊皮七星披肩。披肩过去在肩部缀有 2 个大圆布圈代表日、月，背上并排缀着 7 个小圆布圈，垂穗 7 对，用丝线绣成各种图案，俗称“披星戴月”，象征着辛勤劳动。居住在泸沽湖畔的纳西族的一个支系摩梭人，至今仍保留着母系家庭的形式和“阿夏”走婚制。摩梭人的“阿注”婚姻被民族学家喻为“人类社会家庭婚姻发展史的活化石”。

纳西族有跟汉族大体相同的春节、清明、端阳、中秋等节日，但是节日活动内容不尽相同；也有与彝族、白族相似的火把节；更有本民族独特的传统节日，如三朵节等。三朵是纳西族千百年来笃信的保护神，每年农历二月初八，各地纳西族都到丽江三朵阁（俗称“北岳庙”）和各地三朵阁举行隆重祭拜活动，并进行各种文娱活动。

【特产美食】

云南名特产数不胜数，其中尤以中药材、烟叶、珠宝最为有名。特产主要有三七、天麻、虫草、丽江人参、松茸、雪莲花、藏红花、云南白药、活血圣药血竭、茶叶、小粒咖啡、大理石工艺品、腾冲玉器、剑川木雕、建水紫陶、永昌云子等。

云南菜以擅长烹制山珍、淡水鱼鲜和蔬菜见长，菜品具有鲜嫩回甜、酸辣微麻、重油味厚的特点，适合云南多民族人民的口味，自成一格。云南名菜有汽锅鸡、砂锅鱼、香茅草烤鸡、腾冲大救驾、酸笋煮鱼等。云南风味小吃有过桥米线、石屏豆腐、弥渡卷蹄、吹肝、野生菌、云腿豆焖饭、宣威火腿、烧饵块、丽江粑粑、巍山粑肉饵丝等。

【特色产业】

云南着力构建以绿色能源、有色金属、烟草、生物医药、装备制造、先进制造、绿色铝、硅光伏、新材料、新能源电池 10 个重点产业为主的云南特色现代产业体系。目前已形成全球第一且最完整的锡、铟产业链，全国第一且最完整的贵金属产业链；拥有国内稀贵金属材料最全的产品门类体系、全球最大的锗系列产品生产和供应商；将打造成为“中国绿色铝谷”“光伏之都”“中国新能源电池产业重要基地”。特色、绿色、高品质是云南农业的鲜明标签。云南是全球最大的鲜花产区，花卉产业全国领先。昆明花拍中心是亚洲第一、世界第二大鲜切花拍卖市场。旅游是云南的金字招牌，云南正因地制宜地发展乡村旅游、康养旅游、跨境旅游、体育旅游、研学旅游等业态。

第五节　西藏自治区

西藏自治区位于中华人民共和国西南边陲，是中国西南边陲的重要门户。自古以来，这片土地上的人们创造了丰富灿烂的民族文化。西藏自治区简称“藏”，自治区首府驻地为拉萨。

【地理环境】

西藏自治区北面与新疆维吾尔自治区、青海省相邻，东面和东南面同四川省、云南省接壤，南部和西部与缅甸、印度、不丹、尼泊尔等国毗连，总面积 120.28 万平方千米，仅次于新疆维吾尔自治区。西藏位于青藏高原的主体区域。青藏高原是世界上隆起最晚、面积最大、海拔最高的高原，因而被称为“世界屋脊”。西藏总的地势由西北向东南倾斜，地形复杂多样。地貌大致可分为喜马拉雅山区、藏南谷地、藏北高原和藏东高山峡谷区。喜马拉雅山区位于藏南，平均海拔 6000 米，位于中尼边境、地处西藏定日县境内的珠穆朗玛峰海拔 8848.86 米，是世界最高峰。藏南谷地位于冈底斯山脉和喜马拉雅山脉之间，是西藏主要的农业区。藏北高原位于昆仑山、唐古拉山和冈底斯山、念青唐古拉山之间，是西藏主要的牧业区。藏东高山峡谷区即著名的横断山地，其间有怒江、澜沧江和金沙江三条大江，构成了峡谷区三江并流的壮丽景观。

西藏是中国河流数量较多的省区之一，著名河流有金沙江、怒江、澜沧江和雅鲁藏布江。雅鲁藏布江为西藏第一大河，也是世界上海拔最高的大河。雅鲁藏布大峡谷最深处达 6009 米，是地球上最深的峡谷。西藏还是国际河流分布最多的中国省区，亚洲著名的恒河、印度河、布拉马普特拉河、湄公河等河流的上源都在这里。西藏也是中国湖泊最多的地区，著名的湖泊有纳木错、玛旁雍错、羊卓雍错、班公湖、巴松错等。纳木错、玛旁雍错、羊卓雍错并称为西藏的三大“圣湖”。

【气候特征】

西藏气候复杂多样，太阳辐射强，日照时间长；气温较低，温差大；干湿分明，多夜雨；冬春干燥，多大风；空气稀薄，气压低，氧气含量较少。自东南向西北依次为热带、亚热带、高原温带、高原亚寒带、高原寒带等气候类型。

【区划人口】

西藏自治区下辖 6 个地级市、1 个地区。2024 年末，西藏自治区常住人口为 370 万人(《2024 年西藏自治区国民经济和社会发展统计公报》数据)。

【历史沿革】

西藏自古以来就是中国不可分割的一部分。公元 7 世纪初，松赞干布统一了西藏高原，建立了吐蕃王朝，与唐朝建立了密切的关系。1271 年，蒙古大汗忽必烈定国号为元，乌思藏、朵甘等地成为大元的一部分，西藏成为中央政府直接治理下的一个行政区域。明朝在行政区划与军政机构设置上基本承袭了元朝的划置方式，设立乌思藏、朵甘两个卫指挥使司和俄力思军民元帅府。后来，又将乌思藏、朵甘两个卫指挥使司升格为行都指挥使司。1652 年，藏传佛教格鲁派五世达赖喇嘛应召到北京觐见清世祖顺治皇帝，次年受到清朝正式册封；1713 年，五世班禅又受到康熙皇帝的册封。达赖喇嘛和班禅额尔德尼的封号和他们在西藏的政治宗教地位由此被正式确立。1727 年，雍正皇帝正式设立驻藏大臣处理西藏事务。乾隆皇帝时形成了以“金瓶掣签”认定活佛转世灵童的制度，并以国家法律的形式确定下来。

1912 年建立中华民国,《中华民国临时约法》中明文规定西藏是中华民国 22 行省之一。

1951 年 5 月 23 日，中央人民政府与西藏地方政府签订《中央人民政府和西藏地方政府关于和平解放西藏办法的协议》，西藏和平解放。1956 年，西藏自治区筹备委员会成立。1965 年，西藏自治区正式成立。

【交通状况】

1954 年，青藏公路、川藏公路修通，西藏才第一次出现了现代意义上的公路汽车运输。青藏公路、新藏公路、川藏公路、滇藏公路、中尼公路是西藏通往区外和国外的 5 条主要干线。318 国道的四川—西藏段是这条景观大道中最美、最精彩的一段，沿途风景千变万化，行走其间可以体验“隔山不同天，一天有四季”之感。它被《中国国家地理》杂志评为“中国人的景观大道”。

铁路主要包括青藏铁路、拉日铁路和拉林铁路。青藏铁路起于青海省西宁市，终点为西藏自治区拉萨市，全长 1956 千米，2006 年 7 月 1 日全线通车，结束了西藏没有铁路的历史。青藏铁路是世界上海拔最高、在冻土上路程最长的高原铁路，被誉为“天路”，是中国 21 世纪四大工程之一，2013 年 9 月入选“全球百年工程”，是世界铁路建设史上的一座丰碑。拉日铁路是一条连接拉萨与日喀则的铁路，于 2014 年 8 月 16 日竣工运营，为青藏铁路的延伸线。此外，还有川藏铁路、滇藏铁路、新藏铁路、中尼铁路 4 条在建或拟建的进藏铁路。拉林铁路于 2021 年 6 月 25 日开通运营，是一条连接拉萨与林芝的铁路，也是川藏铁路的重要组成部分。

西藏航空业发展较快。自治区内已开通航班的机场有拉萨贡嘎机场、昌都邦达机场、林芝米林机场、阿里昆莎机场、日喀则和平机场。

【文化艺术】

在西藏文化艺术的历史发展过程中，藏族建筑艺术和雕塑、绘画、装饰、工艺美术等造型艺术及音乐、舞蹈、戏剧、语言文字、书面文学、民间文学、藏医藏药、天文历算均达到了很高的水平。

14 世纪编写的藏文《大藏经》，分为《甘珠尔》《丹珠尔》两大部类，包括 4500 多种藏文书籍。

藏族文学具有悠久的历史和优秀的传统，民间文学和作家文学都极其丰富。《格萨（斯）尔》是一部结构宏伟、在藏族人民群众中广泛流传的英雄史诗，也是世界上最长的史诗之一，它与蒙古族的《江格尔》和柯尔克孜族的《玛纳斯》并称为中国民族文学领域的“三大史诗”。它于 2009 年被列入《人类非物质文化遗产代表作名录》。

藏戏是中国比较古老的民族剧种之一，它由 14 世纪的噶举派僧人唐东杰布所开创。唐东杰布被奉为藏戏祖师。藏戏传统剧目有 10 多种，多以说唱体形式传世，包括西藏藏戏（阿吉拉姆）、安多藏戏（南木特）、德格藏戏、昌都藏戏 4 个剧种。

唐卡也叫“唐嘎”“唐喀”，系藏文音译，指用彩缎装裱后悬挂供奉的宗教卷轴画，兴起于 9 世纪前后。传统的唐卡采用金、银、珍珠、玛瑙、珊瑚、松石、孔雀石、朱砂等珍贵的矿物宝石和藏红花、大黄、蓝靛等植物颜料，以示其神圣。唐卡是中国民族绘画艺术的珍品，被称为藏族的“百科全书”，也是中华民族民间艺术中珍贵的文化遗产。

【旅游资源】

西藏自然风光绮丽，名胜古迹众多，旅游资源丰富多彩，现已形成各具特色的 4 个旅游区——拉萨、藏西、藏西南、藏南。

拉萨旅游区包括拉萨、羊八井、当雄、江孜、泽当、日喀则、羊卓雍错等地。

拉萨既是西藏政治、经济、文化和交通中心，也是藏传佛教的中心。这里的大昭寺、小昭寺、布达拉宫、八廓街、罗布林卡和“三大寺”（甘丹寺、哲蚌寺、色拉寺）是拉萨游览区的主要景点。藏西旅游区以宗教旅游为特色，主要以普兰为进出口岸，吸引尼泊尔和印度的旅游者到神山圣湖旅游。藏西南旅游区是以登山旅游为特色的旅游区，主要接待经樟木口岸入境的尼泊尔旅游者。藏南旅游区以林芝为中心，在这里一日可看四季美景，有积雪皑皑的山峰、郁郁葱葱的原始森林、满坡的杜鹃花和奔流不息的江水。

旅游景区的演出深受旅游者的好评。《文成公主》为大型实景剧，演绎了千余年前唐朝文成公主万里跋涉、历经艰辛而无悔进藏的过程，是中国海拔最高的藏文化大型史诗剧。

西藏自治区旅游核心城市包括拉萨、日喀则、林芝、昌都等。拉萨的主要景点有布达拉宫、大昭寺、罗布林卡、八廓街等。日喀则位于西藏自治区东南部，藏文意为“如意庄园”。日喀则以其宗教文化和高海拔自然景观而著称，主要景点有扎什伦布寺、白居寺、萨迦寺、珠穆朗玛峰自然保护区等。林芝藏语音译为“尼池”，寓意为“太阳宝座”。林芝拥有全中国最大的原始林区，是世界生物多样性最典型地区，以其壮丽的自然风光和丰富的生物多样性闻名，被誉为“西藏的江南”，主要景点有雅鲁藏布大峡谷、南迦巴瓦峰、巴松错等。昌都位于西藏东部，昌都藏语意为“水汇合口处”，地处四川、青海、云南交界的咽喉部位，是川藏公路和滇藏公路的必经之地，也是茶马古道的要地，有“雪域之门”的盛誉。昌都是康巴文化的发祥地，主要景点有强巴林寺、然乌湖、卡若文化遗址等。

西藏拥有世界文化遗产 1 项：拉萨布达拉宫历史建筑群（布达拉宫、大昭寺、罗布林卡）；拥有国家 5A 级旅游景区 5 家：布达拉宫、大昭寺、巴松错、扎什伦布寺、雅鲁藏布大峡谷；拥有国家级旅游度假区 1 家：林芝市鲁朗小镇旅游度假区。

【民族民俗】

除藏族、汉族外，西藏自治区还有回族、门巴族、珞巴族、纳西族、夏尔巴人、僜人等。

藏族分布在中国辽阔的青藏高原上，主要聚居在西藏及青海、甘肃、四川、云南四省部分地区。

藏语属汉藏语系。藏族文字是参照梵文某些字母创制的，至今通用。

藏族以牧业为主，也从事农业。适应严酷气候的牦牛和藏绵羊是主要的畜牧对象，牦牛与黄牛杂交而产生的犏牛，因其性格温顺、产奶量高而深受藏民青睐。培育犏牛、种植青稞是藏族在人类文明史上的特殊贡献。

藏族的医药、天文、历算、戏曲、文学、歌舞、唐卡和热贡艺术等，都有较高水平。锅庄舞，又称为“果卓”“歌庄”等，藏语意为圆圈歌舞，是藏族三大民间舞蹈之一。锅庄舞、藏戏、唐卡、藏医药、雪顿节等被列入国家级非物质文化遗产代表性项目名录。

藏族农区多垒石建房，房屋平顶多窗，建筑大多建于向阳高处，坐北朝南。一般是以石块或夯土筑墙，形似碉堡，称碉房。楼房的下层多作仓库或牲畜圈，建有院落；二层为居室和卧室，屋里铺木板或坐垫；三层为佛堂和晒台。牧区则住帐篷。帐篷是用牦牛毛织成的，冬暖夏凉，移动方便。

藏族男女都喜爱戴藏式金花帽，上身穿绸布长袖短褂，外套宽肥的藏袍，男女均穿氆氇或牛皮的藏靴。所以长袖、宽腰、长裙、长靴是藏族服饰的基本特征。另外，藏族服装颜色以蓝色、白色为主，配置以艳丽的腰带或花边。

藏族喜饮酥油茶、奶茶和甜茶，嗜饮青稞酒，并有弹酒的礼俗；爱吃牛奶制成的酸奶、奶渣等。藏族农区的主食是糌粑，牧区的主食为牛羊肉。

藏族敬酒敬茶有特殊习俗。到藏族人家里去做客，主人便会敬上青稞酒。客人必须先用右手无名指蘸一点酒，配合大拇指弹向空中、半空和地面各一次，意为祭天、祭地、祭祖先。然后要遵循“三口一杯”的规矩，即客人轻呷一口酒，主人立即斟满，如此反复三次后，客人再喝干满杯酒。主人敬酥油茶时，会把茶碗捧到客人的面前，这时客人才可以接过来喝。客人不能主动去端茶。

献哈达是藏族同胞待客规格最高的一种礼仪，表示对客人热烈的欢迎和诚挚的敬意。“哈达”在藏语中指纱巾或绸巾，以白色为主，亦有浅蓝色或淡黄色，最好的是蓝、白、绿、红、黄五彩哈达。蓝色表示蓝天，白色表示白云，绿色表示河水，红色象征空间护法神，黄色象征大地。五彩哈达用于最高、最隆重的仪式，如佛事等。

藏族的节日很多，一年中的主要节日有藏历年、酥油花灯节、雪顿节、采花节、望果节、赛马节等。雪顿节又名“藏戏节”，“雪”藏语为酸奶子，“顿”藏语为宴的意思，是吃酸奶子的节日。每年藏历七月初一举行，连续 4~5 天。节日的主要活动包括看藏戏、饮酒、唱歌、跳舞等。望果节，又称“旺果节”。“望”藏语指田地，“果”指转圈，即转地头。望果节是藏族人一年一度预祝丰收的传统节日。在每年秋收前夕择吉日举行，为期 1~3 天。主要活动有庆祝丰收、竞技比赛、集体唱歌跳舞等。

【特产美食】

西藏自治区是中国药材的重要产地之一，比较著名的有冬虫夏草、麝香、贝母、胡黄连、雪莲花、红景天、三七、大黄、天麻、党参、灵芝等。西藏三大药材指麝香、贝母、冬虫夏草。工艺品包括藏毯、藏被、氆氇、围裙、金宝地帽、藏靴、木碗、藏刀等。藏族有独特的食品结构和饮食习惯，酥油、茶叶、糌粑、牛羊肉被称为西藏饮食的“四宝”。此外，还有青稞酒和各式奶制品。酥油是从牛羊奶里提炼的，以夏季牦牛奶里提炼的金黄色酥油为最佳，从羊奶里提炼的则为纯白色。青稞酒是用青藏高原出产的一种主要粮食——青稞酿成的。藏餐是中国餐饮系列中的流派之一，分为主食、菜肴、汤三大类。著名菜肴有炸灌肺、蒸牛舌、氽灌肠。特色小吃有风干牛羊肉、白肠、黑肠、炒肺片、酥油茶等。果品有苹果、梨、桃、核桃、葡萄、石榴、树莓、草莓、醋栗等。

【特色产业】

西藏是我国主要的牧区之一，民族手工业与农业、畜牧业并列为西藏历史上的三大传统产业。农牧业是经济的主体，农作物主要有青稞、小麦、玉米等，牲畜主要有牦牛、绵羊、山羊、黄羊等。虫草、天麻、贝母、灵芝等藏药在全国有较高的知名度。西藏立足资源禀赋和自身发展条件，持续壮大文化旅游、特色农牧、高新数字、藏医药等特色优势产业。

牦牛是青藏高原独具特色的牛类品种，其养殖加工产业已构建起草、牛、肉、奶、绒、调味剂等一体化产业链，当雄县等地“有身份证”的牦牛肉排、鲜肉可通过电商平台销往全国各地。

藏医药浴法于 2018 年 11 月 28 日被列入联合国教科文组织《人类非物质文化遗产代表作名录》。藏医药浴法对风湿病、关节炎有一定治疗效果，为保障藏族民众的生命健康和疾病防治发挥着重要作用。目前，藏医药产业体系基本形成。

随堂练

经典图片

第七章 西北地区各省自治区导游基础知识

【学习目标】

了解陕西省、甘肃省、青海省、宁夏回族自治区和新疆维吾尔自治区的历史、地理、气候、区划、人口、交通、旅游等概况，以及代表性的饮食特点、主要美食和风物特产。熟悉这五个省（自治区）列入《世界遗产名录》的中国遗产地，列入《人类非物质文化遗产代表作名录》的中国非遗项目，国家5A级旅游景区和国家级旅游度假区；具有代表性的历史文化和民俗风情。掌握这五个省（自治区）的旅游核心城市、国内知名地域文化、民族民间文化及特色产业。

第一节 陕西省

陕西是中华文明的重要发祥地之一，是中国历史上多个朝代政治、经济、文化的中心，也是中华民族历史文明最早走向世界的地方。陕西因在陕州（今河南省三门峡市陕州区）以西，故称陕西。简称“陕”或“秦”，也称“三秦”，省会西安。

【地理环境】

陕西省位于黄河中游，北与内蒙古自治区毗连，西与宁夏回族自治区和甘肃省相邻，南以米仓山、大巴山主脊与四川省、重庆市为界，东南与湖北省、河南省接壤，总面积20.56万平方千米。陕西地势南北高、中间低，由西向东呈倾斜状。全省境内的最高点为太白山拔仙台，海拔3771.2米；最低点在白河县与湖北省交界的汉江南岸，海拔168.6米。有高原、山地、平原和盆地等多种地形。北山和秦岭把陕西分为三大自然区：北部是黄土高原区；中部是关中平原区；南部是秦巴山区。作为中国南北气候分界线的秦岭山脉横贯全省东西。

陕西省地跨黄河、长江两大水系。秦岭以北为黄河水系，流域面积 13.33 万平方千米，主要支流从北向南有窟野河、无定河、延河、洛河、泾河、渭河等。秦岭以南属长江水系，流域面积 7.23 万平方千米，有嘉陵江、汉江和丹江。湖泊中最大的为神木市的红碱淖，是陕西省最大的内陆湖泊。

【气候特征】

陕西省跨 3 个气候带，秦岭是中国南北气候分界线，南北气候差异较大。陕南具有北亚热带气候特色，关中及陕北大部分地区具有暖温带气候特色，陕北北部长城沿线具有中温带气候特色。总特点是春暖干燥，降水较少，气温回升快且不稳定，多风沙天气；夏季炎热多雨，间有伏旱；秋季凉爽较湿润，气温下降快；冬季寒冷干燥，气温低，雨雪稀少。全省年平均气温为 9℃~16℃。

【区划人口】

陕西省有西安（副省级城市）、宝鸡、咸阳、铜川、渭南、延安、榆林、汉中、安康、商洛 10 个地级市。2024 年末，陕西省常住人口为 3953 万人（《2024 年陕西省国民经济和社会发展统计公报》数据）。

【历史沿革】

陕西历史厚重绵长。100 多万年前的“蓝田人”是迄今已知最早在陕西生活的古人类。随后的“大荔人”“黄龙人”等古人类在此繁衍进化。距今 6000 多年前的半坡遗址是黄河流域著名的仰韶文化母系氏族村落遗址。距今 5000 多年前生活在姬水流域的黄帝部落和姜水流域的炎帝部落，在冲突中走向融合，逐渐形成了中国历史上最早的民族共同体——华夏族，开启了中华民族五千年文明历史。先后共有西周、秦、西汉、新、东汉、西晋、前赵、前秦、后秦、大夏、西魏、北周、隋、唐 14 个朝代在陕西建都。

陕西得名始于西周，周、召二公以陕陌为界，分陕之东、陕之西而治。春秋战国时陕西为秦国之地，故简称“陕”或“秦”。秦统一后，分天下为 36 郡。陕西北部为上郡，陕南为汉中郡，关中畿辅区域设内史。公元前 206 年，汉王刘邦率军暗度陈仓（今宝鸡），袭击关中，点燃了战争的烽火。公元前 202 年，刘邦在汜水之阳（今山东曹县）即帝位，建立汉朝，史称西汉。西汉京师长安城是中国历史上第一个大规模的城市。582 年，著名建筑家宇文恺主持规划，在汉长安城东南营造面积达 80 多平方千米的新都城——大兴城。唐代是中国古代的鼎盛时期，也是古代陕西最繁荣的时期。唐代长安人口最多时超过 100 万，是当时世界上最大的城市。755 年，“安史之乱”爆发，唐王朝也开始走向衰落，长安降为一方重镇。宋改道为路，宋初设陕西路。元设陕西行中书省，明置陕西布政使司，清以来为陕西省。

大革命失败后，中国共产党领导人民群众，组织工农红军，进行游击战争，开展土地革命，先后创建了陕甘边和陕北两块革命根据地。1935 年 10 月 19 日，红一方面军胜利到达陕北。1949 年 12 月，陕甘宁边区辖地约为今陕、甘、宁、青、新 5 省区全部及山西省西半部、湖北省郧阳地区和内蒙古自治区河套及套西地区，边区政府入驻西安市。1950 年 1 月 10 日，陕西省人民政府成立。

【交通状况】

陕西地处中国地理版图的几何中心，承东启西，连接南北。陕西自古以来就是中国重要的对外开放门户。2100 多年前，汉代张骞两次出使中亚，开辟出一条横贯东西、连接欧亚的丝绸之路。现在，“一带一路”建设改变了西部特别是西北地区对外开放的格局，使陕西进入向西开放的前沿位置。陕西公路以西安为中心，呈“米”字形向四周辐射。世界规模第一的秦岭终南山公路隧道、亚洲第一高墩大桥洛河特大桥、中国第一条沙漠高速榆靖高速公路、西部标准最高的双向八车道透水路面机场专用高速公路先后建成通车，是国家高速公路建设的典范。陕西铁路是进出川、渝、滇、黔西南地区的运输通道。全省有陇海、宝成、宝中、侯西、阳安、襄渝、西康、西延、西合等干线和支线铁路，基本形成了“两纵三横三枢纽”的骨架网络布局。陕西航空运输业规模不断壮大，现有西安咸阳国际机场、榆林西沙机场、汉中城固机场、延安南泥湾机场、安康富强机场 5 个机场。

为践行国家“一带一路”倡议，陕西构建了辐射欧洲腹地的黄金物流大通道，开通了中欧班列。

【自然资源】

陕西的中华猕猴桃、沙棘、绞股蓝、富硒茶等资源极具开发价值。生漆产量和质量均居全国之冠。红枣、核桃、桐油是陕西传统出口产品，药用植物天麻、杜仲、苦杏仁、甘草等在全国占有重要地位。陕西是中国苹果产业大省，是全球集中连片种植苹果最大区域，也是中国苹果栽培面积最大、产量最多的省份。陕西秦岭栖息着大熊猫秦岭亚种，与四川亚种相比，秦岭亚种个体略大，头圆更像猫，且具有较小的头骨、较大的牙齿。秦岭大熊猫的胸斑为暗棕色、腹毛为棕色。

【文化艺术】

陕西是中华民族及华夏文化的重要发祥地之一，孕育和创造了丰富的物质文明和精神文明，造就了一大批光照千古的文化巨匠。从西周“制礼作乐”的周公旦，到秦代创制隶书的程邈；从汉代大史学家司马迁及班彪、班固、班昭，到关中经学大师马融；从唐代“诗仙”李白、“诗圣”杜甫，以及以写自然风景著称的孟浩然、王维，边塞诗人高适、岑参，“诗家夫子”王昌龄，到中晚唐代表诗人白居易等，他们的诗作无不博大、雄浑、深远、超逸，体现着时代的风格和精神。同时还有大书法家柳公权、颜真卿，画家阎立德、阎立本，训诂学家颜师古等。

在现代陕西文学创作队伍中，涌现出陈忠实、贾平凹、路遥、高建群、京夫等一大批优秀作家。其中路遥的《平凡的世界》1991 年获第三届茅盾文学奖，陈忠实的《白鹿原》1998 年获第四届茅盾文学奖，贾平凹的《秦腔》2008 年获第七届茅盾文学奖。

陕西还有全中国六大电影集团之一的西部电影集团（以下简称“西影”）。在国家电影制片单位中，西影第一个在国际 A 级电影节获得最高奖项，其代表影片有《霸王别姬》《红高粱》《美丽的大脚》等。

陕西的地方戏曲秦腔、眉户、碗碗腔并称陕西三大剧种。秦腔传统代表曲目有《三滴血》《周仁回府》《十五贯》等，大型秦腔现代戏《迟开的玫瑰》《大树西迁》《西京故事》被誉为“西京三部曲”。“西安鼓乐”于 2009 年被列入《人类非物质文化遗产代表作名录》。

【旅游资源】

陕西省是中国旅游资源较富集的省份之一，由于文化积淀深厚，地上地下文物遗存极为丰富，被誉为“天然历史博物馆”。陕西文物点密度之大、数量之多、等级之高，均居全国前列。在陕西经常可见古代城阙遗址、宫殿遗址、古寺庙、古陵墓、古建筑等，如长城、秦始陵兵马俑、乾陵、茂陵等。

革命圣地延安是颇负盛名的红色旅游地。1937—1947 年，延安是中共中央所在地和陕甘宁边区首府，是中国革命的指导中心和总后方。1961 年，延安革命遗址被国务院公布为全国重点文物保护单位。

近年来，陕西提出“成为传承中华文化的世界级旅游目的地”等发展目标，打造了“大唐不夜城”“长安十二时辰”等引领时尚的旅游项目；开发了多个不同主题和类型的旅游演艺项目，其中代表性剧目有西安市《长恨歌》《西安千古情》，延安市《延安保育院》《再回延安》《延安保卫战》等。

陕西省的旅游核心城市有西安市、渭南市、延安市等。西安市是联合国教科文组织认定的“世界历史名城”，是中华文明和中华民族重要发祥地之一，是中国六大古都中建都历史最长的一个。渭南素有“华夏之根”“文化之源”“三圣故里”“将相之乡”的美誉，是八百里秦川最宽阔的地带，也是中国国家授时中心所在地。延安是一座悠久的历史文化名城，既是华夏民族的发祥地之一，又是中国革命圣地。延安被喻为中国革命的“灯塔”，被列为全国爱国主义、革命传统和延安精神教育基地。

陕西省有世界文化遗产 3 项：长城（陕西段），秦始皇陵及兵马俑坑，丝绸之路：长安—天山廊道的路网（陕西段）；有国家 5A 级旅游景区 14 家：西安市秦始皇兵马俑博物馆、西安市华清池景区、延安市黄帝陵景区、渭南市华山景区等；有国家级旅游度假区 2 家：宝鸡市太白山温泉旅游度假区、商洛市牛背梁旅游度假区。

【民族民俗】

陕西是一个少数民族居住散杂的省份，以汉族、回族为主，在地域分布上是大分散、小集中，城镇多、农村少。

陕西人在衣、食、住、行等方面形成了他们独特的方式，如极具特色的“陕西十大怪”：面条像裤带；锅盔像锅盖；油泼辣子一道菜；碗盆难分开；手帕头上戴；房子半边盖；姑娘不对外；不坐椅蹲起来；睡觉枕石块；秦腔不唱吼起来。

陕西民俗文化囊括了联合国教科文组织“非物质文化遗产”划分的所有类型，包括口头传说、表演艺术、社会风俗、礼仪、节庆、传统手工艺技能等。表演种类繁多，除著名秦腔外，还有一些地方戏，如眉户、花鼓戏、紫阳民歌、延安秧歌剧等。工艺美术类如剪纸，保留了黄河流域古老的文化传统，具有独特的艺术风格。节庆习俗“社火”，是陕西民间一种流行广泛的、传统的、规模壮观的群众娱乐活动。陕西“社火”通常在正月、节日盛会或庙会期间进行，包括鼓乐、芯子、高跷、竹马、旱船等活动。起居类的陕北窑洞，是中国西北黄土高原居民的古老居住形式，人们利用高原有利的地形，凿洞而居。

【特产美食】

陕西土特产丰富，主要有陕北红枣、商洛核桃、中华猕猴桃、临潼火晶柿子、临潼石榴、秦椒、花椒、陕北小米、琼锅糖、陕南板栗、柿饼、西凤酒、紫阳毛尖茶等。

陕西民间工艺品极具特色的有陕北剪纸、关中皮影、户县农民画、扎染、挂线木偶、木版年画、凤翔泥塑、社火马勺脸谱、秦腔脸谱、仿秦兵马俑、仿秦铜车马、仿唐三彩、仿古青铜器、耀州瓷器、唐壁画摹本、麦秆画、面塑（面花）、榆林柳编、青瓷器、西安蓝田玉等。

在陕西这块古老的土地上诞生了中国饮食文化史上的多项第一：中国最早的宴席“周八珍”；中国第一本烹饪理论典籍《吕氏春秋·本味篇》；“烹饪”一词最早也见于《周易》一书；中国最豪华、最奢侈的宴席是唐朝的“烧尾宴”等。陕西菜按照饮食习俗大致可分为陕南、陕北、关中 3 个不同分支流派。

陕西美食有腊汁肉夹馍、凉皮、胡辣汤、牛羊肉泡馍、葫芦头泡馍、锅盔、涮牛肚、粉汤羊血、酸汤羊肉水饺、洋芋擦擦、擀面皮、柿饼炸糕、镜糕、绿豆糕、葫芦鸡、油泼面、裤带面、岐山臊子面等。

【特色产业】

陕西省是科教大省，也是中国重要的国防科技工业基地，科教资源富集，创新综合实力雄厚。陕西高校和科研机构众多，创新人才济济，有一批国家级高新区、开发区、示范区和大学科技园区。高端能源化工、装备制造、航空航天等产业实力雄厚，电子信息、汽车制造、新材料等产业发展势头迅猛。陕西已经形成以阎良区中航西安飞机工业集团公司为龙头的先进航空航天产业集群，是中国重要的军民用航空制造业基地。近年来，神舟飞天、嫦娥探月、蛟龙潜海、天问探火等重大项目中均有陕西科技力量作出的贡献。

第二节　甘肃省

甘肃位于黄河上游，是中国西北的战略要地。甘肃之名是取甘州（今张掖）与肃州（今酒泉）二地的首字而成。由于西夏曾置甘肃军司，元代设甘肃省，故简称“甘”；又因省境大部分在陇山（六盘山）以西，唐代曾在此设置过陇右道，故简称为“陇”。省会为兰州市。

【地理环境】

甘肃省位于祖国西部地区，地处黄土高原、青藏高原和内蒙古高原三大高原的交会地带，地域辽阔。东接陕西，南邻四川，西连青海、新疆，北靠内蒙古、宁夏并与蒙古国接壤。地势自西南向东北倾斜，地形狭长，东西蜿蜒 1600 多千米，土地总面积 42.59 万平方千米。整体呈东西两头粗、中间细长的形状，酷似代表吉祥的如意造型。甘肃省境内地形复杂，海拔大多在1000米以上，大致可分为陇南山地、陇中黄土高原、甘南高原、河西走廊、祁连山地和河西走廊以北的北山山地。

【气候特征】

甘肃各地气候类型多样，从南向北包括了亚热带季风气候、温带季风气候、温带大陆性（干旱）气候和高原高寒气候四大气候类型。主要气象灾害有干旱、暴雨洪涝、冰雹、大风、沙尘暴和霜冻等。

【区划人口】

甘肃省辖12个地级市、2个自治州。2024年末，甘肃省常住人口为2458.34万人（《2024年甘肃省国民经济和社会发展统计公报》数据）。

【历史沿革】

甘肃是一个历史悠久、文化底蕴厚重的省份。据考古发现，在距今大约40万年的旧石器时代，今天的陇东地区就有人类繁衍生息。1920年，庆阳出土了中国最早的旧石器时代打制石器，是我国旧石器时代文化研究的起源地。在新石器时代的大地湾文化遗址，有中国北方旱作农业起源的证据及中国宫殿建筑和城市起源的证据。而甘肃省境内的仰韶文化、马家窑文化、齐家文化遗址中出土的各类精美彩陶器皿则充实了我国彩陶文化历史。

先秦时期，中国分为九州，甘肃省境大部属雍、凉二州，旧称“雍凉之地”。秦设邽县（今天水市麦积区南）、冀县（今天水市甘谷县），这是中国历史上建立最早的两个县。汉代的开边政策和张骞通西域成功开通了丝绸之路。隋唐时期，甘肃成为我国联系西域各国和欧洲的重要通道，武威、张掖、敦煌成为经济文化繁荣的国际性贸易城市，整个河陇地区农桑繁盛、士民殷富，《资治通鉴》中有“天下称富庶者，无如陇右”的记载。海上丝绸之路开通后，随着全国政治、经济、文化重心的东移南迁，特别是由于气候和生态条件的变化，甘肃渐渐成为荒僻之地。北宋年间，西夏统治河西时设有甘肃军司（驻甘州，今张掖市甘州区），这是最早出现的“甘肃”之名。元朝时期，设甘肃行中书省。

1936年10月，红军三大主力一、二、四方面军在甘肃会宁实现胜利大会师。自此，举世闻名的红军长征画上句号，中国革命开启了崭新篇章。1950年1月8日，甘肃省人民政府正式成立。

【交通状况】

甘肃省是西北五省区连接中东部地区的桥梁和纽带。丝绸之路甘肃段不仅历史上是东西方政治、经济、文化的重要之路，更是交通走廊，今天依然是新欧亚大陆桥、"一带一路"的黄金段落。全省铁路形成了以兰州枢纽为中心，以陇海线、兰新线、兰渝线为主轴，贯穿甘肃东西南北的路网新格局。随着中欧班列、中亚班列相继开通运行，兰州路枢纽的地位会进一步提升。兰新高速铁路是世界上一次性建成通车里程最长的高速铁路，全长 1786 千米。甘肃有兰州中川国际机场、敦煌莫高国际机场、嘉峪关酒泉机场等 9 座机场。内河航运方面，以黄河航运为主。

【自然资源】

甘肃有亚洲最大的金矿——甘肃阳山金矿。全省风能资源丰富，瓜州素有"世界风库"之称。

【文化艺术】

甘肃陇右文学是中国文学的源头之一，然后传向中原地区。《诗经》中有关秦人、周人在甘肃的篇章有《大雅 · 公刘》和《秦风》。1986 年，天水放马滩出土的战国晚期秦简上记载的《志怪故事》是"中国最早的志怪故事"，是中国小说的源头。东汉哲学家、文学家王符的《潜夫论》痛斥东汉社会的种种丑相，是当时两汉陇右地区散文成就最高的作品，成为千百年来流传的"陇右鸿文"。旅居陇上或从军来陇的王之涣、岑参等边塞诗人，杜甫、范仲淹、元缜、李商隐等文学家、政治家，都在甘肃留下了名篇，如王之涣的《凉州词》、岑参的《发临洮将赴北庭留别》、杜甫的《秦州杂诗》、李商隐的《瑶池》等，丰富了甘肃古代文学内涵。

甘肃省境内最原始的戏剧场景应该源于嘉峪关黑山岩画、肃北野马山至马鬃山一带的岩画、靖远吴家川陈家沟岩画中粗犷的舞蹈场面。敦煌遗书中记载的说唱文本和演出文图，其代言体性质和戏剧化因素为后世戏曲剧本的形成提供了借鉴。莫高窟壁画中的唐代舞台演出样式，可视为后世戏曲演出时文武场分坐左右之先河。

改革开放初期，甘肃文艺界创作出舞剧《丝路花雨》、陇剧《天下第一鼓》、秦剧《西域情》、舞蹈诗《西出阳关》等一批在国内外具有影响力的舞台剧目。其中《丝路花雨》开创了舞蹈中的敦煌舞派，被评为 20 世纪经典舞蹈作品；《大梦敦煌》继承创新了敦煌舞，成为中国舞蹈界的里程碑作品。《乐动敦煌》是全球首部洞窟式沉浸体验剧，溯源敦煌文化，以全沉浸式的呈现方式演绎动人故事，是甘肃省旅游演艺的一项创新。

甘肃省民族民间艺术丰富多彩。民歌有河州和洮岷“花儿”、陇东信天游，甘南藏民歌。民间舞蹈有陇东大秧歌、陇南白马藏族面具舞“池哥昼”、兰州太平鼓等。民间戏曲有陇东道情、花儿剧、皮影戏等。

【旅游资源】

甘肃的旅游资源十分丰富，具有沙漠戈壁、名刹古堡、草原绿洲、佛教圣地、冰川雪山、红色胜迹和民族风情等独特景观，以丝路文化、远古始祖文化、黄河文化、三国文化、长城文化、政治文化为代表。“交响丝路·如意甘肃”作为甘肃文旅宣传口号正不断深入人心。

甘肃为丝绸之路的黄金路段，长达 1600 余千米的景观长廊串起了河西四郡、嘉峪雄关、金城古渡、麦积烟云等地。被视为中国古代高超铸造业象征的东汉青铜器铜奔马，又名“马踏飞燕”“马超龙雀”，就出土于甘肃省武威市雷台的东汉墓，1983 年被确定为中国旅游标志，并一直沿用至今。

据统计，甘肃境内丝绸之路沿线佛教石窟有 70 多处。中国四大石窟，甘肃有两个，即敦煌莫高窟（“世界艺术宝库”）、天水麦积山石窟。敦煌壁画作为敦煌艺术的主要组成部分，包括敦煌莫高窟、瓜州榆林窟，共有石窟 552 个，有历代壁画 5000 多平方米，是我国乃至世界壁画最多的石窟群。

甘肃是秦、汉、明三代修筑长城的起点，甘肃境内保存的长城总计超过 3600 千米，沿线遗存遗迹十分丰富。“天下第一雄关”嘉峪关、“长城第一墩”、阳关、玉门关、汉长城等古长城遗存已成为河西走廊的旅游名胜。

甘肃是全国红色旅游资源大省，这里不仅是中国工农红军二万五千里长征胜利的结束地，也是中国西部最早红色革命政权的诞生地，还是西路军悲壮历史的见证地。

天水伏羲庙是我国目前规模最宏大、保存最完整的纪念伏羲氏的明代建筑群，是历代官方祭祀伏羲的重要地方。省会兰州是全国唯一一座黄河穿城而过的城市。

甘肃省的旅游核心城市有兰州市、嘉峪关市、酒泉市等。兰州有“西部黄河之都，丝路山水名城”的美誉，是古丝绸之路上的重镇。嘉峪关市因明代万里长城西端起点嘉峪关而命名，自古就有“河西第一隘口”“边陲锁钥”之称。酒泉是河西走廊经济带的核心城市、中巴经济走廊的重要节点，是敦煌艺术的故乡、现代航天的摇篮、中华人民共和国石油和核工业的发祥地。

甘肃现有敦煌莫高窟、长城（甘肃段）、丝绸之路：长安—天山廊道的路网（甘肃段）3 项世界文化遗产；有嘉峪关市嘉峪关文物景区、天水市麦积区麦积山景区、酒泉市敦煌市鸣沙山月牙泉景区、张掖市七彩丹霞景区等 8 家国家 5A 级旅游景区；有 1 家国家级旅游度假区：临夏永靖刘家峡旅游度假区。

【民族民俗】

甘肃省是多民族聚居的地区，现有 55 个少数民族。世居甘肃的少数民族有回、藏、东乡、裕固、保安等民族。其中东乡族、裕固族、保安族为甘肃的特有少数民族。

甘肃省有众多历史悠久、独具特色的民族民俗风情。天水市每年农历正月十六和农历夏至都会举办盛大的伏羲庙会和公祭伏羲大典暨伏羲文化旅游节。拥有众多三国历史遗迹的陇东南地区流传至今的孔明帽房屋、正月十五点灯盏等民俗活动，有浓郁的三国遗风。

临夏、甘南两个民族自治州，有独具一格的民族民俗风情。甘肃民歌“花儿”在世界民俗风情中占有一席之地，2009 年，“花儿”（甘肃、青海、宁夏）被列入《人类非物质文化遗产代表作名录》。临夏东乡族、保安族的婚礼、饮食等民俗文化源远流长。甘南节庆众多，有浪山节、毛兰姆大法会、插箭节、娘乃节、采花节等。临夏、甘南两州是全省民俗风情的黄金区域。庆阳、平凉地区是中国民俗文化的活化石区，唢呐、剪纸、皮影、社火、道情戏曲、崆峒武术、西和乞巧节、祭祀西王母放河灯等民俗文化活动尤具魅力。陇西则是天下李姓的祖地，是海内外李氏寻根问祖之地，由此而形成的生活、礼仪、节庆等民俗，在海内外都有一定影响。河西走廊有肃南裕固族风情、肃北蒙古族风情、阿克塞哈萨克族风情、天祝华锐藏族风情，还有民勤骆驼队等奇风异俗。

甘肃 3 个特有少数民族中，东乡族和保安族的服饰特点、饮食习俗、礼俗与回族基本相似。东乡族热情好客，炸油馃、手抓羊肉、炖鸡都是待客的食品。保安族的“宴席曲”是举行婚礼时在宴席场地演唱的一种民间传统乐曲，大致可分为散曲、叙事曲、说唱曲。裕固族崇尚骑马和射箭，奶和茶在裕固族人民日常生活中占有十分重要的位置，民间有一日三茶一饭或两茶一饭的习惯。

【特产美食】

甘肃省名优土特产品丰富，是中国瓜果的重要产区之一，有陇上“八梨”（软儿梨、冬果梨、酥木梨、八盘梨、猪头梨、长把梨、齐梨、苹果梨）、兰州白兰瓜、天水花牛苹果、安西西瓜、敦煌李广杏、唐汪大接杏、临泽红枣、陇南核桃、民勤沙枣、康县中华猕猴桃等。甘肃苹果产量大、品质优，目前拥有“花牛苹果”“平凉金果”“庆阳苹果”3 个国家地理标志保护产品。全国名优特产有兰州百合、陇东黄花菜、陇原花椒，以及各类山珍野味，如蕨菜、薇菜、蕨麻、黑木耳等。甘肃是药材之乡，药材品种繁多，有“甘肃五个宝，归芪黄参草”之说，当归、红（黄）芪、大黄、党参、甘草品质优良，西和曾被认定为“中国半夏之乡”。甘肃也是驼绒、羊裘的产区之一。著名工艺品有敦煌系列文创产品、酒泉夜光杯、兰州雕刻葫芦、洮砚、天水雕漆、保安腰刀、黄河卵石雕、临夏砖雕等。

甘肃风味美食有兰州百合桃、涮羊肉、烤乳猪、手抓羊肉、黄焖羊肉、陇西腊肉、静宁烧鸡、高三酱肉、拔丝白兰瓜等。风味小吃更是琳琅满目，有平凉羊肉泡馍、兰州牛肉面、酿皮子、平凉酥饼、泾川罐罐馍、静宁锅盔、天水呱呱、兰州五色凉粉、浆水面、兰州热冬果等。

【特色产业】

以“牛、羊、菜、果、薯、药”六大产业为代表的特色产业在甘肃“遍地开花”，“甘味”农产品逐渐走向全国，甘肃亮出乡村振兴“金名片”。

第三节　青海省

青海省位于祖国西部，雄踞世界屋脊青藏高原的东北部，全省均属青藏高原范围内。因境内有全国最大的内陆咸水湖——青海湖而得省名。青海省简称“青”，省会西宁市。

【地理环境】

青海省北部、东部与甘肃省相邻，东南部与四川省接壤，南部、西南部与西藏自治区相连，西北部与新疆维吾尔自治区相接，是西藏、新疆连接内地的重要纽带之一。青海省总面积 72.23 万平方千米。

青海省因地处青藏高原，海拔较高，全省平均海拔 3000 多米，最高点位于昆仑山的布喀达坂峰（海拔 6860 米）。特殊的地质结构使青海省会集着世界上许多著名的高大山脉，使青海有了“万山之宗”之美名。其北部有阿尔金山—祁连山脉，南部有唐古拉山脉，中部有著名的昆仑山脉，这些高大的山脉将青海分割为柴达木盆地（以“聚宝盆”著称于世）、共和盆地、河湟谷地和青南高原四大块。青海是农业区和牧区的分水岭，兼具了青藏高原、内陆干旱盆地和黄土高原的 3 种地形地貌。

巍巍雪山孕育了无数江河湖泊，中华民族的母亲河——黄河和长江，还有亚洲著名的河流澜沧江均发源于此，构成了“三江源”，又称“江河源头”。青海素有“中华水塔”的美誉。青海湖是我国最大的内陆湖泊，也是最大的内陆咸水湖。地处柴达木盆地的察尔汗盐湖是世界上大型内陆盐湖之一。

【气候特征】

青海汇聚了大陆季风性气候、内陆干旱气候和青藏高原气候 3 种气候形态，这里既有高原的博大、大漠的广袤，也有河谷的富庶和水乡的旖旎，适宜开展自然旅游活动。地区间差异大，垂直变化明显，太阳辐射强度大，光照时间长。

【区划人口】

青海省辖 2 个地级市、6 个自治州。其中 2 个地级市分别是西宁市和海东市，6 个自治州分别是海南藏族自治州、海北藏族自治州、黄南藏族自治州、玉树藏族自治州、果洛藏族自治州和海西蒙古族藏族自治州。

青海省地广人稀，人口较少。2024 年末，青海省常住人口为 593 万人（《青海省 2024 年国民经济和社会发展统计公报》数据）。

【历史沿革】

青海历史悠久，地处华夏民族的摇篮——黄河、长江的源头。小柴旦湖遗址是青藏高原目前考古发现的时代最早的遗存，是青海地区旧石器时代重要遗址。羌人是最早生活在青藏高原的土著居民，其主要分布在今天的青海、甘肃、新疆等西部地区，重点活动区域在青海河湟地区。羌族于公元前 2 世纪移居青海。

汉武帝元狩二年（公元前 121 年），汉代名将霍去病进军湟水沿岸，在西宁市以西置临羌县。西汉时设护羌校尉。公元 4 年，设西海郡。吐谷浑王国、南凉王国、青唐政权是青海古代历史上存在的三大王国，其中吐谷浑王国也称青海草原王国，是东晋咸和五年（330 年）左右由鲜卑族慕容氏在青海境内及甘肃南部建立的地方政权，立国 350 年之久，成为青海古代历史上立国时间最长的政权。397—414 年，鲜卑族在青海省东部建立南凉国。隋设西海、河源二郡。唐、宋为吐蕃属地。元代东北部为贵德州，属甘肃行中书省，其余属吐蕃、朵甘思等处宣抚使司。明属西蕃地。清时东北部设西宁府，北属青海蒙古额鲁特部，南为玉树等土司属地。1929 年，青海省正式建制。1950 年 1 月 1 日，青海省人民政府正式成立。

【交通状况】

青海省境内 5 条国道构成“两横三纵”主骨架，省道、县乡道路相连，形成辐射全省城乡牧区的公路网。青海环北龙山旅游风景道、倒湖茶公路（倒淌河至二郎剑景区段）、G213 公路乐都至化隆段入选“2025 年度美丽公路项目”。青海有西宁曹家堡国际机场、玉树巴塘机场、格尔木机场、德令哈机场、花土沟机场、果洛玛沁机场、海北祁连机场 7 座运营中的机场。西成铁路是中国中长期铁路网规划“八纵八横”高速铁路主通道兰（西）广通道的重要组成部分，是连接青海省西宁市与四川省成都市之间的快速铁路干线，也是中国首条穿越秦岭的高速铁路。沿途地质条件极为复杂，是中国国内在建的最具山区特点的高标准现代化铁路。

【自然资源】

青海省自然资源丰富，是个资源型省份。地处柴达木盆地的茫崖石棉矿，是目前国内最大的石棉矿床。青海的黄河流域水电资源十分丰富，被誉为我国水力资源的“富矿”地带。察尔汗盐湖是全国最大的钾镁盐矿床。2009 年 9 月，在青海省海西州的天峻县发现了一种名为可燃冰的环保新能源，西方学者称其为“21 世纪能源”或“未来能源”。

【文化艺术】

青海岩画是古代游牧民族，主要是古代羌人、吐谷浑人的文化遗存，主要分布在玉树市的勒巴沟、刚察县的哈龙沟、都兰县的巴哈默力沟、可可西里的野牛沟等 20 处地区，共 1000 多幅图画，有人物岩画、动物岩画、宗教岩画、器具岩画 4 类。

青海被誉为彩陶的故乡，中国经典彩陶艺术有大通上孙家寨、同德宗日出土的舞蹈纹彩陶盆，还有乐都柳湾出土的大量彩陶器。1974—1981 年，乐都柳湾原始社会氏族公共墓地考古发掘中，有近 4 万件文物惊现于世，其中彩陶 2 万余件，包括了新石器时代马家窑文化的半山、马厂类型和齐家文化、辛店文化。

青海河湟“花儿”是一种民间情歌，一般认为起源于明代，成熟于清代，发展繁荣于近现代。“花儿”又被称为“少年”，一般只在山野歌唱，并且要回避长辈及家人。演唱时，称为“漫少年”。青海“花儿”的“令儿”（曲调）有“白牡丹令”“尕马儿令”“东峡令”等七八十种。乐都瞿昙寺的四月初八、六月十五，互助土族自治县的二月二擂台会、大通老爷山的六月六等，很自然地发展为著名的“花儿会”。

热贡艺术发祥于黄南藏族自治州同仁市境内的隆务河流域，因同仁在藏语中称为“热贡”而得名，是藏传佛教艺术的重要组成形式，包括唐卡、泥塑、堆绣、雕刻等藏艺形式，以色彩艳丽、线条精致而蜚声中外。《格萨（斯）尔》史诗是世界上唯一一部至今还在不断创作的“活着的史诗”。青海果洛藏族自治州是格萨尔文化的主要发祥地，被誉为“中国格萨尔文化之乡”。热贡艺术和《格萨（斯）尔》被列入《人类非物质文化遗产代表作名录》。青海还有平弦、越弦、目连戏、骆驼戏等各种曲艺形式。

此外，青海省还有藏族、土族、撒拉族等民族异彩纷呈的歌舞，大型历史藏戏《松赞干布》、大型音画歌舞《秘境青海》等剧目特色鲜明，广受欢迎。环青海湖国际公路自行车赛、青海湖国际诗歌节等国际性的文体活动的知名度也比较高。

【旅游资源】

奇异的地貌、丰富的动植物资源、独特的高原气候、众多的名胜古迹，形成了青海四大旅游景区。东部旅游区：包括湟中塔尔寺、同仁“热贡艺术”、藏乡“六月会”、土族於菟舞、百里油菜花海、孟达林区、柳湾文物、尖扎坎布拉国家级森林公园等。酥油花、堆绣、壁画被誉为塔尔寺的艺术“三绝”。青海湖旅游区：包括日月山、青海湖、鸟岛等，还有西海郡古城、新月沙丘、隆宝滩黑颈鹤保护区和金银滩草原。西部旅游区：包括三江源头漂流、巴隆国际狩猎场、阿尼玛卿山、昆仑山、布喀达坂峰、万丈盐桥、泽库和日石经墙、南八仙风蚀雅丹地貌、青南高原的冻土地貌、黄河谷地大峡谷等。此外还有柴达木盆地旅游区，位于青海省中西部，有被誉为中国“天空之境”的茶卡盐湖、青海版“马尔代夫”东台吉乃尔湖及乌素特水上雅丹地质公园。

青海省的旅游核心城市有西宁市、海南藏族自治州等。西宁是青藏高原的东方门户，是古丝绸之路南路和唐蕃古道的必经之地，素有“西海锁钥”之称，是世界高海拔城市之一。海南藏族自治州因位于青海湖之南而得名，素有“海藏通衢”之称，地处“三江源”和青海湖国家级自然保护区，是“中华水塔”的重要组成部分。

青海省的世界遗产有长城（青海段）、可可西里 2 项；有青海湖景区、西宁市塔尔寺景区、海东市互助土族故土园旅游区、海北州阿咪东索景区 4 家国家 5A 级旅游景区。青海省三江源国家级自然保护区是我国面积最大的湿地类型国家级自然保护区。

【民族民俗】

青海省是个多民族聚居的省份，省内有汉、藏、回、土、撒拉、蒙古 6 个世居民族。青海的民族风情主要体现在土族和撒拉族两个少数民族的习俗上。

土族主要聚居在青海互助土族自治县，青海的民和、大通两县和甘肃的天祝藏族自治县也比较集中。土族喜欢饮酒，酒在土族饮食中占有很重要的地位，并形成特有的酒文化。历史上，土族人家几乎都能酿“酩醅”，即一种低度青稞酒。用餐前，主人先向客人敬酒三杯，叫作“吉祥如意三杯酒”。客人启程时，主人在大门口向客人又敬三杯酒，叫作“上马三杯酒”。不能喝酒的客人，用无名指蘸三下，对空弹三下。饮酒时，土族有边饮边歌的习惯。土族人招待客人用我国西北盛行的盖碗茶。他们把茶碗放在一个小碟中，在碗内放入茶叶、枸杞、红枣、桂圆、冰糖，用开水冲开后盖上碗盖。这样冲泡出的茶水香甜可口、营养丰富。土族人对朋友忠实守信，尊长敬老，如路遇相识的老人，要下马问候。土族服饰分为妇女服饰、姑娘服饰、青壮年男子服饰及老年男子服饰。妇女一般穿绣花小领斜襟长衫，两袖由红、黄、橙、蓝、白、绿、黑七色彩布圈做成，俗称“七彩袖”“彩虹袖”。彩虹袖是互助土族传统服饰中最典型的标志之一，互助县也由此赢得了“彩虹之乡”的美誉。发式、“帖弯”（裤子膝下部分套着一节裤筒，已婚妇女是蓝色或黑色，未婚姑娘为红色）颜色和额带的不同，常作为区别已婚或未婚妇女的标志。纳顿节是青海民和地区土族一年一度庆丰收、谢神恩的节日。时间从农历七月中旬开始，一村接一村举行，直到九月中旬结束，所以有人称之为“世界上最长的狂欢节”。因其始于农历七月，故也称为“七月会”。

撒拉族主要分布在青海，有自己的语言，与维吾尔、乌孜别克等族语言相近，吸收了一些汉语、阿拉伯语和藏语借词。撒拉族没有本民族文字，通用汉字。撒拉族传统民族服饰中，男子喜穿白色对襟衣，系绣花腰带，外套黑坎肩；妇女爱穿大襟花衣服，外面套坎肩。撒拉族的文学艺术别具特色，以民间说唱文学为主。撒拉族最主要、最通俗的传说是与“骆驼舞”相表里的族源传说。民歌则包括撒拉曲、宴席曲和“花儿”等。一般用铜或银制成、形似马蹄的“口弦”，是撒拉族的一种独特乐器，为撒拉族妇女所钟爱。四人《骆驼舞》是撒拉族传统戏剧中唯一保存下来的内容比较完整的剧目。撒拉族传统婚礼盛行表演骆驼戏，再现本民族的迁徙史，是一种具有历史文化内涵的艺术表现形式。“打蚂蚱”是撒拉族青年普遍喜爱的一种传统的体育活动，竞赛方法大致和棒球、高尔夫球相似。

【特产美食】

青海工艺品有藏刀、藏毯、唐卡、土族刺绣等；特色小吃有酸奶、酿皮、甜醅、馓子、手抓羊肉、尕面片、狗浇尿、抓面等；名酒有互助青稞酒；著名的中药有冬虫夏草、红景天、雪莲、藏茵陈、麝香、鹿茸、大黄、枸杞等。

青海因其地理位置的独特性，以及所含民族的多样性，造就了当地极具特色的饮食文化。青海的饮食不是单一的，而是不同的民族拥有不同的饮食文化。因青海省民族众多，仅以六大世居民族为例。汉族的传统主食是白面制品，有馒头、饺子、面条、烙饼、酿皮子等各种花样。藏族以酥油茶和糌粑为日常的主食，藏区的风干肉是一种极具代表性的食品，除此之外，青稞酒受到各地藏族的普遍喜欢。回族以面食为主，主要有油香、馓子、花花、拉面、面片等，最出名的有手抓羊肉、牛羊肉杂碎、黄焖羊肉、炕锅、羊肉泡馍等。回族人民喜爱喝茶，其中最有特色的茶称为“盖碗茶”，俗称“三炮台”。土族日常菜肴以肉乳制品为多，民间有不少以当地土特产为原料制作的食品，其中较有代表性的有哈力海、沓乎日、烧卖（油炒面包子）等，日常喜饮茯茶、酥油茶及青稞酿成的酩馏酒。撒拉族以面食作为他们的主食，制作方法颇为讲究，有油香、锅盔、花卷、面片、拉面、馓饭、搅团等。此外，撒拉族也喜饮茶。蒙古族以牛羊肉、奶制品和青稞炒面为主要食物，秋冬季节多食肉类，春夏多食奶类。

【特色产业】

青海省致力于壮大盐湖资源综合利用、新能源、新材料三大优势产业；改造提升有色冶金、绿色建材、装备制造三大传统产业；培育新一代信息技术、军民融合、节能环保、现代生产性服务业四大新兴产业；做优做强牛羊肉、乳制品、枸杞、沙棘、藜麦、青稞、虫草、中藏药、矿泉水、藏毯十大特色生态产业。近年来，青海牦牛产业集群、藏羊产业集群发展迅猛。此外，青海省着力培育发展动能产业。青豫直流工程启动送电，“百日绿电三江源”再创新纪录。冷湖天文观测基地首架天文望远镜正式启用，全国首个全清洁能源运营的大数据产业园投入运营。

第四节 宁夏回族自治区

宁夏回族自治区是中国五大少数民族自治区之一，地处中国西部的黄河上游。宁夏是中华文明的发祥地之一，位于“丝绸之路”上，历史上曾是东西部交通贸易的重要通道，是祖国西部的一块宝地。宁夏简称“宁”，首府为银川市。

【地理环境】

宁夏回族自治区东邻陕西省，西部、北部接内蒙古自治区，南部与甘肃省相连，总面积6.64万平方千米。宁夏地形南北狭长，地势南高北低，高差近1000米。在地形上分为三大板块：一是北部引黄灌区，地势平坦，土壤肥沃，素有“塞上江南”的美誉；二是中部干旱带，干旱少雨，风大沙多，土地贫瘠；三是南部山区，丘陵沟壑林立，部分地域阴湿高寒。宁夏是全国唯一全境属于黄河流域的省区，拥有完整的山水林田湖草沙生态体系，堪称中国生态微缩盆景。

宁夏山脉统属于昆仑山余脉，以贺兰山和六盘山最为出名。贺兰山绵亘于宁夏的西北部，古人称之为“朔方之保障，沙漠之咽喉”。六盘山古称陇山，位于宁夏的南部，耸立于黄土高原之上，是一条南北走向的狭长山脉，因登山古道须经六重盘绕才能到达顶峰而得名。

【气候特征】

宁夏远离海洋，深居内陆，南端（固原地区南半部）属暖温带半干旱区，中部（固原地区的北部至盐池、同心一带）属中温带半干旱区，北部（银川平原）则为中温带干旱区，南北气候悬殊，是典型的大陆型气候。5—10月是最适合前往宁夏旅游的季节。

【区划人口】

宁夏全区辖银川市、石嘴山市、吴忠市、固原市和中卫市5个地级市。2024年末，宁夏回族自治区常住人口为729万人（《宁夏回族自治区2024年国民经济和社会发展统计公报》数据）。

【历史沿革】

宁夏历史悠久。元朝灭西夏后，以平定西夏、稳定西夏、西夏“安宁”之意，取名“宁夏”，宁夏因此而得名。宁夏是中华远古文明的发祥地之一。灵武市水洞沟旧石器时代文化遗址中发掘出来的石器、骨器和用火痕迹表明，远在距今3万年前后，宁夏境内就有了人类活动。春秋战国时期，固原南部属秦，其余地区分别为义渠、乌氏、昫衍等部族的聚居地。秦始皇统一六国后，派兵北逐匈奴，在宁夏屯垦，沿黄河置县，开创了移民开发引黄灌溉农业的历史。唐天宝十四年（755 年）“安史之乱”爆发，太子李亨进入宁夏，次年在灵武郡（灵州一度改郡）登基继承帝位，即唐肃宗。当时，宁夏已成为中国东西交通贸易的重要通道之一。北宋宝元元年（1038 年），党项族首领李元昊以宁夏为中心，建立地方割据政权，国号大夏（史称“西夏”）。西夏以兴庆府（今银川市）为国都，形成了和宋、辽、金政权三足鼎立 189 年的局面。1227 年蒙古灭西夏后，设立西夏中兴等路省。元至元二十五年（1288 年）降为甘肃省宁夏府路，始有“宁夏”地名。1929 年设宁夏省。1954 年，撤销宁夏省，将原属宁夏省的阿拉善旗、额济纳旗和磴口县划归内蒙古自治区。1958 年又成立宁夏回族自治区。

【交通状况】

宁夏目前已形成了立体化区域交通网络。现有银川河东国际机场、中卫沙坡头机场（原名中卫香山机场）、固原六盘山机场 3 个机场。宁夏将形成以银川为中心，辐射西安、兰州、包头、太原等周边重要城市的高速铁路网。宁夏已打通高速公路省际出口 4 个，高速省际出口通道达 12 个，“三环四纵六横”高速公路网基本成形。黄河沙韵 · 中卫 66 号公路是一条连接中卫市区与北长滩古村落的乡村公路，蜿蜒于黄河峡谷之间，沿途风光壮阔，被誉为“黄河边的 66 号公路”。

【文化艺术】

宁夏的黄河文化源远流长，自古有“天下黄河富宁夏”之说。作为黄河的支流，宁夏南部泾河、清水河流域分布着仰韶文化、马家窑文化、齐家文化等以农业为主要经济生活的原始社会文化，都是黄河文化的重要组成部分。

宁夏的民间歌谣中最具特色的是流传于六盘山地区的“山花儿”。民间说唱较为典型的是宴席曲。民间舞蹈有宴席曲舞、跳花儿、坐舞、念舞、尕妹子送哥和“八字大开头”。回族民间乐器有口弦、牛头埙等。回族体育运动项目有木球、踏脚、“掼牛”和回族武术等。

宁夏的民间文学（回族民间故事）、传统音乐（宁夏回族“山花儿”、回族民间器乐、北武当寺庙音乐）、曲艺（宁夏小曲）、传统戏剧（秦腔）各具特色。在宁夏回族舞蹈中，主要有宴席曲、汤瓶舞和踏脚舞 3 种民间舞蹈。

沿贺兰山自北向南，包括卫宁北山在内，在黑石峁、贺兰口、苦井沟、大麦地等 27 处都有贺兰山岩画遗存，记录了远古人类 10 000—3000 年前放牧、狩猎、祭祀、征战、娱舞等生产生活场景，成为研究远古人类文化史、原始艺术史的文化宝库。

西夏文化主要体现在西夏文字和西夏建筑方面。西夏王陵是我国现存规模最大的西夏文化遗址。西夏王陵营建年代约自 11 世纪初至 13 世纪初。西夏王陵景区占地面积 58 平方千米，分布有 9 座帝王陵墓，200 余座王侯勋戚的陪葬墓，规模宏伟，布局严整。每座帝陵都是坐北向南，呈纵长方形的独立建筑群体，规模同明十三陵相当，被世人誉为“神秘的奇迹”“东方金字塔”。

【旅游资源】

“塞上江南，神奇宁夏”，古老的黄河文明、神秘的西夏历史、雄浑的大漠风光构成了多姿多彩的宁夏旅游资源。“两山一河”（贺兰山、六盘山、黄河）、“两沙一陵”（沙湖、沙坡头、西夏王陵）、“两堡一城”（将台堡、镇北堡、古长城）体现了深厚的文化底蕴，展示着独特的自然风光。秦长城、明长城遗迹横亘于塞上，被专家誉为“中国的长城博物馆”。响沙地沙坡头的治沙成果蜚声中外，被联合国授予“全球环保 500 佳”。须弥山石窟初凿于北魏，兴盛于北周，唐代至明朝均有开凿，是中国重要的石窟艺术宝库之一。华夏西部影城、贺兰山岩画、西夏王陵、青铜峡鸟岛、水洞沟遗址等景点和古迹，在国内外具有很高的知名度。随着沿黄生态经济带的建设，“天下黄河富宁夏”也被赋予了新的内涵。宁夏博物馆、固原博物馆、宁夏科技馆等展现了宁夏不同的文化。

宁夏红色旅游文化资源也很丰富。1926 年，中国共产党在宁夏建立了特别支部。1935 年 10 月初，毛泽东等率领中央红军，翻越六盘山，经过西吉、海原、隆德、固原等地，到达陕北。在翻越六盘山时，毛泽东写下了著名的《清平乐·六盘山》。两百多位革命家、政治家、军事家、开国元勋、将帅先后在宁夏生活和战斗过。

宁夏回族自治区的旅游核心城市有银川市、中卫市等。银川市是国家园林城市，古有“七十二连湖”之说，今有“塞上湖城”之美誉。中卫市扼守宁夏“西大门”，是亚欧大陆桥的咽喉要道和古丝绸之路北道上的重要节点城市、西部重要的交通枢纽，也是“西气东输”的战略通道，有“中国气脉”之称。

宁夏有长城（宁夏段）1 项世界遗产；有银川市灵武水洞沟旅游区、银川市镇北堡西部影视城、中卫市沙坡头旅游景区等 6 家国家 5A 级旅游景区；有 1 家国家级旅游度假区：中卫大漠黄河（沙坡头）旅游度假区。

【民族民俗】

宁夏是一个多民族聚居的地方，有汉族、回族、维吾尔族、东乡族、哈萨克族、撒拉族和保安族等。宁夏民俗主要有回族民俗和西夏民俗。

西夏民俗有多样性特点。西夏牧民住毡帐，农民与城镇居民住土屋，官宦人家住瓦房。西夏妇女喜欢梳高髻，妇女发髻上通常没有任何饰物。较为注重的节日有冬至节、圣节、中元节和中秋节等。西夏农业居民以米、面、青稞等为主食；牧民以羊肉及乳制品为主要食物。

【回族简介】

回族是中国少数民族中散居全国、分布最广的民族，宁夏回族自治区为主要聚居区，此外还有甘肃省、青海省、新疆维吾尔自治区、河南省、河北省、山东省等省区。

回族由于长期和汉族杂居，逐渐习惯于以汉语作为本民族的共同语言。既受阿拉伯、波斯等文化的影响，又受汉族文化影响。但在共同心理状态、经济生活、宗教信仰和风俗习惯等方面，回族表现出自己的特色。

回族主要从事农业，也经营牧业、手工业和商业。回族工匠在制香、制药、制革等方面较为著名，尤以善于经营珠宝玉石、运输和服务业等著称。

回族的民居建筑基本摆脱了阿拉伯和中亚建筑风格，采纳了中国传统的以殿宇式四合院为主的建筑式样，但布局和装修独具民族风格。

由于受到汉族传统文化的影响，回族群众衣着已逐渐与汉族相同，但仍保留着自己的特点。西北地区的回族男装多肥大，裤长及脚面；老年人扎裤腿，戴青色、白色圆形平顶小帽——“号帽”。妇女的衣服，上窄下宽，一般长及膝盖或过膝，戴披肩盖头。盖头是用丝织品或棉织品做成，从头上套下，披在肩上，两耳盖在里面，颔下扣扣，只露面部在外。一般少女戴绿色盖头，已婚妇女戴黑色，有了孙子或上了年纪的老年妇女戴白色。

回族婚俗程序大致可以分为说媒、订茶、插花、娶亲、表贤惠和回门。

回民拥有民族风味小吃，如清汤羊肉、羊羔肉、牛羊肉夹馍、羊杂碎汤、酿皮、白水鸡、切糕等，爱吃各种油煎食品，有油香和馓子。回民的盖碗茶有红糖砖茶、白糖清茶、冰糖窝窝茶及八宝茶。八宝茶里面放有花生、柿饼、红枣、核桃仁、芝麻等果脯作料，揭开盖碗，香气四溢。

开斋节（“肉孜节”）、古尔邦节（“宰牲节”“忠孝节”）和圣纪节是回族的主要节日。

【特产美食】

宁夏最有名的地方特产首推枸杞、甘草、贺兰石、滩羊二毛皮和太西煤 5 种，因颜色分别是红、黄、蓝、白、黑，所以又称“五宝”。宁夏也被誉为中国“枸杞之乡”。此外还有宁夏珍珠米、黄河鲤鱼、黄河鸽子鱼、灵武砟子炭、灵武长枣、葡萄酒、中卫硒砂瓜等特产，以及剪纸、刺绣、太西煤雕、通草堆画、草编工艺品、炭雕工艺品、沙雕和沙画等工艺纪念品。

宁夏美食以西北面食为主，清真特色居多。因为农业发达，蔬菜水果较丰富。牛羊肉是宁夏人主要的食用肉类。宁夏主要特色风味美食有油香、馓子、手抓羊肉、清蒸羊羔肉、爆炒羊羔肉、烩羊杂碎、羊肉粉汤饺子、羊肉搓面、生汆面、贺兰山野生蘑菇面、蒿子面、炒糊饽、馄馍、沙湖大鱼头、糖醋黄河鲤鱼、清蒸鸽子鱼、中宁清炖土鸡和宁夏烩小吃等。手抓羊肉相传有近千年的历史，原以手抓食而得名，吃法有三种，即热吃、冷吃和煎吃，特点是肉味鲜美、不腻不膻、色香味俱全。

【特色产业】

宁夏重点发展“六新六特六优”产业。新型材料、清洁能源、装备制造、数字信息、现代化工、轻工纺织“六新”产业潜力巨大；葡萄酒、枸杞、牛奶、肉牛、滩羊、冷凉蔬菜“六特”产业优势突出；文化旅游、现代物流、现代金融、健康养老、电子商务、会展博览“六优”产业快速崛起。宁夏种植葡萄条件得天独厚，贺兰山东麓葡萄酒品质优良，在国际顶级大赛中获奖 1100 多项；鲜奶乳脂率、乳蛋白率优于欧盟标准；六盘山黄牛肉质细嫩，盐池滩羊是 G20 峰会、金砖国家领导人峰会指定食材。

第五节　新疆维吾尔自治区

新疆维吾尔自治区位于中国西北边陲，自古以来就是祖国不可分割的一部分，是古丝绸之路的重要通道。新疆维吾尔自治区简称“新”，首府乌鲁木齐。

【地理环境】

新疆地处亚欧大陆腹地，作为古代“丝绸之路”的中枢要地，是东西方文明交流荟萃的重要区域。陆地边境线长 5700 多千米，约占全国陆地边境线的 1/4，周边与蒙古国、俄罗斯、哈萨克斯坦、吉尔吉斯斯坦、塔吉克斯坦、阿富汗、巴基斯坦、印度八国接壤。自治区面积为 166.49 万平方千米，是我国陆地面积最大、交界邻国最多、陆地边境线最长的省级行政区。

新疆地貌可以概括为“三山夹两盆”：北面是阿尔泰山，南面是昆仑山，天山横贯中部，把新疆分为南北两部分，习惯称天山以南为南疆，天山以北为北疆。位于南疆的塔里木盆地是中国最大的内陆盆地。塔里木盆地中部的塔克拉玛干沙漠是中国最大、世界第二大流动沙漠。贯穿塔里木盆地的塔里木河全长2486千米，是中国最长的内陆河。位于北疆的准噶尔盆地是中国第二大盆地。在天山的东部和西部，还有被称为“火洲”的吐鲁番盆地和被誉为“塞外江南”的伊犁谷地。艾丁湖位于吐鲁番盆地，低于海平面154.31米，既是新疆最低点，也是中国陆地最低点。新疆最高点为喀喇昆仑山的乔戈里峰，海拔8611米。

新疆湖库面积约10 700平方千米，其中博斯腾湖是中国最大的内陆淡水湖。境内山脉融雪形成大小河流570多条。冰川储量2.13万亿立方米，有“固体水库”之称。

【气候特征】

新疆远离海洋，深处内陆，四周有高山阻隔，海洋气流不易到达，形成明显的温带大陆性干旱气候。年平均降水量为177毫米。晴天多，日照强，少雨干燥，风沙多，昼夜温差大。由于新疆大部分地区春夏和秋冬之交日温差极大，故历来有“早穿皮袄午穿纱，围着火炉吃西瓜”之说。

【区划人口】

新疆维吾尔自治区辖4个地级市、5个地区、5个自治州。4个地级市是乌鲁木齐、克拉玛依、吐鲁番和哈密。新疆生产建设兵团是自治区的重要组成部分，辖有14个师。2024年末，新疆维吾尔自治区常住人口为2622.8万人（《新疆维吾尔自治区2024年国民经济和社会发展统计公报》数据）。

【历史沿革】

从汉代至清代中晚期，包括新疆天山南北在内的广大地区统称为西域。自汉代开始，新疆地区正式成为中国版图的一部分。汉朝以后，历代中原王朝时强时弱，和西域的关系有疏有密，中央政权对新疆地区的管治时紧时松，但任何一个王朝都把西域视为故土，行使着对该地区的管辖权。在中国统一的多民族国家历史演进中，新疆各族人民同全国人民一道，共同开拓了中国的辽阔疆土，共同缔造了多元一体的中华民族大家庭。中国多民族大一统格局，是包括新疆各族人民在内的全体中华儿女共同奋斗造就的。

公元前138年、公元前119年，汉武帝两次派遣张骞出使西域。公元前60年，控制东部天山北麓的匈奴贵族日逐王降汉，西汉统一西域。同年，设西域都护府作为管理西域的军政机构。公元123年，东汉改西域都护府为西域长史府，继续行使管理西域的职权。三国曹魏政权继承汉制，在西域设戊己校尉。西晋在西域设置西域长史和戊己校尉管理军政事务。327 年，前凉政权首次将郡县制推广到西域，设高昌郡（吐鲁番盆地）。从 460 年到 640 年，以吐鲁番盆地为中心，建立了以汉人为主体居民的高昌国，历阚、张、马、麹诸氏。隋代，结束了中原长期割据状态，扩大了郡县制在新疆地区的范围。突厥、吐谷浑、党项、嘉良夷、附国等周边民族先后归附隋朝。唐代，中央政权对西域的管理大为加强，先后设置安西都护府和北庭都护府，统辖天山南北。于阗王国自称唐朝宗属，随唐朝国姓李。宋代，西域地方政权与宋朝保持着朝贡关系。高昌回鹘尊中朝（宋）为舅，自称西州外甥。喀喇汗王朝多次派使臣向宋朝朝贡。元代设北庭都元帅府、宣慰司等管理西域军政事务，1251 年，西域实行行省制。明朝设立哈密卫作为管理西域事务的机构，并在嘉峪关和哈密之间先后建立安定、阿端、曲先、罕东、赤斤蒙古、沙州 6 个卫，以此支持管理西域事务。清代，清政府平定准噶尔叛乱，中国西北国界得以确定。此后，对新疆地区实行了更加系统的治理政策。1762 年设立伊犁将军，实行军政合一的军府体制。1884 年在新疆地区建省，并取“故土新归”之意，改称西域为“新疆”。1912 年，新疆积极响应辛亥革命，成为中华民国的一个行省。

1949 年，新疆和平解放。1955 年，新疆维吾尔自治区成立。

【交通状况】

新疆交通以公路为基础，铁路为骨干，包括民用航空、输油气管道 4 种运输方式相配合，形成了内连自治区内各地（州、市）和县，外连国内西、中、东部地区及周边国家的综合运输网络。公路建设基本形成了以乌鲁木齐为中心，以干线公路为骨架，环绕两大盆地、沟通天山南北、辐射主要地州、东连内地、西出中亚、通达全疆的公路主骨架。新疆铁路主要有兰新铁路、南疆铁路、兰新高铁等。2014 年 11 月 16 日，兰新高铁（乌鲁木齐南至哈密段）开通运营，标志着新疆正式进入高铁时代。兰新高铁路是我国在高海拔地区修建的首条高速铁路，也是世界上一次性建成通车里程最长的高速铁路。1992 年 9 月，新亚欧大陆桥的开通使兰新线成为连接中亚和西亚的国际大通道。

新疆已拥有 25 座机场，为国内拥有民航机场数量最多的省份。我国首条陆路跨境原油运输管道——中哈原油管道始建于 2004 年，二期工程一阶段于 2009 年 7 月建成投产，实现由哈萨克斯坦西部到中国新疆全线贯通。

新疆的阿拉山口口岸、霍尔果斯口岸是我国仅有的两个铁路公路、输油气管道三位一体的国家一类口岸。霍尔果斯、伊尔克什坦、吉木乃、巴克图、阿拉山口、都拉塔 6 个口岸成为我国 TIR 运输试点口岸。TIR 系统是基于《国际公路运输公约》(以下简称《TIR 公约》)框架下的、目前唯一的全球性跨境货物运输通关系统，涵盖公路、铁路、内陆河流、海运等多式联运。我国于 2016 年 7 月加入《TIR 公约》。2019 年 5 月，中国海关总署宣布，将全面实施《TIR 公约》。“第四物流通道”指的是继航空、船舶、铁路之后的卡车物流通道，构建在 TIR 系统之下，速度快、成本低。

【自然资源】

新疆石油、天然气资源总量高，占全国预测总量的 1/4 以上。阿勒泰地区的宝石、黄金、白云母，阿尔金山的石棉，昆仑山的和田玉，还有以铜为代表的有色金属矿，矿质优秀，开发前景广阔。

塔里木河、玛纳斯河流域生长着世界著名的胡杨和灰杨，准噶尔盆地边缘散布的梭梭林和塔里木盆地周边的红柳是防风固沙的主要植被。新疆是全国五大牧区之一，在“三山”和“两盆”周围有大量的优良牧场。全区生物资源种类繁多、品种独特。果树资源丰富，自古以来就有“瓜果之乡”的美誉。

【文化艺术】

早在 2000 多年前，新疆地区就是中华文明向西开放的门户，是东西方文明交流传播的重地，这里多元文化荟萃、多种文化并存。中原文化和西域文化长期交流交融，既推动了新疆各民族文化的发展，也促进了多元一体的中华文化的发展。

故事、诗歌是新疆各民族民间口头文学的重要组成部分。产生于 9 世纪至 10 世纪的英雄史诗《玛纳斯》，经过柯尔克孜歌手世代传唱与加工，成为享誉中外的文学巨著。

历史文学方面，深受中原文化滋养的维吾尔文化，形成了《福乐智慧》《突厥语大词典》两部经典。《福乐智慧》是 11 世纪中后期喀喇汗王朝政治家、文学家玉素甫·哈斯·哈吉甫用回鹘文创作的一部劝诫性长诗。长诗通过虚构的 4 个象征人物之间的对话，表达了作者对一系列社会、自然等问题的看法，是反映当时社会、历史、文化的史诗性的著作。它的学术价值和历史意义已远远超越了纯文学的范围，成为中华民族文学宝库中的珍品之一。《突厥语大词典》是麻赫穆德·喀什噶里编著的一部用阿拉伯语注释突厥语的综合性知识辞书。该书通过丰富的语言材料，广泛地介绍了喀喇汗王朝维吾尔和操突厥语族语言的各民族政治、经济、历史、地理、文化、宗教、哲学、伦理方面的知识和风土人情，是一部研究维吾尔等操突厥语族语言的各民族历史、语言、文化等方面极有价值的百科全书式的巨著。

在科技方面，元朝维吾尔族农学家鲁明善著有《农桑衣食撮要》，此书包括农作物栽培，家畜、家禽饲养，农产品的加工、贮藏等内容，通俗易懂，简明扼要，在我国农业技术史上占有重要地位。

新疆自古就有“歌舞之乡”的誉称，维吾尔、哈萨克、柯尔克孜、塔吉克、蒙古、锡伯、乌孜别克、塔塔尔等民族都能歌善舞，主要有纳孜库姆、十二木卡姆、龟兹乐舞、刀郎舞、阿肯弹唱、塔吉克族的鹰舞、萨满舞、新疆“花儿”等。民族乐器主要有热瓦甫、弹布尔、都塔尔、艾捷克、胡西塔尔、萨塔尔、卡龙、达卜、纳格拉、苏奈、冬不拉、霍布孜、库木孜、鹰笛等。龟兹乐、疏勒乐、高昌乐、于阗乐、伊州乐和悦般乐都是见之于史册的乐舞瑰宝。唐代官制的10部乐中，就有出自新疆的《龟兹》《疏勒》《高昌》3部。古代新疆有苏祇婆、白明达、裴兴奴、何妥、尉迟青等一大批音乐演奏家、作曲家和音乐理论家被载入史册。自10世纪起，维吾尔族先民在西域传统音乐的基础上，吸收阿拉伯、波斯音乐的精华，经过长期演化，终于在16世纪初由阿曼尼莎汗等人整理出了《十二木卡姆》，剔除了其中过多的波斯语、阿拉伯语借词，使木卡姆歌词从以往晦涩难懂的具有宗教色彩的宫廷诗词中摆脱出来。“木卡姆”是大型套曲的意思，《十二木卡姆》就是指十二部大型套曲。全部十二木卡姆共有乐曲、歌曲340余首，以器乐合奏、音乐和歌舞演奏、群众歌舞大联欢的“三部曲”形式演出。一次完整的演出需要24~27小时。新疆维吾尔木卡姆艺术是列入《人类非物质文化遗产代表作名录》的项目之一。

叼羊、“姑娘追”、达瓦孜是具有新疆民族特色的体育活动。①叼羊活动一般在夏季举行，深受哈萨克、柯尔克孜、塔吉克、锡伯等民族喜爱。有分队和不分队两种方式。以分队式叼羊为例：骑手分成两队，主持人将羊置于规定地点，双方骑手从起点迅速驱马抢夺，抢到羊者将羊夹抱或置于马背上向终点奔驰，对方众骑手则施展技巧拦阻抢夺，以最后得羊并先到终点者为胜。获胜者按照当地的习俗，将羊当场烤熟，请众骑手共享，称为“幸福肉”。②“姑娘追”（哈萨克语称“克孜库瓦尔”）是哈萨克青年最喜爱的一种马上体育游戏，多在婚礼、节日等喜庆之时举行。活动开始，二人骑马并走向指定地点。去时，小伙子可向姑娘任意戏谑或求爱，姑娘只能默默倾听，不能生气；返程，小伙子必须策马疾驰，姑娘则在后挥鞭追打。追上后便用马鞭在小伙子的头上频频挥绕，甚至可以抽打；如果姑娘本来就喜欢小伙子，那她就会把马鞭高高举起，轻轻落下。③达瓦孜（走高绳）是维吾尔族绵延千年的一种杂技艺术表演形式。其特点是把多种多样的杂耍技艺搬到数十米高空的绳索或钢丝上演练，表演者手持长约 6 米的平衡杆，不系任何保险带，在绳索上表演前后走动、盘腿端坐、蒙上眼睛行走等一系列惊心动魄的技艺。

【旅游资源】

“新疆是个好地方”，地域辽阔，旅游资源丰富。

新疆堪称名山荟萃之地。天山山脉横贯中部，帕米尔高原和喀喇昆仑山、昆仑山、阿尔金山三大山系环列南部，阿尔泰山拱居于北。位于喀喇昆仑山的乔戈里峰是世界第二高峰。

沙漠是新疆最博大的地貌景观，塔克拉玛干、古尔班通古特两大沙漠和库木塔克沙漠等中小沙漠，可谓浩瀚恢宏。湖泊景观是新疆又一奇观。全区有 100 多个不同类型的湖泊，已经进行旅游开发的有天山天池和初始开发的博斯腾湖、赛里木湖、乌伦古湖、大龙池、喀纳斯湖和巴音布鲁克天鹅湖等。

生态旅游有吐鲁番的葡萄沟、和田的千里葡萄长廊、阿图什的无花果园、阜康的蟠桃园、新源的阿布拉克“果树王”园等。

新疆较为丰富的历史文化遗存，是古代丝绸之路经济文化交流的见证。丝绸之路进入新疆后分为天山以南的南道、北道、中道和稍后拓通的天山以北的新北道。在这几条丝路上，荟萃东西方文化的古代于阗、莎车、疏勒、龟兹、车师、高昌等西域文化遗迹，以及汉、晋、隋、唐、元、明、清等各历史时期治理新疆的都护府、都督府、将军府等遗存比比皆是。

交河故城遗址位于新疆吐鲁番市以西的亚尔乡，是世界上最大、最古老、保存得最完好的生土建筑城市，也是我国保存 2000 多年最完整的都市遗迹。唐西域最高军政机构安西都护府最早就设在交河故城。2014 年 6 月 22 日，交河故城作为中国、哈萨克斯坦、吉尔吉斯斯坦三国联合申遗的“丝绸之路：长安—天山廊道的路网”中的一处遗址点成功列入《世界遗产名录》。

楼兰故城遗址位于新疆巴音郭楞蒙古自治州若羌县境内的罗布泊的西北角，是汉晋时期古城遗址。楼兰国是西域古国名，国都楼兰城。后楼兰国更名为鄯善国。由于孔雀河改道，罗布泊水域萎缩，楼兰城居民遗弃楼兰城，南迁。楼兰故城曾经为丝绸之路必经之地。

新疆还是中国最早的石窟艺术传播地，已经发现的数十处“千佛洞”，以天山南麓为最多。其风格由西方型向东方型逐渐变化，越到后期越受中原文化影响。新疆石窟是古代文化艺术的瑰宝，也是丝绸之路历史的“百科全书”，有极高的旅游价值和研究价值。在众多的石窟艺术中，首推拜城克孜尔石窟，它是龟兹文化的精髓所在。吐鲁番也发现有多处石窟，以柏孜克里克石窟价值最高，洞中彩绘壁画外层为佛教文化，被遮掩的内层却是摩尼教文化。

新疆另一项奇观是坎儿井，它广泛分布在吐鲁番、鄯善、托克逊、库车、阜康、哈密等沙漠绿洲，尤以吐鲁番最为集中。

《万方乐奏有于阗》《丝绸之路 千年印象》《昆仑之约》等旅游景区的演出深受旅游者好评。

新疆的旅游核心城市包括乌鲁木齐、伊宁、喀什等。乌鲁木齐是丝绸之路经济带核心区，被称作“亚心之都”，主要景点有天山大峡谷、水磨沟、新疆国际大巴扎等。伊宁是伊犁哈萨克自治州的首府，也是丝绸之路北道的陆路要冲和重要商埠，是中国西部最大的边境城市，素有“花园城”“苹果城”“白杨城”之美称。主要景点有伊犁河、六星街、喀赞其等。喀什市是喀什地区的首府城市，也是南疆的区域中心城市，北面有天山，南依喀喇昆仑山与西藏阿里地区，西靠帕米尔高原，东面是中国最大的沙漠——塔克拉玛干沙漠。

新疆现有世界遗产 3 项：天山、长城（新疆段）、丝绸之路（新疆段）；有国家 5A 级旅游景区 18 家，即天山天池风景名胜区、吐鲁番市葡萄沟风景区、阿勒泰地区喀纳斯景区、伊犁哈萨克自治州那拉提旅游风景区、阿勒泰地区富蕴可可托海景区等；有国家级旅游度假区 2 家：那拉提旅游度假区、五家渠青格达湖旅游度假区。

【民族民俗】

新疆是一个多民族聚居的地区，共有 56 个民族定居，其中主要民族有维吾尔族、汉族、哈萨克族、蒙古族、回族、柯尔克孜族、满族、锡伯族、塔吉克族、达斡尔族、乌孜别克族、塔塔尔族、俄罗斯族，共 13 个民族。

在漫长的历史发展过程中，新疆各族人民用劳动和智慧创造了优秀的文化，有着独特的民族风情。新疆的维吾尔、哈萨克、柯尔克孜、塔吉克、乌孜别克、塔塔尔等民族构成了新疆独特的民俗风情。古尔邦节和肉孜节是当地盛大的节日，此外还有维吾尔族、哈萨克族、柯尔克孜族、乌孜别克族和塔吉克族等民族共同的传统民族节日——诺鲁孜节，蒙古族的那达慕大会，锡伯族的西迁节，等等。每逢节日，各族人民分别弹奏起都塔尔、冬不拉、弹布尔、手鼓等乐器，举办麦西热甫、木卡姆演唱、阿肯弹唱、达瓦孜、旋转式秋千、赛马、叼羊、“姑娘追”、摔跤、马上角力，以及斗狗、斗羊等音乐、歌舞和游乐活动。

【维吾尔族简介】

“维吾尔”意为“维护你我团结”。

维吾尔族有自己的语言文字。语言属阿尔泰语系突厥语族。

维吾尔族先民擅长在盆地和河谷边缘开发绿洲，并开挖地下暗沟渠，称作“坎儿井”，用以灌溉农田，建成独特的绿洲灌溉农业经济。棉花种植历史悠久，品种优良。瓜果生产闻名全国。此外，维吾尔族还擅长园林艺术。

维吾尔族是一个能歌善舞的民族。《十二木卡姆》在古代有“维吾尔音乐之母”的誉称，长期在民间流传。民间乐器有都塔尔、巴拉曼和手鼓达甫等弹拨、吹奏和打击乐器数十种之多。维吾尔族的舞蹈轻巧、优美，以旋转快速、动作多变著称，有顶碗舞、手鼓舞等，《赛乃姆》是最普遍的民间集体舞蹈。《阿凡提的故事》是广为流传、老幼皆知的民间故事。达瓦孜是维吾尔族喜闻乐见的娱乐表演项目。“巴扎”是维吾尔族的传统贸易集市，民族风情浓郁。

传统的维吾尔族住房一般用泥土建筑，开天窗，屋顶平坦，有的设有廊房。室有夏室、冬室之分，夏室在前，作会客用；冬室在后，作卧室用。室内砌实心土炕，高约一尺，供起居坐卧。墙上开壁龛，内置食物和用具，喜爱在墙上挂壁毯。冬季以火墙取暖，靠墙的一边为待客的上座。大门忌朝西开。

维吾尔族传统的男子外衣称为“袷袢”，长过膝、宽袖、无领、无扣，穿时腰间系一长带。女子普遍穿连衣裙，外罩坎肩或上衣。妇女和姑娘都喜欢用天然的乌斯蔓草汁画眉、染指甲，喜欢戴耳环、手镯、戒指、项链等。维吾尔族不论男女老幼都喜欢戴“尕帕”(四棱花帽)。未婚少女爱梳十几条发辫，以长发为美。

维吾尔族的传统饮食以面食为主，喜食羊、牛肉，蔬菜吃得相对较少。主食的种类很多，常吃的有馕、抓饭、烤包子、拉面等。夏季多食瓜果。喜喝奶茶。维吾尔族人还喜欢吃果肉、果仁、羊肉串。

【特产美食】

新疆土特产品有哈密瓜、葡萄、西瓜、库尔勒香梨、无花果、石榴、薄皮核桃、杏、巴旦杏等各色瓜果，还有各类蜜饯、红花、胡萝卜汁、葡萄酒、番茄制品、啤酒花、辣椒等。

新疆特色工艺美术品包括地毯、花毡、小刀、玉雕、艾德莱斯绸等。新疆盛产美玉，尤以新疆和田玉最负盛名，其开发利用已有 7000 多年的历史。千百年来，新疆玉石通过丝绸之路输往内地和国外。和田玉雕作品包括人物、鸟兽、鱼虫、花卉等，深受国内外旅游者的喜爱。

新疆各种食品色香味俱佳。烤羊肉串已风靡全国，烤全羊也是新疆一大名馔。抓饭、手抓羊肉是新疆少数民族最喜欢的食品，也是逢年过节、婚丧嫁娶的必备食品。烤馕、烤包子、拉面、油馓子、油塔子、奶茶等，则是新疆少数民族的传统食品。新疆牧区的少数民族能将牛奶、羊奶加工成八九种奶制品，或香或甜或酸，都带有浓郁的奶味，营养丰富。用马奶发酵而成的马奶子酒，酒香微醺，清凉适口。

【特色产业】

新疆"十四五"期间重点发展石油石化、煤炭煤化工、电力、纺织服装、电子产品、林果、农副产品加工、馕、葡萄酒、旅游十大特色产业。新疆自然条件好，有利于棉花生长，是我国最大的优质商品棉和国内唯一的长绒棉生产基地。新疆已成为我国葡萄酒酿造大省，酿酒葡萄种植面积居全国第二，产量居全国之首。

随堂练

经典图片

第八章 港澳台地区导游基础知识

【学习目标】

了解香港特别行政区、澳门特别行政区和台湾省的历史、地理、气候、区划、人口、交通、旅游等概况，以及代表性的饮食特点、主要美食和风物特产。熟悉这三个地区列入《世界遗产名录》的中国遗产地，列入《人类非物质文化遗产代表作名录》的中国非遗项目，国家5A级旅游景区和国家级旅游度假区；具有代表性的历史文化和民俗风情。掌握这三个地区的旅游核心城市、国内知名地域文化、民族民间文化及特色产业。

第一节 香港特别行政区

香港，全称中华人民共和国香港特别行政区，简称“港”，别称“香江”“香岛”“东方之珠”。香港是一座高度繁荣的自由港和国际大都市，是全球第三大金融中心，是重要的国际金融、贸易、航运中心和国际创新科技中心，是全球最自由的经济体和全球服务业主导程度最高的经济体之一。

【地理环境】

香港位于中国南部、珠江口以东，西与中国澳门隔海相望，北与广东省深圳市相邻，南临广东省珠海市万山群岛。香港特别行政区的区域范围包括香港岛、九龙、新界和周围的262个岛屿。陆地总面积为1114.57平方千米。

香港拥有绵长的海岸线，地势山峦起伏，地形以山地、丘陵为主，平地较少，占总面积约20%的平原主要集中在香港岛北部、九龙半岛和背面的元朗、沙田等地。海拔最高点为大帽山（957米）。虽然香港一名取自香港岛，但香港最大的岛屿却是面积比香港岛大2倍多的大屿山。

【气候特征】

香港属亚热带气候，湿润多雨，夏季炎热潮湿，冬季则较为干燥和凉爽。约半年时间近似温带气候，雨量集中在5—9月。

【区划人口】

香港特别行政区下辖香港岛、九龙半岛、新界3个地区共18个分区。香港岛有中西区、湾仔区、东区、南区；九龙半岛有油尖旺区、深水埗区、九龙城区、黄大仙区、观塘区；新界有北区、大埔区、沙田区、西贡区、荃湾区、屯门区、元朗区、葵青区、离岛区。

香港是世界上人口密度最高的地区之一，截至2024年底，香港人口临时数字为753.42万人，常住居民占726.71万人，流动居民26.71万人（数据来源：香港特别行政区政府统计处）。连续7年蝉联全球最长寿地区榜首。

【历史沿革】

新石器时代，香港已经有了人类活动。秦汉以来先后属番禺县、宝安县、东莞县、新安县管辖。公元前214年，秦始皇派兵进攻百越各部族，夺取岭南，设桂林郡、南海郡、象郡3个郡，把香港一带纳入其领土，属番禺县管辖。由此开始，香港便置于中央政权的管辖之下。汉朝香港隶属南海郡博罗县。东晋咸和六年（331年），香港隶属东莞郡宝安县。隋朝又废东莞郡，将辖地并入广州府南海郡，宝安县也改为隶属南海郡，香港则仍归宝安县管理。唐朝至德二年（757年），改宝安县为东莞县，香港仍然隶属东莞县。宋元时期，内地人口大量迁至香港，促使香港的经济、文化得到很大的发展。元朝时，在香港西南的屯门、广州外港的屯门又设巡检司，驻军，防止海盗入侵，拱卫广州地区。明万历年间从东莞县划出部分地方成立新安县，为后来的香港地区。香港岛自此由明万历元年（1573年）至清道光二十一年（1841年）受英国殖民统治，其间一直属广州府新安县管辖。清朝于1662年派兵到新界，并命令乡民留辫。香港在清朝时，一直在对外通商中扮演重要角色。

1841年第一次鸦片战争以后英国强占香港岛，后经《南京条约》(1842年)、《北京条约》(1860年)、《展拓香港界址专条》(1898年)3个不平等条约，香港岛、九龙和新界先后被“割让”或“租借”给英国。

第二次世界大战期间，日军进犯香港，驻港英军无力抵抗，当时的香港总督杨慕琦无奈宣布投降。香港被日本占领。1945年9月15日，日本战败后在香港签署投降书，撤出香港。

20 世纪 80 年代初，解决香港问题开始提上议程。在邓小平提出的“一国两制”方针指导下，我国政府从 1982 年 9 月开始就解决香港问题与英国政府进行谈判。1984 年 12 月 19 日，中英两国政府正式签署了关于香港问题的联合声明。1990 年 4 月 4 日，全国人大七届三次会议通过了《中华人民共和国香港特别行政区基本法》。

1997 年 7 月 1 日，中国政府对香港恢复行使主权，中华人民共和国香港特别行政区成立，直辖于中央人民政府，基本法开始实施。香港进入了“一国两制”“港人治港”、高度自治的历史新纪元。

2019 年 2 月 18 日，中共中央、国务院印发了《粤港澳大湾区发展规划纲要》，粤港澳大湾区包括香港特别行政区、澳门特别行政区和广东省广州市、深圳市、珠海市、佛山市、惠州市、东莞市、中山市、江门市、肇庆市，总面积 5.6 万平方千米，是我国开放程度最高、经济活力最强的区域之一，在国家发展大局中具有重要战略地位。

【交通状况】

香港的交通极为便捷和成熟，得益于其多元化且高效的公共交通系统。香港的内部交通由轨道交通（港铁）、公共汽车（巴士）、轻便铁路（轻铁）、电车、渡轮等组成。港铁为香港市区内最主要的公共交通工具，有 10 条线路。旅游者可以乘坐便捷的地铁、轻铁快速穿梭于香港岛、九龙和新界的各处名胜，或是搭乘电车慢慢探索大街小巷，或是在渡轮上观赏维多利亚港的美丽风光。

香港的联外交通主要有公路、铁路、航空和海运。港珠澳大桥是中国境内一座连接香港、广东珠海和澳门的桥隧工程，全长 55 千米，是“一国两制”下粤港澳密切合作的重大成果，被誉为桥梁界的“珠穆朗玛峰”。通车五年来，累计客流达 3600 万人次，车流 750 万辆次，成为互联大湾区的“黄金通道”。铁路方面，京九铁路经由红磡站接入香港，西九龙站与广深港高速铁路相通。广深港高铁香港段开通后，大大缩短了香港与内地主要城市的通行时间。目前已连接大湾区六大内地城市，形成香港高铁“1 小时生活圈”。香港国际机场是世界最繁忙的货运枢纽，也是全球十大最繁忙客运机场之一。香港是亚洲重要的海上运输枢纽，是全球最繁忙的货柜港之一。九龙及香港岛之间的维多利亚港，因港阔水深、四面抱拥，有利于船只航行，是世界三大天然良港之一。

【文化艺术】

香港通行“两文三语”，即书面上使用中文和英文，口语上使用粤语、普通话和英语。香港的官方语言包括中文和英文。在日常生活和商业交流中，中文，特别是粤语，是主要的口语交流方式。英文也在教育、法律、政府和国际商务等领域得到广泛使用。由于香港的历史背景和移民文化，一些来自内地的方言，如客家话、潮州话等，在香港也有一定数量的使用者。香港最普遍使用的汉字书体是繁体中文。

粤剧是香港颇具代表性的传统表演艺术，已成为香港本地文化的重要印记，是香港民众喜爱的娱乐方式。粤剧于 2009 年被联合国教科文组织列入《人类非物质文化遗产代表作名录》。香港特别行政区政府很重视粤剧艺术的发展，为支持粤剧的研究、推广和持续发展，设立了粤剧发展咨询委员会和粤剧发展基金。

香港的流行音乐对内地影响较大，粤语歌是香港早年普及的大众流行音乐。自 20 世纪 70 年代起，许冠杰创造的香港口语演绎法带动了中文歌潮流，对“粤语流行曲”的推行和发展起到了决定性作用。20 世纪 80 年代不仅是香港粤语流行曲百花齐放的时代，也是香港乐坛的全盛时期。20 世纪 80 年代末至 20 世纪 90 年代初，红极一时的歌手有罗文、林子祥、梅艳芳、叶倩文、林忆莲等。2000 年左右，谢霆锋、古巨基等歌手深深影响了中国内地的流行文化。

香港电影业始于 1913 年的首部香港电影《庄子试妻》，粤语片在 20 世纪 50 年代异常繁荣。20 世纪 80 年代是香港电影的全盛时期，高峰期港产片年产达 300 部，涌现出一批电影明星和优秀导演，如李小龙、周润发、赵雅芝、张国荣、李连杰、成龙等明星和吴宇森、徐克等导演，他们在国际上均颇负盛名。香港电影奖项有：香港电影金像奖、香港电影评论学会大奖、亚洲电影大奖。

香港每年都主办各种类型文化、康乐、体育活动，较大型的活动包括香港艺术节、香港巴塞尔艺术展、香港国际电影节、法国五月艺术节、中国戏曲节、国际综艺合家欢、香港国际七人橄榄球赛、六人木球赛和国际赛马。

【旅游资源】

香港拥有世界级会展设施及多元化旅游景点，既是会展旅游的首选目的地，也是观光、购物、品尝美食、家庭旅游、商务旅游、休闲度假的好去处。香港特别行政区政府、澳门特别行政区政府与粤港澳大湾区 9 个内地城市的政府，共同成立粤港澳大湾区城市旅游联合会及粤港澳大湾区“9+2”城市旅游市场链和监管协作体，以推动区内的旅游合作及发展。《粤港澳大湾区文化和旅游发展规划》于 2022 年 12 月公布，为大湾区的旅游发展提供指导方向，引导大湾区成为中西文化交流的枢纽及世界级旅游目的地。

香港港岛地区的主要旅游景点有：香港会议展览中心、金紫荆广场、国际金融中心、浅水湾、香港海洋公园、太平山等；九龙地区的主要旅游景点有：星光大道、维多利亚港夜景“幻彩咏香江”灯光秀、黄大仙祠等；新界及离岛地区的主要旅游景点有：香港迪士尼乐园、青马大桥、香港湿地公园等。

金紫荆广场位于香港会展中心的新翼海旁的博览海滨花园内，是为庆祝香港回归祖国而设立的。1997 年 7 月 1 日，香港特别行政区成立，中央人民政府把一座高 6 米的金紫荆雕塑送赠香港，命名为“永远盛开的紫荆花”，寓意香港永远繁荣昌盛。

国际金融中心是香港作为世界级金融中心的著名地标，位于香港岛中环金融街 8 号，面向维多利亚港。现为恒基兆业集团和香港金融管理局的总部所在地。

浅水湾位于香港岛太平山南面，依山傍海，海湾呈新月形，号称“天下第一湾”，也有“东方夏威夷”之美誉，是香港最具代表性的海湾。浅水湾东南端有一座中国古典风格双层建筑——镇海楼，镇海楼公园（天后花园）内有两尊 10 米高的天后娘娘和观音菩萨塑像，配套景观包括长寿桥、万寿亭、鳌鱼献寿雕塑等祈福主题设施。

太平山位于香港中西区，一般指“太平山山顶”，因而被香港人简称为“山顶”，海拔 554 米。太平山是香港的标志性景点之一，搭乘复古缆车抵达山顶后，可将维港美景、港岛和九龙的繁华尽收眼底，天气好时还能远眺大屿山。

维多利亚港简称“维港”，是位于香港特别行政区的香港岛和九龙半岛之间的海港，是亚洲第一、世界第三大海港。维多利亚港一直影响着香港的历史和文化，主导着香港的经济和旅游业发展，是香港成为国际化大都市的关键之一。

香港黄大仙祠又名“啬色园”，是香港最著名的庙宇之一。每年农历大年初一，市民都要争头炷香。相传祠内所供奉的黄大仙十分灵验。该祠也是香港唯一一所可以举行道教婚礼的道教宫观。

迪士尼乐园位于香港新界大屿山，是全球第五座、亚洲第二座、中国第一座迪士尼乐园，分为 7 个主题区，包括美国小镇大街、探险世界、幻想世界、明日世界、灰熊山谷、迷离庄园、反斗奇兵大本营。晚上还会呈献巡游表演节目及烟花汇演。

香港海洋公园是一座集海陆动物、机动游戏和大型表演于一体的世界级主题公园，分为“高峰乐园”和“海滨乐园”两大主要景区，以登山缆车和海洋列车连接。公园内拥有多种海洋动物，包括海豚、海狮、海象等，旅游者可近距离观赏。

香港的文旅演艺事业精彩纷呈，为城市文旅发展注入强大活力。每年举办的香港艺术节，是国际艺坛重要文化盛事，涵盖音乐、歌剧、戏曲等多元艺术形式。流行音乐演唱会市场同样火爆，带动餐饮、住宿等行业发展。香港红磡体育馆使用率近 100%，中环海滨活动空间等也承接多场演出。在舞台演出方面，本地艺术团体创作活跃，如香港芭蕾舞团改编的《梁山伯与祝英台》。

【民俗风情】

迎春花市。在春节期间逛花市是香港民众最重要的春节习俗之一，特别是在除夕这一天，几乎每家每户都要到花市来，挑选鲜花或者是盆栽，祝愿来年身体健康、学业进步、事业顺利。

舞狮在香港又称“醒狮”，逢年过节或是店铺开业都有醒狮表演的传统。香港人新年图热闹喜庆，舞龙舞狮从 20 世纪起就成了春节的固定节目。

香港保留着不少端午节的传统民俗，如举行龙舟竞渡、“放纸龙”仪式、用龙舟进行祭祀、游龙舟水及吃粽子等。香港人将划龙舟称为“扒龙舟”，这个习俗由来已久。

香港人既有中国的传统观念，又有西方的习俗。香港绝大多数家庭恪守粤式传统饮食方式，喜欢喝早茶、下午茶。因为粤语谐音问题，香港人送礼物忌讳送钟（“送终”）、书籍（“输”），送花忌讳赠送剑兰、茉莉、梅花等。港人的吉祥数字有“3”“8”（与粤语“升”“发”谐音）、“6”“9”（与“禄”“久”谐音），但他们忌讳“4”（与“死”谐音）。忌讳称丈夫或妻子为“爱人”，“爱人”等同于“情人”。香港人一般不大喜欢肢体触碰，在排队、坐车、走路时也尽量避免推挤和肢体接触。香港人忌讳别人打听个人隐私，如住址、婚姻状况、收入、年龄等。香港行人和车辆靠左行。

【特产美食】

粤菜是香港的主要菜系。香港传统粤菜以广州菜为主，盆菜则是新界原居民在节日时的传统菜。由于香港临近海洋，因此海鲜也是常见的菜色，香港石斑鱼以其鲜美口感和高品质而闻名。此外，还发展出如避风塘炒蟹的避风塘菜色。

香港汇聚了世界各地的美食，香港旺角、铜锣湾、尖沙咀东部和九龙城等地有些街道尽是食肆。充满亚洲风味的餐馆遍布香港，有辛辣的泰国汤、香浓的印度咖喱、韩国烧烤、越南沙律卷、日本寿司等特色美食。香港的中国菜餐馆，提供中国各地的特色佳肴，广东菜餐馆尤其多，其他地道菜包括潮州菜、湖南菜、四川菜、北京菜、上海菜等，以及讲究清淡的素菜。此外，还有以传统的广式点心作早餐的茶楼。

香港饮食也深受外来饮食文化影响。中环苏豪区、湾仔及尖沙咀酒吧林立，慕尼黑啤酒节由 1991 年起每年于尖沙咀广东道举行。快餐方面，美式快餐主要由麦当劳及肯德基经营，而香港也发展出自己的港式快餐，当中以大家乐、大快活及美心快餐为代表。

流行于民间的传统食品一直扎根香港，如年糕、粽子、鱼蛋、蛋挞、小桃酥、杏仁饼、盲公饼、鸡仔饼、小椰堆、花生饼、芝麻饼、相思酥、棋子饼、炒米饼、格子饼、花生糖、袋仔面、鸡蛋仔、花生豆、南乳香酥角，等等。

在工艺品方面，香港的珠宝玉器、丝绸制品和刺绣等也备受推崇。这些工艺品不仅具有精美的外观和独特的设计，还蕴含着深厚的文化内涵，深受旅游者喜爱。

【特色产业】

香港的特色产业涵盖了金融服务业、贸易物流业、钟表业、玩具游戏产业、专业服务业、文化产业、旅游业和时尚产业等多个领域。香港是国际金融中心，金融市场、外汇市场、银行业、保险业等高度发达，金融业被称为“百业之首”。香港也是全球服务中心，主要的服务有旅游、运输及金融服务。香港的旅游业发展较好，是著名的旅游目的地，也是名副其实的购物天堂。无论是高端奢侈品、时尚服饰，还是日常用品、特色手工艺品，香港都能满足旅游者的多样化需求。在铜锣湾、尖沙咀等繁华的商业区，大型购物中心、百货公司、品牌专卖店林立。

国家“十四五”规划明确支持香港发展为国际创科中心，并把深港河套纳入大湾区重大合作平台。香港和深圳两地政府正全力打造深港科技创新合作区，实现“一区两园”发展。

香港大力推动新兴产业发展。在数字经济领域，加快建设“超算中心”，拓展 5G 网络、数据中心等重点设施。在生命健康科技领域成果丰硕，拥有顶尖医学院与学者，将以制度创新配合科技创新，建设国际医疗创新枢纽。AI 技术在香港的应用场景不断拓展，涵盖时装设计、医疗诊断、影视创作、金融科技等多个领域。

第二节　澳门特别行政区

澳门，全称中华人民共和国澳门特别行政区，简称“澳”，是国际自由港、世界旅游休闲中心。

【地理环境】

澳门是中国领土的一部分，位于中国大陆东南沿海，地处珠江三角洲的西岸，隔海东望即是香港，北方的澳门半岛连接广东省珠海市，与香港相距 60 千米，距离广州 145 千米。澳门由澳门半岛、氹仔岛、路环岛、路氹城（路氹填海区）组成，陆地面积 33.3 平方千米。澳门半岛和氹仔岛是由 3 条大桥连接起来的，而路氹填海区则把氹仔岛和路环岛连为一体。

澳门土地结构类型比较简单，主要由平地、台地和丘陵构成，具有南高北低的规律性，如北部澳门半岛最高点为东望洋山，海拔 90 米；南部路环岛最高点为塔石塘山，海拔 170.6 米，是澳门最高的山峰。

【气候特征】

澳门属亚热带季风气候，北靠亚洲大陆，南临广阔热带海洋。冬季天气较冷且干燥，雨量较少；夏季气温较高，湿度大，降雨量充沛。澳门常受台风影响，台风季节为每年 5—10 月，其中 7—9 月是台风天气最多的月份。

【区划人口】

澳门特别行政区以“堂区”作为行政区划单位，有 7 个堂区和 1 个无堂区划分区域，但“堂区”并非正式的行政机构建置。其中，澳门半岛分为 5 个堂区，氹仔和路环各 1 个堂区，还有路氹城 1 个无堂区划分的区域。汉语和葡萄牙语是现行官方语言，市民沟通普遍讲粤语，英语在澳门也很流行。

截至 2024 年，澳门特别行政区总人口 68.83 万人（数据来源：澳门特别行政区政府统计暨普查局）。

【历史沿革】

澳门地区近几年的考古发掘，特别是 1995 年在路环岛黑沙的沙丘中发掘出土的彩陶及玉器，经鉴定证实是四五千年前的珍贵古文物，与其同时出土的石斧等石器，同近几年来在距离澳门不远的珠海地区出土的同类文物，属于同一文化系统，说明早在新石器时代，中华民族的祖先已在澳门一带的地区劳动、生息。在商周时期，古代居民已在这些地区居住活动，所以，澳门、珠海出土文物中，有春秋时期的簋、罐和战国时期的陶器等。

澳门先秦属百越地，古称“濠镜澳”，约公元前 3 世纪，被正式纳入中国版图，属南海郡番禺县地。自晋代起，澳门属东官郡，至隋代属南海县，唐代则划入东莞县。南宋绍兴二十二年（1152 年），广东将南海、番禺、新会、东莞 4 个县的沿海岛州分割出来，建立香山县，澳门划入香山县范围。据史料记载，宋末名将张世杰与军队曾在此一带驻扎；早期在澳门定居的人在此形成小村落，以捕鱼与务农种植为生。澳门半岛有大量华人定居，是在南宋倾覆之际。

1557 年，葡萄牙人开始在明朝求得澳门的居住权，直至 1887 年葡萄牙政府与清朝政府签订了《中葡会议草约》和有效期为 40 年的《中葡和好通商条约》（至 1928 年期满失效）后，正式通过外交文书的手续占领澳门。1622 年，荷兰人攻打葡萄牙租借自明朝的澳门，被击败。1623 年，葡萄牙政府委任马士加路也为首任澳门总督。

澳门自被葡萄牙侵占以来，葡萄牙人在澳门一直拥有特权或特殊地位，这使当地居民普遍有大小程度的不满。1974 年 4 月 25 日，葡萄牙革命成功，承认澳门是被葡萄牙非法侵占的，并首次提出把澳门交还中国。

1984 年 10 月 3 日，邓小平首次公开提出用“一国两制”的方针解决历史遗留下来的澳门问题。1987 年 4 月 13 日，两国总理在北京签订《中华人民共和国政府和葡萄牙共和国政府关于澳门问题的联合声明》及两个附件，宣布澳门地区（包括澳门半岛、氹仔和路环）是中国的领土，中华人民共和国将于 1999 年 12 月 20 日对澳门恢复行使主权。中国承诺向澳门实行“一国两制”，保障澳门人可享有“高度自治、澳人治澳”的权利。1993 年 3 月 31 日，中华人民共和国全国人民代表大会（全国人大）于北京通过《中华人民共和国澳门特别行政区基本法》。

1999 年 12 月 20 日零时，中葡两国政府在澳门文化中心举行政权交接仪式，中国政府对澳门恢复行使主权，澳门回归祖国。

2015 年 12 月，国务院公布《中华人民共和国澳门特别行政区行政区域图》，决定将澳门特别行政区海域面积明确为 85 平方千米。

【交通状况】

澳门半岛与离岛之间依靠澳氹大桥、西湾大桥、友谊大桥等核心桥梁紧密相连，莲花大桥则成为澳门与横琴互通的关键通道。2024 年 10 月 1 日通车的澳门大桥起自澳门新城 A 区东侧，与港珠澳大桥口岸人工岛连接，将澳门海陆空 3 个重要口岸串联，进一步完善整体交通布局。城市内部，巴士路线覆盖澳门半岛、氹仔、路环的大街小巷及机场等区域，轻轨以便捷、环保、舒适的服务，成为旅游交通的重要支撑，也助力澳门融入大湾区“1 小时生活圈”。此外，的士服务与人力三轮车特色交通并行，后者作为怀旧特色旅游交通工具，可载游客漫游南湾及西湾，感受小城风情。水路与航空交通提升旅游通达性。澳门拥有外港、内港、氹仔临时客运码头等多个海运码头。澳门旅游局与港澳客运服务营办商合作，推出“免费直达巴士车票及船票”优惠，吸引国际旅客延伸行程至澳门。澳门国际机场坐落于氹仔岛东端，连接全球各地，成为重要航空枢纽。

【文化艺术】

澳门 400 多年来，华洋共处，多元文化、多种语言、不同价值观念、各类宗教信仰、风俗和生活习惯在这片土地上相互影响、融合共存，形成建筑中西合璧、宗教和平共处、种族和谐相融的独特澳门文化。所谓澳门文化，其实是传统中华文化和以拉丁文化为特质的西方文化共存的并行文化，是以中华文化内涵为主、与拉丁文化相容的、具有多元色彩的共融文化。

澳门文学可追溯到 1590 年，明代以写《牡丹亭》著称的戏剧家汤显祖被贬广东之后，次年特地绕道前往澳门游览，把他对澳门的新奇印象写进题为《香山逢贾胡》等 5 首诗中。后来他还把“番鬼”（洋商人）、“通事”（翻译官）写进传奇《牡丹亭》。“凡番船停泊，必以海滨之湾环者为澳。澳者，舶口也。澳有南台、北台。台者，山也。以相对，故谓澳门。”明末清初著名学者屈大均在《广东新语》一书中这样解释作为广东香山县下辖之地“澳门”的含义。闻一多的《七子之歌·澳门》流传至今。

【旅游资源】

东西方文化的融合共存使澳门成为一个风貌独特的城市，留下了大量的历史文化遗迹。

澳门历史城区是一片以澳门旧城区为核心的历史街区，由 20 多座历史建筑及相邻的广场和街道连接而成，见证了 400 多年中西文化和谐共存，2005 年被列入《世界遗产名录》。主要包括：妈阁庙、港务局大楼、郑家大屋、圣老楞佐教堂、大三巴牌坊、大炮台、圣安多尼教堂、东望洋炮台等。联合国教科文组织世界遗产委员会对澳门历史城区的评价是：见证了西方宗教文化在中国以至远东地区的发展，也见证了向西方传播中国民间宗教的历史渊源；是中国现存最古老的西式建筑遗产，是东西方建筑艺术的综合体现；是中国境内接触近代西方器物与文化最早、最多、最重要的地方，同时是近代西方建筑传入中国的第一站。

大三巴牌坊为澳门著名的地标，是“澳门八景”之一，位于炮台山下，左邻澳门博物馆和大炮台名胜，是圣保禄大教堂的前壁遗址。圣保禄大教堂始建于 1637 年，先后经历了 3 次大火，屡焚屡建。直至 1835 年，一场大火烧毁圣保禄大教堂，仅残存了现在的前壁部分。“三巴”是葡语“圣保禄”的粤语音。游览大三巴牌坊，除欣赏巍峨壮观的前壁外，还要细心浏览壁上精致的浮雕及其意义。

妈阁庙是澳门现存庙宇中有实物可考的最古老的庙宇，也是澳门文物中原建筑物保存至今时间最长的。该庙包括“神山第一”殿、正觉禅林、弘仁殿、观音阁等建筑物。早期称娘妈庙、天妃庙或海觉寺；后定名“妈祖阁”，华人俗称“妈阁庙”。

金莲花广场位于澳门新口岸高美士街、毕仕达大马路及友谊大马路之间，是为庆祝 1999 年中国政府对澳门恢复行使主权而设立的，是澳门一个著名地标及旅游景点。金莲花广场的大型雕塑“盛世莲花”采用青铜铸造，表面贴金，重 6.5 吨，是 1999 年中华人民共和国中央人民政府为庆祝澳门回归而赠送的，寓意澳门地区经济永远腾飞。

澳门渔人码头是澳门的一个主题公园式的大型旅游购物中心，坐落于外港新填海区海岸。整个项目按照设计分为“宫廷码头”“东西汇聚”“励骏码头”3 个主题区域，集美食、购物、娱乐、住宿和主题公园于一体。

澳门有丰富多元的文旅演艺活动，澳门艺术节、澳门国际音乐节每年吸引全球顶尖艺术团体带来戏剧、音乐等精彩演出；“澳门国际幻彩大巡游”以绚丽的街头表演，让游客沉浸式感受澳门魅力。特色驻场演艺项目更是城市名片，如《水舞间》《巴黎人铁塔光影汇演》等。特区政府推出“美食之都”计划，促进产业融合。

【民俗风情】

在澳门，中西方的传统节日和习俗都得到居民的接受和尊重，中国人、葡萄牙人等一同欢庆。澳门中西节日名目繁多，部分公众假期是依照中国民间或西方传统节日定的，包括农历新年、清明节、复活节、佛诞节、中秋节、圣母无原罪瞻礼、冬至和圣诞节等。

除传统的中西节日外，每年澳门还举办很多丰富多彩的活动。主要有：澳门艺术节、国际龙舟赛、荷花节、国际烟花比赛会演、国际音乐节、美食节、格兰披治大赛车、国际马拉松赛等。

澳门的礼仪禁忌与香港差不多，澳门人不喜欢在家里招待客人，对吉祥话、吉祥物和吉祥数字较为偏爱，如“恭喜发财”“鱼”“8”“6”等，忌讳数字“13”和“星期五”，不喜欢别人问个人年龄、婚姻和收入等。

【特产美食】

澳门餐饮主打粤菜和葡式澳餐。澳门葡式菜被视为世界上独一无二的菜式，它实际上是葡萄牙、非洲、印度、马来西亚及中国广东烹饪技术的结晶。马介休、非洲鸡、辣大虾、血鸭、红豆猪手、酿蟹盖、烧沙丁鱼等，都是著名的澳门菜式。

澳门特制的杏仁饼、蛋卷、薄脆、花生糖、鸡仔饼、凉果和各式肉干小食也备受旅游者喜爱。

【特色产业】

澳门以第二产业和第三产业为主，是中国两个国际贸易自由港之一，货物、资金、外汇、人员进出自由，具有单独关税区地位，与国际经济联系密切。澳门主要产业有制造业、博彩业、旅游业、金融业、保险业、房地产业。博彩业对澳门经济的影响举足轻重，澳门与蒙特卡洛、拉斯维加斯并称为“世界三大赌城”。近年来，旅游休闲业在澳门的生产总值所占比重已超过制造业、金融业及房地产业，成为澳门的支柱产业之一。澳门的旅游设施完善，酒店、景点、购物中心等一应俱全，为旅游者提供了优质的旅游体验。澳门的文化创意产业发展迅速。依托澳门独特的历史文化，融合中西方元素，在艺术设计、影视制作、动漫游戏等领域不断涌现优秀作品和创意产品。

此外，澳门还在积极发展大健康产业和金融业。特区政府着力推动以中医药研发制造为抓手的大健康产业，吸引知名药企来澳发展。金融业方面，特区政府积极推动债券市场、财富管理、融资租赁和跨境金融业务的发展，打造“中国—葡语国家金融服务平台”，助力“一带一路”建设。

近年来，澳门积极投身人工智能产业发展，鼓励“旅游 + 科技”融合发展，支持业界借 AI 技术为旅游者提供精准资讯与个性化服务，利用 AI 分析旅游大数据以实现精准营销。百度与澳门合作推出“文心一言”App 中的澳门旅游助手“小澳”，可定制旅行路线等，极大提升旅游服务体验。

第三节 台湾省

台湾省位于中国东南沿海大陆架上，东临太平洋，西隔台湾海峡与福建省相望，南靠巴士海峡与菲律宾群岛相对，北向东海，是我国第一大岛屿，自古就是中国神圣领土不可分割的一部分。“台湾”一名源于台湾南部少数民族“台窝湾”社的社名，意为“滨海之地”，并取全称中的“台”字作为简称。明朝万历年间，官方正式启用“台湾”一词。台湾有“宝岛”之称，还被誉为“森林之海”“东南盐库”。

【地理环境】

台湾省包括台湾本岛及兰屿、钓鱼岛等附属岛屿和澎湖列岛及其周围海域，陆地总面积 3.6 万平方千米。

远古时代，台湾与大陆相连，后由于海面上升、地质变化，相连的陆地部分被淹没，形成台湾海峡，出现台湾岛。台湾地理位置得天独厚，扼西太平洋航道的中心，是祖国与太平洋地区各国海上联系的重要交通枢纽。

台湾本岛南北长而东西狭，呈纺锤形。台湾本岛上 2/3 面积为高山和丘陵，平原不到 1/3，东部多山脉，中部多丘陵，西部多平原，分为台东山地、台中丘陵、台西平原三部分。玉山主峰海拔 3952 米，是我国东部的最高峰。台湾岛上有 150 多条河流，主要河流有浊水溪（第一大河)、高屏溪、淡水河、大甲溪、曾文溪。特点是河床坡陡、流量大，瀑布、险滩多，为水力发电创造了良好的条件。

【气候特征】

台湾地处热带及亚热带气候交界处，北回归线穿过中部，北部为亚热带气候，南部为热带气候，冬季温暖，夏季炎热，雨量充沛，常受台风侵袭，也是一个多火山、温泉、地震的地区。

【区划人口】

台湾的行政区划包括台北、新北、桃园、台中、台南、高雄 6 个台湾当局“直辖市”，基隆、新竹、嘉义 3 个市，新竹、苗栗、彰化、南投、云林、嘉义、屏东、台东、花莲、宜兰、澎湖、金门、“连江”（马祖)13 个县。

截至 2024 年底，台湾人口总数约为 2340.02 万人。

【历史沿革】

台湾先住民系古越人的一支，从中国大陆直接或间接移居而来。从7000年前起到大约400年前，南岛语系居民的祖先曾先后漂流到台湾，成为目前所知的台湾最早的居民。台湾有文字记载的历史可以追溯到230年。三国时期，吴王孙权派10 000多名官兵到达夷洲（台湾），吴人沈莹所著《临海水土志》留下了世界上关于台湾最早的记述。隋炀帝曾三次派兵到台湾（琉球）。12世纪中叶，南宋王朝将澎湖划归福建泉州晋江县管辖，并派兵戍守。1335年，元朝政府正式在澎湖设巡检司，管辖澎湖、台湾民政，隶属福建泉州同安县（今厦门同安区）。大陆沿海居民于宋元时期开始移居台湾拓垦，明代时期逐渐增多，规模越来越大。

16世纪，西班牙、荷兰等西方殖民势力开始向东方伸出触角。1624年，荷兰殖民者侵占台湾南部，1626年，西班牙殖民者入侵台湾北部，1642年，荷兰取代西班牙占领台湾北部。1661年，郑成功率2.5万将士及数百艘战舰，由金门进军台湾，1662年2月，迫使荷兰总督揆一签字投降，从荷兰殖民者手中收复了台湾。郑成功因这一历史功绩，被誉为民族英雄，亦在台湾被誉为“开台圣王”。1683年，清康熙帝派福建水师提督施琅率军攻取台湾，迫使郑经之子郑克塽投降，收台湾置于中央政府管辖之下。1684年，清政府在福建省建制内设立分巡台厦兵备道及台湾府，下辖台湾、凤山、诸罗三县，台湾开发进入新时期。1884—1885年中法战争期间，法军进攻台湾，遭刘铭传军队重创。到1885年6月《中法新约》签订，法军被迫撤出台湾。1885年，清政府为加强海防划台湾为单一行省，为当时中国第20个行省。首任台湾巡抚刘铭传积极推行自强新政，推动了台湾社会经济发展。

1894年，日本发动侵略中国的“甲午战争”，并于第二年4月迫使战败的清政府签订丧权辱国的《马关条约》，割让台湾及澎湖列岛。消息传出，全国迅速掀起大规模的“反割台”爱国救亡运动。协理台湾军务的清军将领刘永福等率军民奋勇抗击日本侵略，坚持战斗5个多月，使日本侵略者付出惨重代价，但最终战败，台湾自此受日本殖民统治。

1945年，日本在第二次世界大战中战败，8月15日宣布无条件投降。10月25日，同盟国中国战区台湾省受降仪式在台北举行，中国受降官代表中国政府宣告：“自即日起，台湾及澎湖列岛已正式重入中国版图，所有一切土地、人民、政事皆已置于中国主权之下。”台湾同胞欢天喜地，庆祝回到祖国怀抱。

【交通状况】

台湾省的岛内交通与对外交通体系比较发达，除高山地区外，铁路、公路网遍布全省。

台湾铁路由西部干线、东部干线、南回线和其他支线组成，岛内有东、西纵贯铁路，已形成环岛铁路网。高速铁路，又称“台湾高铁”，是连接台北与高雄两市之间的高速铁路系统。台北捷运、高雄捷运分别于 1996 年、2008 年开始营运。捷运即地铁，是主要的铁路运输工具，仍在持续建设中。

台湾的公路与桥梁绝大部分集中在西部。最长的两条是连接北部至南部的道路系统——1978 年通车、全长 373 千米的中山高速公路和 1997 年通车、全长 432 千米的三号高速公路。在东部发达地区则通过快速公路连接，台北市至宜兰县建设了含贯穿雪山山脉的雪山隧道的蒋渭水高速公路。京台高速公路是我国高速规划的一条纵向主干线，起点在北京市，终点在台湾省台北市，目前京台高速公路的北京至福州段均已通车。

航空方面，台湾有桃园国际机场、高雄国际航空站、台中国际机场、台北松山机场等机场；最主要的航空公司有台湾中华航空和长荣航空。

海运方面，台湾四面环海，海上交通发达，国际贸易仰赖海上运输，目前有 7 座国际商港，分别为高雄港、基隆港、台中港、花莲港 4 座主要港和苏澳港、台北港、安平港 3 座辅助港。高雄港是台湾省内最大的海港。

【自然资源】

台湾矿产资源产量稀少，金属矿主要分布于台湾岛北部，新北市瑞芳区的金瓜石为台湾主要金、铜、银矿区；非金属矿以硫黄和石棉为主。台湾大屯火山群是中国天然硫黄蕴藏较丰富的地区之一。台湾岛上植物超过 10 000 种，被称为“亚洲天然植物园”，其中杉、红桧、樟、楠等名贵林木闻名于世；动物超过 2.5 万种，最著名的是蝴蝶，有 400 多种。

【文化艺术】

台湾文化的母体是中华文化，同时是中华文化的重要组成部分，也丰富了中华文化的内涵。中华文化根植于台湾民间，渗透在社会生活的各个方面。

台湾的现代文学有不少成就。1949 年前后，胡适、林语堂、梁实秋等大陆文学家随国民党政府移居台湾。20 世纪 50—60 年代，台湾风行怀乡文学，代表作家有林海音（代表作《城南旧事》）等。受欧美现代主义思潮的影响，“现代主义文学”逐渐成为台湾文坛主流，代表作家有白先勇（代表作《台北人》）、王文兴（代表作《家变》）等。20 世纪 80—90 年代，柏杨、李敖、三毛等作家陆续有重要作品问世。

歌仔戏是台湾最主要的地方戏曲，也是中国地方戏曲剧种中唯一诞生于台湾的剧种。布袋戏起源于 17 世纪的福建省泉州市，是台湾重要的传统表演艺术之一，是集雕刻、美术、文学、掌技、音乐、口技于一身的综合性艺术表演。

【旅游资源】

台湾著名景点有太鲁阁（鲁谷幽峡）、阿里山（阿里晓日）、溪头（溪头朝雾）、玉山（玉山层峰）、合欢山（合欢积雪）、日月潭（明潭清波）、鹅銮鼻（鹅銮观海）、故宫文物（故宫瑰宝）、野柳（野柳听涛）、大霸尖山（大霸九仞）、秀姑峦溪（秀姑漱玉）等。

台北地处台湾岛北部，是华语流行音乐、文化创意、娱乐产业的枢纽中心。台北历史悠久，旅游资源丰富。名胜古迹有台北城门、龙山寺、保安宫、孔庙、指南宫、圆山文化遗址等。台北故宫博物院属地方综合性博物馆，是中国三大博物馆之一，藏品约 70 万件，大部分为 1949 年前从北京故宫博物院运走的文物，翠玉白菜、肉形石和毛公鼎为三大“镇馆之宝”。台北 101 大楼位于台北信义区商圈，是台湾的标志性建筑。台北也是美食之都，台北夜市有众多的台湾著名小吃。

高雄市地处台湾岛西南部，是台湾第二大城市，有“港都”之名。高雄的著名景点有：佛光山、六合夜市、高雄美丽岛、驳二艺术特区、小琉球岛、垦丁公园、旗津半岛、澄清湖、鹅銮鼻公园、高雄渔人码头、武德殿、高雄 85 大楼等。

野柳风景区位于台湾省基隆市西北方约 15 千米处，是一个突出海面的岬角。因远望如一只海龟蹒跚离岸，昂首拱背而游，因此称为“野柳龟”。景区分三大区：第一区有女王头、仙女鞋、乳石等景点，第二区有豆腐岩、龙头石等景点，第三区有海蚀壶穴、海狗石等景点。

太鲁阁公园位于台湾岛东部，地跨花莲县、台中县、南投县 3 个行政区。园内有台湾第一条东西横贯公路通过，称为中横公路系统。太鲁阁公园的特色为峡谷和断崖。园内的高山保留了许多冰河时期的孑遗生物，如山椒鱼等。太鲁阁亦成为台铁之列车名。太鲁阁是台湾极具特色的自然与人文合一的旅游景观。

日月潭位于南投县，是台湾最大、最有名的天然湖泊。日月潭潭中有一小岛，此岛以北湖形如圆日，以南似弯月，所以称为日月潭。

阿里山位于嘉义县东北部，是台湾最理想的避暑胜地。日出、云海、晚霞、森林与高山铁路，合称阿里山“五奇”，景区素有“神秘的森林王国”之称。阿里山拥有长达 72 千米的森林铁路，阿里山铁路有 70 多年历史，是世界上仅存的三条高山铁路之一，途经热、暖、温、寒四带，景致迥异。尤其三次螺旋环绕及第一分道的“Z”形爬升，更是令人难忘的经历。

垦丁公园位于屏东县最南端的恒春半岛之南侧，它是台湾本岛唯一的热带区域公园，终年气温和暖。垦丁公园是台湾唯一拥有海域和陆地的公园，被称为台湾的“天涯海角”。最南端突出的两大峡角——鹅銮鼻公园和猫鼻头公园是两大热门景点。

【民族民俗】

台湾主要少数民族是高山族，有自己独特的文化，口头文学很丰富，有神话、传说和民歌等。台湾通用的语言是普通话，主要方言有闽南话、客家话。文字是中文繁体字。

台湾民间习俗大多是明清时期由福建、广东移民带入，沿袭至今，“处处表现闽粤风尚，事事彰显中华色彩”。儒家思想体现在台湾社会生活的各个方面。

台湾的传统建筑是民间艺术的总汇，装饰精美，彩画、书法、木雕、石雕、泥塑、陶瓷等都是构成建筑的要素，展示了内涵深刻的台湾文化。庙宇建筑随处可见，其中鹿港的龙山寺、天后宫及北港朝天宫等，都是台湾知名且历史悠久的寺庙，具有很高的艺术价值。

春节、端午节、中秋节是台湾的三大节日，每逢元宵节、清明节、中元节、七夕节等传统节日，台湾民间也有与大陆相同或类似特色的庆祝礼俗。元宵节除赏花灯、猜灯谜外，还有极具特色的台北“北天灯”、台南“南蜂炮”等。台湾中秋三大件是月饼、柚子和烤肉。台湾有许多深具中华文化特色的民俗庆典，如迎妈祖、盐水蜂炮（台南）、平溪放天灯（新北）、东港迎王平安祭典（屏东）、头城抢孤（宜兰）等。台湾高山族各族群有各具特色的传统岁时祭仪文化，如丰年祭、飞鱼祭、祖灵祭。此外，松柏岭玄天上帝祭典、大甲妈祖进香、北港妈祖出巡、台北迎城隍、东港王船祭、二结王公过火等也是台湾重要的民俗活动。

台湾与大陆同宗同文，因此在风俗习惯上非常接近，但也有一些特殊禁忌。台湾人禁用粽子送人，因为台湾居丧之家习惯包粽子；禁用甜果送人，台湾民间逢年过节常以甜果作祭品；禁用手帕送人，手帕是丧事完毕后主人送给吊丧者的礼物，寓意与死者永别；禁用扇子送人，送扇意味着迟早要抛弃对方；禁用刀剪送人，刀剪有“一刀两断”的含义；禁用雨伞送人，闽南语“雨伞”和“互散”同音。禁送镜子，因为镜子容易打碎，“破镜难圆”；禁以钟送人，因为“钟”与“终”同音，送钟会使人想到“送终”。

【特产美食】

台湾饮食文化融合各地美食风格，台湾菜与闽菜、广东潮汕潮州菜和江浙菜渊源深厚，也受客家菜、广州菜和日本料理的影响。台湾菜有海鲜丰富、酱菜入菜、节令食补等特色，倾向自然原味，调味不求繁复，风格鲜香、清淡。台菜素有“汤汤水水”之称，羹汤类菜肴广受欢迎。

各式风味小吃云集的夜市是台湾民间生活文化的代表之一，常见的小吃有蚵仔煎、炸鸡排、臭豆腐、盐酥鸡、生煎包、米血糕、蚵仔面线、甜不辣、卤肉饭、肉圆、担仔面、牛肉面、小笼包等。凤梨酥、牛轧糖等台湾特产的烘焙美食是知名的伴手礼。

台湾物产丰富，土特产品种繁多。米、糖、茶是台湾著名的三大传统物产，被称为“台湾三宝”。台湾盛产大米，著名的有“蓬莱米”；盛产蔗糖，有“东方糖库”之称。茶是台湾民众的传统饮品，台湾名茶有冻顶乌龙茶、文山包种茶、东方美人茶和铁观音等。茶艺形式以工夫茶为主，台湾还发展出了泡沫红茶文化。珍珠奶茶在台湾很受欢迎，极具代表性。台湾兰花品种多、品质好。台湾有精美的蝴蝶标本和蝴蝶工艺品。台湾水果品种繁多，素有“水果王国”的美称，常见的有香蕉、凤梨、柑橘、龙眼、莲雾、番石榴、杧果、释迦等。

【特色产业】

以电子工业为主导的高新技术产业和服务业是台湾的支柱产业，台湾的半导体、IT、通信、电子精密制造等全球领先。自 1980 年起，台湾相继成立新竹科学工业园区、南部科学工业园区等科学园区，鼓励发展集成电路、计算机等高新技术产业。

随堂练

附　录

附录1　中国世界遗产项目

一、世界遗产的发展历程

1959年，埃及政府打算修建阿斯旺大坝，但这可能会淹没尼罗河谷里的珍贵古迹，比如阿布辛贝神殿。1960年，联合国教科文组织发起了“努比亚行动计划”，阿布辛贝神殿和菲莱神殿等古迹被仔细地分解，然后运到高地，再一块块地重新组装起来。此次保护行动共耗资8000万美元，其中有4000万美元是由50多个国家集资的。此次行动被认为非常成功，并且促进了其他类似的保护行动，比如挽救意大利的水城威尼斯、巴基斯坦的摩亨佐—达罗遗址、印度尼西亚的婆罗浮屠等。之后，联合国教科文组织会同国际古迹遗址理事会起草了保护人类文化遗产的协定。

1972年11月16日，联合国教科文组织在巴黎总部举行的第17届大会上通过了《保护世界文化和自然遗产公约》。1973年，美国最先加入该公约组织，现有大约180个国家加入。

1977年，联合国教科文组织世界遗产委员会正式召开会议，评审世界文化遗产。1992年，联合国教科文组织世界遗产委员会第16届会议提出把“文化景观遗产”纳入《世界遗产名录》中，专门代表《保护世界文化和自然遗产公约》第一条表述的自然与人类的共同作品。

二、世界遗产的定义

世界遗产是指被联合国教科文组织和世界遗产委员会确认的人类罕见的、无法替代的财富，是全人类公认的具有突出意义和普遍价值的文物古迹及自然景观。

三、世界遗产的主要类型

广义来说，世界遗产根据形态和性质可分为物质遗产（文化遗产、自然遗产、文化与自然双重遗产）和非物质文化遗产。狭义来说，世界遗产包括世界文化遗产（包含文化景观）、世界自然遗产、世界文化与自然双重遗产三类。

（一）文化遗产

文化遗产，在概念上可分为有形文化遗产和无形文化遗产两大类，即物质文化遗产和非物质文化遗产。物质文化遗产是指具有历史、艺术和科学价值的文物、建筑群和遗址；非物质文化遗产是指各种以非物质形态存在的、与群众生活密切相关、世代相承的传统文化表现形式。

（二）文化景观遗产

由人类有意设计和建筑的景观：包括出于美学原因建造的园林和公园景观，它们经常与宗教或其他纪念性建筑物或建筑群有联系；有机进化的景观：它产生于最初始的一种社会、经济、行政及宗教需要，并通过与周围自然环境相联系或相适应而发展到如今的形式；关联性文化景观：这类景观列入《世界遗产名录》，以与自然因素，强烈的宗教、艺术或文化相联系为特征，而不是以文化物证为特征。庐山国家公园、五台山、杭州西湖、红河哈尼梯田、左江花山岩画、普洱景迈山古茶林是中国“世界遗产”中仅有的 6 项文化景观遗产。“文化景观”是包含于“文化遗产”中的一个特殊类型，并不是单独的一类遗产。

（三）自然遗产

世界自然遗产主要指自然界的特有景观和生物，主要包括以下三个层次的内容：一是从美学或科学角度看，具有突出、普遍价值的由地质和生物结构或这类结构群组成的自然面貌；二是从科学或保护角度看，具有突出、普遍价值的地质和自然地理结构，以及明确划定的濒危动植物物种生态区；三是从科学、保护或自然美角度看，具有突出、普遍价值的天然名胜或明确划定的自然地带。

四、中国的世界遗产简介

（一）中国的世界遗产概况

中国于 1985 年 12 月 12 日正式加入《保护世界文化和自然遗产公约》；1986 年，中国开始向联合国教科文组织申报世界遗产项目。1999 年 10 月 29 日，中国当选为世界遗产委员会成员。从 2006 年起，每年 6 月的第二个星期六为中国文化遗产日。截至 2024 年 7 月 26 日，中国世界遗产已达 59 项，其中世界文化遗产 40 项、世界自然遗产 15 项、世界文化与自然双重遗产 4 项。中国是世界上拥有世界遗产类别最齐全的国家之一，也是世界文化与自然双重遗产数量最多的国家（与澳大利亚并列，均为 4 项）；中国的首都北京是世界上拥有遗产项目数最多的城市（8 项），中国一共两次承办世界遗产委员会会议（2004 年，苏州，第 28 届；2021 年，福州，第 44 届）。

（二）中国世界遗产项目

表 1 中国世界文化遗产（含文化景观遗产）

序号	名称	所在地	批准时间	类型
1	长城	黑龙江省、辽宁省、吉林省、河北省、北京市、天津市、山西省、内蒙古自治区、陕西省、宁夏回族自治区、甘肃省、新疆维吾尔自治区、山东省、河南省、青海省	1987.12 扩展：2002.12	世界文化遗产
2	莫高窟	甘肃省	1987.12	世界文化遗产
3	明清故宫	北京故宫，北京市	1987.12	世界文化遗产
		沈阳故宫，辽宁省	2004.7	
4	秦始皇陵及兵马俑坑	陕西省	1987.12	世界文化遗产
5	周口店北京人遗址	北京市	1987.12	世界文化遗产
6	拉萨布达拉宫历史建筑群（布达拉宫、大昭寺、罗布林卡）	西藏自治区	1994.12 扩展：2000.12，2001.12	世界文化遗产
7	承德避暑山庄及其周围寺庙	河北省	1994.12	世界文化遗产
8	曲阜孔庙、孔林和孔府	山东省	1994.12	世界文化遗产
9	武当山古建筑群	湖北省	1994.12	世界文化遗产
10	庐山国家公园	江西省	1996.12	世界文化景观遗产
11	丽江古城	云南省	1997.12	世界文化遗产
12	平遥古城	山西省	1997.12	世界文化遗产
13	苏州古典园林	江苏省	1997.12 扩展：2000.12	世界文化遗产
14	北京皇家祭坛——天坛	北京市	1998.11	世界文化遗产
15	北京皇家园林——颐和园	北京市	1998.11	世界文化遗产
16	大足石刻	重庆市	1999.12	世界文化遗产
17	龙门石窟	河南省	2000.11	世界文化遗产

续表

序号	名称	所在地	批准时间	类型
18	明清皇家陵寝	湖北明显陵、河北清东陵、河北清西陵	2000.11	世界文化遗产
		江苏明孝陵、北京明十三陵	2003.7	
		辽宁盛京三陵	2004.7	
19	青城山—都江堰	四川省	2000.11	世界文化遗产
20	皖南古村落——西递、宏村	安徽省	2000.11	世界文化遗产
21	云冈石窟	山西省	2001.12	世界文化遗产
22	高句丽王城、王陵及贵族墓葬	吉林省、辽宁省	2004.7	世界文化遗产
23	澳门历史城区	澳门特别行政区	2005.7	世界文化遗产
24	殷墟	河南省	2006.7	世界文化遗产
25	开平碉楼与村落	广东省	2007.6	世界文化遗产
26	福建土楼	福建省	2008.7	世界文化遗产
27	五台山	山西省	2009.6	世界文化景观遗产
28	登封“天地之中”历史古迹	河南省	2010.8	世界文化遗产
29	杭州西湖文化景观	浙江省	2011.6	世界文化景观遗产
30	元上都遗址	内蒙古自治区	2012.6	世界文化遗产
31	红河哈尼梯田文化景观	云南省	2013.6	世界文化景观遗产
32	大运河	北京市、天津市、河北省、山东省、河南省、安徽省、江苏省、浙江省	2014.6	世界文化遗产
33	丝绸之路：长安—天山廊道的路网	中国（陕西省、河南省、甘肃省、新疆维吾尔自治区）、哈萨克斯坦、吉尔吉斯斯坦	2014.6	世界文化遗产
34	土司遗址	贵州省、湖南省、湖北省	2015.7	世界文化遗产
35	左江花山岩画文化景观	广西壮族自治区	2016.7	世界文化景观遗产
36	鼓浪屿：历史国际社区	福建省	2017.7	世界文化遗产
37	良渚古城遗址	浙江省	2019.7	世界文化遗产
38	泉州：宋元中国的世界海洋商贸中心	福建省	2021.7	世界文化遗产
39	普洱景迈山古茶林文化景观	云南省	2023.9	世界文化景观遗产
40	北京中轴线：中国理想都城秩序的杰作	北京市	2024.7	世界文化遗产

表 2 中国世界自然遗产

序号	名称	所在地	批准时间	类别
1	黄龙风景名胜区	四川省	1992.12	世界自然遗产
2	九寨沟风景名胜区	四川省	1992.12	世界自然遗产
3	武陵源风景名胜区	湖南省	1992.12	世界自然遗产
4	云南三江并流保护区	云南省	2003.7	世界自然遗产
5	四川大熊猫栖息地	四川省	2006.7	世界自然遗产
6	中国南方喀斯特	云南省、贵州省、重庆市、广西壮族自治区	2007.6，一期 2014.6，二期	世界自然遗产
7	三清山国家公园	江西省	2008.7	世界自然遗产
8	中国丹霞	贵州省、福建省、湖南省、广东省、江西省、浙江省	2010.8	世界自然遗产
9	澄江化石遗址	云南省	2012.7	世界自然遗产
10	新疆天山	新疆维吾尔自治区	2013.6	世界自然遗产
11	湖北神农架	湖北省	2016.7	世界自然遗产
12	青海可可西里	青海省	2017.7	世界自然遗产
13	梵净山	贵州省	2018.7	世界自然遗产
14	中国黄（渤）海候鸟栖息地	江苏省、山东省、河北省、辽宁省、上海市	2019.7，一期 2024.7，二期	世界自然遗产
15	巴丹吉林沙漠—沙山湖泊群	内蒙古自治区	2024.7	世界自然遗产

表 3 中国世界文化与自然双重遗产

序号	名称	所在地	批准时间	类别
1	泰山	山东省	1987.12	世界文化与自然双重遗产
2	黄山	安徽省	1990.12	世界文化与自然双重遗产
3	峨眉山—乐山大佛	四川省	1996.12	世界文化与自然双重遗产
4	武夷山	福建省、江西省	1999.12， 扩展：2017.7	世界文化与自然双重遗产

附录 2　中国世界非物质文化遗产项目

一、非物质文化遗产的概念及发展历史

非物质文化遗产（以下简称“非遗”）指被社区群体，有时被个人视为其文化遗产组成部分的各种社会实践、观念表达、表现形式、知识、技能及有关的工具、实物、工艺品和文化场所。

20 世纪 30 年代，国际现代建筑协会在《雅典宪章》中明确提出“有价值的建筑和地区”的保护问题，确定了一些个体建筑保护基本原则及具体的保护措施，促进了保护历史文化遗产国际运动的展开。20 世纪 50 年代以来，国外历史文化遗产的保护对象从个体的文物建筑扩大到历史地段。20 世纪 60 年代，美国白宫会议首先提出设立“世界遗产信托资金”的建议案，提出要保护世界上杰出的自然风景区和历史遗址。美国在提出这个“世界遗产信托资金”理论的时候，恰恰赶上埃及政府在尼罗河上游修阿斯旺水坝，由于修这个水坝使水位上升，淹没了一座有 2000 年历史的神庙，所以联合国提出了保护自然和文化遗产的公约。1964 年 5 月通过的《威尼斯宪章》提出了文物古迹保护的基本概念、基本原则与方法，扩大了文物古迹的概念，不仅包括单个建筑物，而且包括能够从中找出一种独特的文明，一种有一定意义的发展或一个历史事件见证的城市和乡村环境。1972 年，联合国教科文组织向全世界提出要保护自然和文化遗产，同时提出了“保护自然和文化遗产”的概念。1972 年 11 月，联合国教科文组织第 17 届大会在巴黎通过的《保护世界文化和自然遗产公约》（以下简称《世界遗产公约》）确定文化遗产、自然遗产、文化与自然双重遗产的 3 种类型，扩大了历史文化遗产的范围。从此，历史文化遗产保护受到世界各国政府和公众的普遍关注和重视。

1997 年 11 月，联合国教科文组织通过了建立“人类口头和非物质遗产代表作”的决议，并于 1998 年 11 月审议通过了《宣布人类口头和非物质遗产代表作条例》。2001 年、2003 年和 2005 年，联合国教科文组织先后公布了 3 批《人类口头和非物质遗产代表作名录》，共计 90 个非物质文化遗产文化表现形式或文化空间，其中包括我国申报列入的昆曲、古琴艺术、新疆维吾尔木卡姆艺术

和蒙古族长调民歌(与蒙古国联合申报)。

2003 年 10 月 17 日,联合国教科文组织第 32 届大会通过了《保护非物质文化遗产公约》(以下简称《公约》)。《公约》第四章“在国际一级保护非物质文化遗产”明确由缔约国成员选举的“政府间保护非物质文化遗产委员会”(以下简称“委员会”)提名、编辑更新《人类非物质文化遗产代表作名录》《急需保护的非物质文化遗产名录》,以及保护非物质文化遗产的计划、项目和活动(优秀实践名册)。《公约》在第八章“过渡条款”中明确:委员会应把在公约生效前宣布为“人类口头和非物质遗产代表作”的遗产纳入《人类非物质文化遗产代表作名录》。

二、非物质文化遗产的种类

(1)口头传说和表现形式,包括作为非物质文化遗产媒介的语言。
(2)表演艺术。
(3)社会实践、礼仪、节庆活动。
(4)有关自然界和宇宙的知识和实践。
(5)传统手工艺。
(6)传统节日。

三、非物质文化遗产的特点

非遗最大的特点是不脱离民族特殊的生产生活方式,是民族个性、民族审美习惯“活”的显现。它依托于人本身而存在,以声音、形象和技艺为表现手段,并以身口相传作为文化链而得以延续,是“活”的文化及其传统中最脆弱的部分。因此对于非遗传承的过程来说,人就显得尤为重要。

四、非物质文化遗产的意义

联合国教科文组织认为非物质文化遗产是确定文化特性、激发创造力和保护文化多样性的重要因素,在不同文化相互宽容、协调中起着至关重要的作用。世界文化遗产的数量能够反映某地区、某国家历史文化的多样性与深厚程度,如果物质与非物质文化遗产被评为世界文化遗产,不仅能受世界瞩目,还能被更好地保护和传承。

五、中国的非物质文化遗产项目

截至 2024 年 12 月,中国列入联合国教科文组织非物质文化遗产名录(名册)项目共计 44 项,总数位居世界第一。其中,人类非物质文化遗产代表作 39

项；急需保护的非物质文化遗产 4 项；优秀实践名册 1 项——福建木偶戏后继人才培养计划（2012 年）。

表 1　列入《人类非物质文化遗产代表作名录》的中国项目

序号	遗产项名称	列入年份	序号	遗产项名称	列入年份
1	昆曲	2001年	21	中国篆刻	2009年
2	古琴艺术	2003年	22	中国剪纸	2009年
3	新疆维吾尔木卡姆艺术	2005年	23	中国雕版印刷技艺	2009年
4	蒙古族长调民歌（与蒙古国联合申报）	2005年	24	中国传统木结构建筑营造技艺	2009年
5	中国蚕桑丝织技艺	2009年	25	端午节	2009年
6	南音	2009年	26	妈祖信俗	2009年
7	南京云锦织造技艺	2009年	27	京剧	2010年
8	宣纸传统制作技艺	2009年	28	中医针灸	2010年
9	侗族大歌	2009年	29	中国皮影戏	2011年
10	粤剧	2009年	30	中国珠算	2013年
11	《格萨（斯）尔》	2009年	31	二十四节气	2016年
12	龙泉青瓷传统烧制技艺	2009年	32	藏医药浴法	2018年
13	热贡艺术	2009年	33	太极拳	2020年
14	藏戏	2009年	34	送王船（与马来西亚联合申报）	2020年
15	《玛纳斯》	2009年	35	中国传统制茶技艺及其相关习俗	2022年
16	蒙古族呼麦歌唱艺术	2009年	36	春节——中国人庆祝传统新年的社会实践	2024年
17	花儿	2009年	37	羌年	2024年
18	西安鼓乐	2009年	38	黎族传统纺染织绣技艺	2024年
19	中国朝鲜族农乐舞	2009年	39	中国木拱桥传统营造技艺	2024年
20	中国书法	2009年			

表 2　列入《急需保护的非物质文化遗产名录》的中国项目

序号	遗产项名称	列入年份	序号	遗产项名称	列入年份
1	麦西热甫	2010年	3	中国活字印刷术	2010年
2	中国水密隔舱福船制造技艺	2010年	4	赫哲族伊玛堪	2011年

附录 3　国家 5A 级旅游景区

截至 2025 年 6 月底，文化和旅游部共确定了 358 家国家 5A 级旅游景区（黄河壶口瀑布旅游区跨山西、陕西二省）。国家 5A 级旅游景区名单如下：

表 1　国家 5A 级旅游景区

省、自治区、直辖市	数量	名　称	评定年份
北京	9	东城区故宫博物院	2007年
		东城区天坛公园	2007年
		海淀区颐和园	2007年
		八达岭—慕田峪长城旅游区	2007年
		昌平区明十三陵景区	2011年
		西城区恭王府景区	2012年
		朝阳区北京奥林匹克公园	2012年
		海淀区圆明园景区	2019年
		北京（通州）大运河文化旅游景区	2024年
天津	2	南开区天津古文化街旅游区（津门故里）	2007年
		蓟州区盘山风景名胜区	2007年
河北	13	承德市双桥区承德避暑山庄及周围寺庙景区	2007年
		保定市安新县白洋淀景区	2007年
		保定市涞水县野三坡景区	2011年
		石家庄平山县西柏坡景区	2011年
		唐山市遵化市清东陵景区	2015年
		邯郸市涉县娲皇宫景区	2015年
		邯郸市永年区广府古城景区	2017年
		保定市涞源县白石山景区	2017年
		秦皇岛市山海关区山海关景区	2018年
		保定市易县清西陵景区	2019年
		承德市滦平县金山岭长城景区	2020年
		唐山市南湖 · 开滦旅游区	2024年
		衡水市衡水湖旅游景区	2024年

续表

省、自治区、直辖市	数量	名　称	评定年份
山西	12	大同市云冈区云冈石窟景区	2007年
		忻州市五台县五台山风景名胜区	2007年
		晋城市阳城县皇城相府生态文化旅游区	2011年
		晋中市介休市绵山风景名胜区	2013年
		晋中市平遥县平遥古城景区	2015年
		忻州市代县雁门关景区	2017年
		临汾市洪洞县洪洞大槐树寻根祭祖园旅游景区	2018年
		长治市壶关太行山大峡谷八泉峡景区	2019年
		临汾市乡宁县云丘山景区	2020年
		临汾市壶口瀑布旅游区	2022年
		太原市晋祠天龙山景区	2024年
		晋中市乔家大院景区	2024年
内蒙古	8	鄂尔多斯市达拉特旗响沙湾旅游景区	2011年
		鄂尔多斯市伊金霍洛旗成吉思汗陵旅游区	2011年
		呼伦贝尔市满洲里市中俄边境旅游区	2016年
		兴安盟阿尔山市阿尔山·柴河旅游景区	2017年
		赤峰市克什克腾旗阿斯哈图石阵旅游区	2018年
		阿拉善盟胡杨林旅游区	2019年
		呼伦贝尔市呼伦贝尔大草原·莫尔格勒河景区	2024年
		呼和浩特市老牛湾黄河大峡谷旅游区	2024年
辽宁	7	沈阳市浑南区沈阳植物园	2007年
		大连市中山区老虎滩海洋公园·老虎滩极地馆	2007年
		大连市金州区金石滩景区	2011年
		本溪市本溪满族自治县本溪水洞景区	2015年
		鞍山市千山区千山景区	2017年
		盘锦市红海滩风景廊道景区	2019年
		本溪市五女山景区	2024年
吉林	9	延边朝鲜族自治州安图县长白山景区	2007年
		长春市宽城区伪满皇宫博物院	2007年
		长春市南关区净月潭景区	2011年
		长春市南关区长影世纪城旅游区	2015年
		延边朝鲜族自治州敦化市六鼎山文化旅游区	2015年
		长春市南关区世界雕塑公园景区	2017年

续表

省、自治区、直辖市	数量	名 称	评定年份
吉林	9	通化市高句丽文物古迹旅游景区	2019年
		松原市前郭查干湖景区	2024年
		白城市大安嫩江湾旅游区	2024年
黑龙江	7	哈尔滨市松北区太阳岛景区	2007年
		黑河市五大连池市五大连池景区	2011年
		牡丹江市宁安市镜泊湖景区	2011年
		伊春市汤旺河区林海奇石景区	2013年
		大兴安岭地区漠河市北极村旅游景区	2015年
		鸡西市虎林市虎头旅游景区	2019年
		齐齐哈尔市扎龙生态旅游区	2024年
上海	5	浦东新区东方明珠广播电视塔	2007年
		浦东新区上海野生动物园	2007年
		浦东新区上海科技馆	2010年
		黄浦区、静安区、虹口区中共一大·二大·四大纪念馆景区	2021年
		西沙明珠湖景区	2024年
江苏	26	苏州市姑苏区苏州园林（拙政园、虎丘山、留园）	2007年
		苏州市昆山市周庄古镇景区	2007年
		南京市钟山风景名胜区—中山陵园风景区	2007年
		无锡市滨湖区中央电视台无锡影视基地三国水浒城景区	2007年
		无锡市滨湖区灵山景区	2010年
		苏州市吴江区同里古镇景区	2010年
		南京市秦淮区夫子庙—秦淮风光带景区	2010年
		常州市新北区环球恐龙城休闲旅游区	2010年
		扬州市邗江区瘦西湖风景区	2010年
		南通市崇川区濠河风景区	2012年
		泰州市姜堰区溱湖国家湿地公园	2012年
		苏州市吴中区金鸡湖景区	2012年
		镇江市金山·焦山·北固山旅游区	2012年
		无锡市滨湖区鼋头渚景区	2012年
		苏州市吴中区太湖旅游区	2013年
		苏州市常熟市沙家浜·虞山尚湖旅游区	2013年

续表

省、自治区、直辖市	数量	名　称	评定年份
江苏	26	常州市溧阳市天目湖景区	2013年
		镇江市句容市茅山景区	2014年
		淮安市淮安区周恩来故里景区	2015年
		盐城市大丰区中华麋鹿园景区	2015年
		徐州市泉山区云龙湖景区	2016年
		连云港市海州区花果山景区	2016年
		常州市武进区春秋淹城旅游区	2017年
		无锡市梁溪区惠山古镇景区	2019年
		宿迁市泗洪县洪泽湖湿地景区	2020年
		连云港市连岛景区	2024年
浙江	22	杭州市西湖区杭州西湖风景区	2007年
		温州市乐清市雁荡山风景区	2007年
		舟山市普陀区普陀山风景区	2007年
		杭州市淳安县千岛湖风景区	2010年
		嘉兴市桐乡市乌镇古镇旅游区	2010年
		宁波市奉化区溪口—滕头旅游景区	2010年
		金华市东阳市横店影视城景区	2010年
		嘉兴市南湖区南湖旅游区	2011年
		杭州市西湖区西溪湿地旅游区	2012年
		绍兴市越城区鲁迅故里—沈园景区	2012年
		衢州市开化县根宫佛国文化旅游区	2013年
		湖州市南浔区南浔古镇景区	2015年
		台州市天台县天台山景区	2015年
		台州市仙居县神仙居景区	2015年
		嘉兴市嘉善县西塘古镇旅游景区	2017年
		衢州市江山市江郎山·廿八都旅游区	2017年
		宁波市海曙区天一阁·月湖景区	2018年
		丽水市缙云县缙云仙都景区	2019年
		温州市文成县刘伯温故里景区	2020年
		台州市台州府城文化旅游区	2022年
		丽水市云和梯田景区	2024年
		金华市双龙风景旅游区	2024年

续表

省、自治区、直辖市	数量	名 称	评定年份
安徽	13	黄山市黄山区黄山风景区	2007年
		池州市青阳县九华山风景区	2007年
		安庆市潜山市天柱山风景区	2011年
		黄山市黟县皖南古村落——西递、宏村	2011年
		六安市金寨县天堂寨旅游景区	2012年
		宣城市绩溪县龙川景区	2012年
		阜阳市颍上县八里河风景区	2013年
		黄山市徽州区古徽州文化旅游区	2014年
		合肥市肥西县三河古镇景区	2015年
		芜湖市鸠江区方特旅游区	2016年
		六安市舒城县万佛湖风景区	2016年
		马鞍山市雨山区长江采石矶文化生态旅游区	2020年
		滁州市琅琊山景区	2024年
福建	12	厦门市思明区鼓浪屿风景名胜区	2007年
		南平市武夷山市武夷山风景名胜区	2007年
		三明市泰宁县泰宁风景旅游区	2011年
		福建土楼（永定·南靖）旅游景区	2011年
		宁德市屏南县白水洋·鸳鸯溪旅游景区	2012年
		泉州市丰泽区清源山风景名胜区	2012年
		宁德市福鼎市太姥山旅游区	2013年
		福州市鼓楼区三坊七巷景区	2015年
		龙岩市上杭县古田旅游区	2015年
		莆田市湄洲岛妈祖文化旅游区	2020年
		厦门市厦门园林植物园景区	2024年
		龙岩市冠豸山景区	2024年
江西	15	九江市庐山市庐山风景名胜区	2007年
		吉安市井冈山市井冈山风景旅游区	2007年
		上饶市玉山县三清山旅游景区	2011年
		鹰潭市贵溪市龙虎山风景名胜区	2012年
		上饶市婺源县江湾景区	2013年
		景德镇市昌江区古窑民俗博览区	2013年

续表

省、自治区、直辖市	数量	名　称	评定年份
江西	15	赣州市瑞金市共和国摇篮景区	2015年
		宜春市袁州区明月山旅游区	2015年
		抚州市资溪县大觉山景区	2017年
		上饶市弋阳县龟峰景区	2017年
		南昌市东湖区滕王阁旅游区	2018年
		萍乡市芦溪县武功山景区	2019年
		九江市庐山西海景区	2020年
		赣州市三百山景区	2022年
		上饶市篁岭景区	2024年
山东	16	泰安市泰山区泰山景区	2007年
		烟台市蓬莱区蓬莱阁—三仙山—八仙过海旅游区	2007年
		济宁市曲阜市明故城三孔旅游区	2007年
		青岛市崂山区崂山景区	2011年
		威海市环翠区刘公岛景区	2011年
		烟台市龙口市南山景区	2011年
		枣庄市台儿庄区台儿庄古城景区	2013年
		济南市历下区天下第一泉景区	2013年
		山东沂蒙山旅游区	2014年
		潍坊市青州市青州古城景区	2017年
		威海市环翠区威海华夏城景区	2017年
		东营市垦利区黄河口生态旅游区	2019年
		临沂市沂水县萤火虫水洞·地下大峡谷旅游区	2020年
		济宁市微山湖旅游区	2022年
		青岛市奥帆海洋文化旅游区	2024年
		淄博市周村古商城景区	2024年
河南	17	郑州市登封市嵩山少林寺景区	2007年
		洛阳市洛龙区龙门石窟景区	2007年
		焦作市云台山—神农山·青天河风景区	2007年
		安阳市殷都区殷墟景区	2011年
		洛阳市嵩县白云山景区	2011年
		开封市龙亭区清明上河园景区	2011年
		平顶山市鲁山县尧山—中原大佛景区	2011年

续表

省、自治区、直辖市	数量	名 称	评定年份
河南	17	洛阳市栾川县老君山·鸡冠洞旅游区	2012年
		洛阳市新安县龙潭大峡谷景区	2013年
		南阳市西峡伏牛山老界岭·恐龙遗址园旅游区	2014年
		驻马店市遂平县嵖岈山旅游景区	2015年
		安阳市林州市红旗渠·太行大峡谷旅游景区	2016年
		商丘市永城市芒砀山汉文化旅游景区	2017年
		新乡市辉县八里沟景区	2019年
		信阳市鸡公山景区	2022年
		周口市太昊伏羲陵文化旅游区	2024年
		新乡市宝泉旅游区	2024年
湖北	16	武汉市武昌区黄鹤楼公园	2007年
		宜昌市三峡大坝—屈原故里文化旅游区	2007年
		宜昌市夷陵区三峡人家风景区	2011年
		十堰市丹江口市武当山风景区	2011年
		恩施土家族苗族自治州巴东县神龙溪纤夫文化旅游区	2011年
		神农架林区神农架生态旅游区	2012年
		宜昌市长阳土家族自治县清江画廊景区	2013年
		武汉市洪山区东湖景区	2013年
		武汉市黄陂区木兰文化生态旅游区	2014年
		恩施土家族苗族自治州恩施市恩施大峡谷景区	2015年
		咸宁市赤壁市三国赤壁古战场景区	2018年
		襄阳市襄城区古隆中景区	2019年
		恩施土家族苗族自治州腾龙洞景区	2020年
		宜昌市三峡大瀑布景区	2022年
		荆门市明显陵文化旅游区	2024年
		黄冈市麻城龟峰山景区	2024年
湖南	12	张家界市武陵源—天门山旅游区	2007年
		衡阳市南岳区衡山旅游区	2007年
		湘潭市韶山市韶山旅游区	2011年
		岳阳市岳阳楼—君山岛景区	2011年
		长沙市岳麓区岳麓山·橘子洲旅游区	2012年
		长沙市宁乡市花明楼景区	2014年

续表

省、自治区、直辖市	数量	名称	评定年份
湖南	12	郴州市资兴市东江湖旅游区	2015年
		邵阳市新宁县崀山景区	2016年
		株洲市炎陵县炎帝陵景区	2019年
		常德市桃源县桃花源旅游区	2020年
		湘西土家族苗族自治州矮寨·十八洞·德夯大峡谷景区	2021年
		湘西州凤凰古城旅游区	2024年
广东	16	广州市番禺区长隆旅游度假区	2007年
		深圳市南山区华侨城旅游度假区	2007年
		广州市白云区白云山景区	2011年
		梅州市梅县区雁南飞茶田景区	2011年
		深圳市龙华区观澜湖休闲旅游区	2011年
		清远市连州市地下河旅游景区	2011年
		韶关市仁化县丹霞山景区	2012年
		佛山市南海区西樵山景区	2013年
		惠州市博罗县罗浮山景区	2014年
		佛山市顺德区长鹿旅游休博园	2014年
		阳江市江城区海陵岛大角湾海上丝路旅游区	2015年
		中山市孙中山故里旅游区	2016年
		惠州市惠城区惠州西湖旅游景区	2018年
		肇庆市端州区星湖旅游景区	2019年
		江门市开平碉楼文化旅游区	2020年
		河源市万绿湖风景区	2024年
广西	10	桂林市漓江风景区	2007年
		桂林市秀峰区独秀峰·靖江王城景区	2012年
		南宁市青秀区青秀山旅游区	2014年
		桂林市两江四湖·象山景区	2017年
		崇左市大新县德天跨国瀑布景区	2018年
		百色市右江区百色起义纪念园景区	2019年
		北海市涠洲岛南湾鳄鱼山景区	2020年
		贺州市黄姚古镇景区	2022年
		柳州市程阳八寨景区	2024年
		崇左市花山岩画景区	2024年

续表

省、自治区、直辖市	数量	名 称	评定年份
海南	7	三亚市崖州区南山文化旅游区	2007年
		三亚市崖州区南山大小洞天旅游区	2007年
		保亭县呀诺达雨林文化旅游区	2012年
		陵水县分界洲岛旅游区	2013年
		保亭县海南槟榔谷黎苗文化旅游区	2015年
		三亚市海棠区蜈支洲岛旅游区	2016年
		三亚市天涯海角游览区	2024年
重庆	12	大足区大足石刻景区	2007年
		巫山小三峡—小小三峡旅游区	2007年
		武隆区喀斯特旅游区	2011年
		酉阳土家族苗族自治县桃花源旅游景区	2012年
		綦江区万盛黑山谷风景区	2012年
		南川区金佛山景区	2013年
		江津区四面山景区	2015年
		云阳县龙缸景区	2017年
		彭水县阿依河景区	2019年
		黔江区濯水景区	2020年
		奉节县白帝城·瞿塘峡景区	2022年
		涪陵区武陵山大裂谷景区	2024年
四川	18	成都市都江堰市青城山—都江堰旅游景区	2007年
		乐山市峨眉山市峨眉山景区	2007年
		阿坝藏族羌族自治州九寨沟县九寨沟景区	2007年
		乐山市市中区乐山大佛景区	2011年
		阿坝藏族羌族自治州松潘县黄龙风景名胜区	2012年
		绵阳市北川羌族自治县羌城旅游区	2013年
		阿坝藏族羌族自治州汶川县汶川特别旅游区	2013年
		南充市阆中市阆中古城旅游景区	2013年
		广安市广安区邓小平故里旅游区	2013年
		广元市剑阁县剑门蜀道剑门关旅游景区	2015年
		南充市仪陇县朱德故里景区	2016年

续表

省、自治区、直辖市	数量	名称	评定年份
四川	18	甘孜藏族自治州泸定县海螺沟景区	2017年
		雅安市雨城区碧峰峡旅游景区	2019年
		巴中市南江县光雾山旅游景区	2020年
		甘孜藏族自治州稻城亚丁旅游景区	2020年
		成都市安仁古镇景区	2022年
		阿坝州四姑娘山景区	2024年
		成都市天台山景区	2024年
贵州	10	安顺市镇宁布依族苗族自治县黄果树瀑布景区	2007年
		安顺市西秀区龙宫景区	2007年
		毕节市黔西市百里杜鹃景区	2013年
		黔南布依族苗族自治州荔波县樟江景区	2015年
		贵阳市花溪区青岩古镇景区	2017年
		铜仁市梵净山（江口·印江）旅游区	2018年
		黔东南苗族侗族自治州镇远古城旅游景区	2020年
		遵义市赤水丹霞旅游区	2020年
		毕节市织金洞景区	2022年
		黔西南布衣族苗族自治州万峰林景区	2024年
云南	10	昆明市石林彝族自治县石林风景区	2007年
		丽江市玉龙纳西族自治县玉龙雪山景区	2007年
		丽江市古城区丽江古城景区	2011年
		大理白族自治州大理市崇圣寺三塔文化旅游区	2011年
		西双版纳傣族自治州勐腊县中国科学院西双版纳热带植物园	2011年
		迪庆藏族自治州香格里拉市普达措国家公园	2012年
		昆明市盘龙区昆明世博园景区	2016年
		保山市腾冲市火山热海旅游区	2016年
		文山壮族苗族自治州丘北县普者黑旅游景区	2020年
		腾冲市和顺古镇景区	2024年
西藏	5	拉萨市城关区布达拉宫景区	2013年
		拉萨市城关区大昭寺景区	2013年
		林芝市工布江达县巴松错景区	2017年
		日喀则市桑珠孜区扎什伦布寺景区	2017年
		林芝市米林市雅鲁藏布大峡谷旅游景区	2020年

续表

省、自治区、直辖市	数量	名　称	评定年份
陕西	14	西安市临潼区秦始皇兵马俑博物馆	2007年
		西安市临潼区华清池景区	2007年
		延安市黄陵县黄帝陵景区	2007年
		西安市雁塔区大雁塔·大唐芙蓉园景区	2011年
		渭南市华阴市华山风景区	2011年
		宝鸡市扶风县法门寺佛文化景区	2014年
		商洛市商南县金丝峡景区	2015年
		宝鸡市眉县太白山旅游景区	2016年
		西安市城墙·碑林历史文化景区	2018年
		延安市延安革命纪念地景区	2019年
		西安市新城区大明宫旅游景区	2020年
		延安黄河壶口瀑布旅游区	2022年
		延安市延川黄河乾坤湾景区	2024年
		咸阳市乾陵景区	2024年
甘肃	8	嘉峪关市嘉峪关文物景区	2007年
		平凉市崆峒区崆峒山风景名胜区	2007年
		天水市麦积区麦积山景区	2011年
		酒泉市敦煌市鸣沙山月牙泉景区	2015年
		张掖市临泽县七彩丹霞景区	2019年
		临夏回族自治州永靖县炳灵寺世界文化遗产旅游区	2020年
		陇南市官鹅沟景区	2022年
		甘南藏族自治州冶力关旅游区	2024年
青海	4	青海湖风景区	2011年
		西宁市湟中区塔尔寺景区	2012年
		海东市互助土族自治县互助土族故土园旅游区	2017年
		青海省海北藏族自治州祁连县阿咪东索景区	2020年
宁夏	6	石嘴山市平罗县沙湖旅游景区	2007年
		中卫市沙坡头区沙坡头旅游景区	2007年
		银川市西夏区宁夏镇北堡西部影视城	2011年
		银川市灵武市水洞沟旅游区	2015年
		吴忠市青铜峡黄河大峡谷旅游区	2024年
		固原市六盘山红军长征旅游区	2024年

续表

省、自治区、直辖市	数量	名 称	评定年份
新疆	18	昌吉回族自治州阜康市天山天池风景名胜区	2007年
		吐鲁番市高昌区葡萄沟风景区	2007年
		伊犁哈萨克自治州阿勒泰地区布尔津县喀纳斯景区	2007年
		伊犁哈萨克自治州新源县那拉提旅游风景区	2011年
		伊犁哈萨克自治州阿勒泰地区富蕴县可可托海景区	2012年
		喀什地区泽普县金胡杨景区	2013年
		乌鲁木齐市乌鲁木齐县天山大峡谷	2014年
		巴音郭楞蒙古自治州博湖县博斯腾湖景区	2014年
		喀什地区喀什市喀什古城景区	2015年
		伊犁哈萨克自治州特克斯县喀拉峻景区	2016年
		巴音郭楞蒙古自治州和静县巴音布鲁克景区	2016年
		新疆生产建设兵团第十师白沙湖景区	2017年
		喀什地区帕米尔旅游区	2019年
		克拉玛依市世界魔鬼城景区	2020年
		新疆生产建设兵团阿拉尔市塔克拉玛干·三五九旅文化旅游区	2021年
		博尔塔拉蒙古自治州博乐市赛里木湖景区	2021年
		昌吉回族自治州江布拉克景区	2022年
		阿克苏地区天山托木尔景区	2024年

附录 4　国家级旅游度假区

国家级旅游度假区是指符合国家标准《旅游度假区等级划分》(GB/T 26358)相关要求，经文化和旅游部认定的旅游度假区。创建国家级旅游度假区是促进和引领旅游行业由观光型向休闲度假型转变的一项重要工作，对我国旅游产品体系的建设和完善具有重要意义，是适应我国城乡居民消费升级、提升生活品质、创建美好休闲度假生活的客观需要。国家级旅游度假区已成为旅游行业继5A级景区之后又一金字招牌，是旅游产品改革创新、提档升级的重要抓手。

自国家标准《旅游度假区等级划分》(GB/T 26358-2010)发布实施以来，截至2025年6月底，文化和旅游部共推出85家国家级旅游度假区，分布在全国29个省(自治区、直辖市)，涵盖多种度假类型。

具体名单如下：

表1　国家级旅游度假区

省、自治区、直辖市	名单		
河北	崇礼冰雪旅游度假区	秦皇岛市北戴河度假区	
江苏	南京汤山温泉旅游度假区	天目湖旅游度假区	苏州阳澄湖半岛旅游度假区
	宜兴阳羡生态旅游度假区	常州太湖湾旅游度假区	常熟虞山文化旅游度假区
	宿迁骆马湖旅游度假区	苏州吴江东太湖生态旅游度假区	
新疆	那拉提旅游度假区	五家渠青格达湖旅游度假区	
浙江	东钱湖旅游度假区	湘湖旅游度假区	湖州市太湖旅游度假区
	湖州市安吉灵峰旅游度假区	德清莫干山国际旅游度假区	淳安千岛湖旅游度假区
	泰顺廊桥—氡泉旅游度假区	鉴湖旅游度假区	湖州吴兴西塞山旅游度假区
黑龙江	亚布力滑雪旅游度假区		

续表

省、自治区、直辖市	名单		
吉林	长白山国际度假区	长白山华美胜地旅游度假区	
山东	凤凰岛旅游度假区	海阳旅游度假区	烟台市蓬莱旅游度假区
	日照山海天旅游度假区	烟台金沙滩旅游度假区	荣成好运角旅游度假区
	德州齐河黄河国际生态城旅游度假区		
上海	上海佘山国家旅游度假区	上海国际旅游度假区	
河南	尧山温泉旅游度假区	三门峡市天鹅湖旅游度假区	郑州银基国际旅游度假区
湖北	武当太极湖旅游度假区	神农架木鱼旅游度假区	武汉黄陂区木兰湖旅游度假区
湖南	灰汤温泉旅游度假区	常德柳叶湖旅游度假区	岳阳洞庭湖旅游度假区
	长沙铜官窑文化旅游度假区		
广东	东部华侨城旅游度假区	河源巴伐利亚庄园	珠海长隆国际海洋度假区
广西	桂林阳朔遇龙河旅游度假区	大新明仕旅游度假区	北海银滩国家旅游度假区
	桂林雁山旅游度假区		
重庆	仙女山旅游度假区	重庆丰都南天湖旅游度假区	石柱黄水旅游度假区
云南	阳宗海旅游度假区	西双版纳旅游度假区	玉溪抚仙湖旅游度假区
	大理古城旅游度假区	德宏芒市孔雀湖旅游度假区	
四川	邛海旅游度假区	成都天府青城康养休闲旅游度假区	峨眉山市峨秀湖旅游度假区
	宜宾蜀南竹海旅游度假区	成都西岭雪山—花水湾旅游度假区	
陕西	宝鸡市太白山温泉旅游度假区	商洛市牛背梁旅游度假区	
西藏	林芝市鲁朗小镇旅游度假区		
安徽	合肥市巢湖市半汤温泉旅游度假区	黄山黟县国际乡村旅游度假区	

续表

省、自治区、直辖市	名单		
贵州	遵义市赤水河谷旅游度假区	六盘水市野玉海山地旅游度假区	
江西	宜春市明月山温汤旅游度假区	上饶市三清山金沙旅游度假区	新余市仙女湖七夕文化旅游度假区
	赣州市大余县丫山旅游度假区	南昌梅岭生态旅游度假区	
海南	三亚市亚龙湾旅游度假区	琼海博鳌东屿岛旅游度假区	万宁石梅湾旅游度假区
福建	福州市鼓岭旅游度假区		
北京	密云古北水镇国际休闲旅游度假区		
山西	晋城太行锡崖沟旅游度假区		
内蒙古	兴安盟阿尔山旅游度假区		
辽宁	大连长山群岛旅游度假区		
甘肃	临夏永靖刘家峡旅游度假区		
宁夏	中卫大漠黄河（沙坡头）旅游度假区		